ETF 투자의 모든 것

ETF 투자의 모든 것

초판 1쇄 2025년 8월 11일
초판 18쇄 2026년 1월 9일

지은이   문일호
펴낸이   허연
편집장   유승현

책임편집   정혜재
편집부   김민보 고병찬 이예슬 장현송 민경연
마케팅   한동우 박소라 김영관
경영지원   김정희 오나리
디자인   김보현 한사랑

펴낸곳   매경출판㈜
등록   2003년 4월 24일(No. 2-3759)
주소   (04557) 서울시 중구 충무로 2(필동1가) 매일경제 별관 2층 매경출판㈜
홈페이지   mkbook.mk.co.kr   **스마트스토어**   smartstore.naver.com/mkpublish
페이스북   @maekyungpublishing   **인스타그램**   @mkpublishing
전화   02)2000-2641(기획편집) 02)2000-2646(마케팅) 02)2000-2606(구입 문의)
팩스   02)2000-2609   **이메일**   publish@mkpublish.co.kr
인쇄·제본   ㈜M-print 031)8071-0961
ISBN   979-11-6484-798-3(03320)

© 문일호 2025

책값은 뒤표지에 있습니다.
파본은 구입하신 서점에서 교환해 드립니다.

배당수익과 주가수익 다 잡는 **제2의 소득 파이프라인**

ETF 투자의 모든 것

문일호 지음

매일경제신문사

들어가는 말

내 딸도 ETF로 재테크를
시작했으면 좋겠습니다

인류 역사상 최고의 베스트셀러는 성경이다. 3,400개 이상의 언어로 번역되었다. 인종과 연령, 국가에 상관없이 소름 돋는 이야기라는 뜻이다. 성경은 크게 신약과 구약으로 나뉜다. 구약은 39권으로 구성되어 있다. 구약의 21번째가 전도서다. 성경 속 인물 중 가장 똑똑하고 최고의 부자였던 사람 중 한 명이 솔로몬 왕이다. 전도서의 기자는 솔로몬이다. 셈이 빠른 사람들은 성경에서 전도서부터 읽는다. 그만큼 전도서는 솔로몬 왕이 몸소 깨달은 삶의 실질적인 측면이 많이 포함되어 있다.

전도서는 노동과 재물, 성공과 실패를 돌아볼 수 있는 구절들이 유달리 많다. 11장 1절은 "네 떡을 물 위에 던져라. 여러 날 후에 도로 찾으리라"는 구문으로 시작된다. 성경은 신앙의 서적이지만, 이를 재테크 차원에서 해석하는 시각도 있다. 떡을 던지는 행위는 투자로, 후에 도로 찾는 것은 장기투자 이후 수익 실현으로 볼 수 있다.

그리고 문제의 전도서 11장 2절 "일곱에게나 여덟에게 나눠 줄지

어다. 무슨 재앙이 땅에 임할는지 네가 알지 못함이니라"는 7~8개의 자산으로 분산하라는 뜻으로 보인다. 이유는 미래를 알 수 없기 때문이다. 분산투자는 선택이 아니라 필수다. 그 자산은 다른 나라 통화는 물론 주식이나 부동산, 채권 등이 될 수 있다.

2030세대가 지금 당장 할 수 있는 것은 은행예금이나 주식투자가 될 것이다. 두 자산은 각각 안전자산과 위험자산의 대명사다. 물가가 계속 오르고 통화가치는 하락하는 와중에 위험자산의 필요성은 커진다. 가만히 현금만 보유하고 있으면 그 가치는 녹아 흘러내린다. 성경도 이런 상황을 경고하고 있다

성경 중 신약의 마태복음 25장 25절 "두려워하여 나가서 당신의 달란트를 땅에 감추어 두었나이다. 보소서, 당신의 것을 가지셨나이다"는 종의 대답이다. 수년 전 주인이 이 종에게 '달란트'라는 자산을 맡겼다. 그러나 이 종은 주인이 신탁한 자산을 땅에 묻었다. 이유는 '잃을까 봐 두려워서'다. 은행도 찾아가지 않고 장롱 속에 보관한 꼴이다.

그러자 주인은 화가 났다. 당시에도 인플레이션으로 물가가 올랐나보다. 땅에 묻은 돈은 오히려 가치가 하락했다. 주인의 분노는 성경에서 이렇게 표현된다. '악하고 게으른 종아, 나는 심지 않은 데서 거두고 헤치지 않은 데서 모으는 줄로 네가 알았느냐'라고. 주인이 위험을 감수하고 돈을 버는데 정작 종은 아무런 재테크도 하지 않은 것이었다.

주인은 화내는 이유를 일목요연하게 설명하고 있다. 25장 27절에

는 "네가 마땅히 내 돈을 취리하는 자들에게나 맡겼다가 내가 돌아와서 내 원금과 이자를 받게 하였을 것이니라"라고 되어 있다. 그리고 주인은 그 종의 달란트를 뺏어 다른 종에게 준다. 그 종은 '텐배거(자산을 10배로 불린 사람)'였다. 그러면서 주인은 있는 사람이 더 풍족하게 되고, 없는 사람은 가진 것도 뺏길 것이라고 경고한다. 이는 현생의 양극화에 대해 설명해주는 사례다.

내 아버지는 누구보다 성실한 분이다. 자신의 생업에서 50년 넘게 버틴 사람이다. 자신의 달란트로 그 아내와 삼남매를 부양했다. 그러나 자산을 불리는 법은 알지 못했다. 그래서 지금도 일하고 계시며 가족을 건사하신다. 다만 좀 더 넓게 시선을 돌릴 만큼의 자산은 없다. 아버지는 단순히 절약하고 모으기만 하셨던 것이다. 이제 그것만으로는 충분하지 않는 시절이 왔다.

신입사원 시절 가입했던 종신연금보험의 만기가 찾아왔다. 연 금리가 무려 8%. 가입 초기에는 '금융사기'라는 얘기를 들었을 정도로 금리가 낮았다. 그러나 그냥 놔두고 20년이 지나니 원금이 크게 불었다. 물론 나중에 찾아야 목돈이 된다. 이처럼 어떤 투자든 장기로 하면 든든하다. 아무것도 하지 않았다면 그냥 소비로 날아갔을 돈이다.

요즘은 자산 변동성이 커지면서 '대박'과 '쪽박'이 나뉜다. 두려움도 커진다. 두려워서 은행이나 장롱에 돈을 쟁여둔다. 예나 지금이나 솔로몬 왕처럼 똑똑한 사람들은 있다. 장기적으로 돈을 불리면서 안정적인 재테크 수단에 대한 탐구가 진행됐다. 그래서 나온 것이 상장지수펀드, 즉 ETF다.

내 딸이 ETF를 시작했으면 좋겠다는 것은 마음고생을 덜 하면서 돈을 불렸으면 하는 심리와 맞닿아 있다. 이것이 현대 금융 투자업계에서 내놓은 해답이다. ETF는 많은 위험자산인 상장기업을 묶어서 이들의 주가와 연동된다. 어느 종목은 급등하지만 어떤 종목은 하락한다. 만약 특정 종목에 올인하면 내 수익률은 급등 아니면 급락이다. 동시에 수많은 종목에 투자하게 되면 그 변동성이 줄어든다. 그 종목들의 기업이 대부분 돈을 잘 버는 우량기업이라면 그들을 엮어놓은 ETF는 장기적으로 수익률이 좋을 수밖에 없다.

도박꾼조차도 자신의 가족이 어느 한 곳에 올인하길 원하지 않을 것이다. 돈을 잃는 것은 물론이고 그 마음고생도 상할 텐데 누구에게 추천하겠는가? 내일 또 물가가 오를 것이기 때문에 그래도 투자는 해야 한다. 가족이 있다면 더더욱 그렇게 해야 할 것이다. 만약 아들이나 딸이 ETF로 중장기 투자하겠다면 어느 부모도 이를 말리려 하지 않을 것이다. 빠르면 빠를수록 좋다. 지금이 바로 ETF로 안전하게 투자할 시기다.

차례

들어가는 말 · 4

내 딸도 ETF로 재테크를 시작했으면 좋겠습니다

1부 재테크의 시작은 ETF여야 하는 이유

주식 잘하는 그 할아버지도 얘기했다, ETF가 답이라고 · 16
핵심은 투자실력이 아니라 수명 | 온갖 고생 후 찾은 ETF의 중요성

투자세계에서 수익률은 리스크이자 고통 · 20
버핏이 짐 사이먼스를 이길 수 있었던 비결 | 우량기업 500곳에 분산투자

한국과 미국의 리더십 교체, 전 세계 돈 ETF로 · 25

개별 주식 롤러코스터에 멀미가 난다 · 29
롤러코스터 주식의 특징 | 100년 평균 8%는 무위험 수익률

ETF는 내 돈 살릴 방주다 · 33
존 보글, 모든 주식을 소유하는 ETF | 금, 채권, 비트코인… 유연한 만능열쇠 ETF 투자
장기채권 ETF의 주가하락을 이해하자

고령화 시대, 지금 시작해야 한다 · 41
이젠 치킨집이 아니라 ETF로 금융창업을 | 큰물에서 놀아야 먹을 게 있다

2부 ETF 용어를 이해해야 부자가 됩니다

ETF 투자 시 꼭 알아야 할 용어 · 48
배당수익률과 고배당 ETF의 유혹 | 배당성장률이 가장 중요하다 | 배당성향, 의지의 문제
노련한 투자자는 배당락일을 이용한다 | 배당기준일과 배당지급일 | 총수익률이 진짜다
가성비 ETF, 총비용부담률을 봐라 | 시가총액과 순자산은 1,000억 원 넘어야

나에게 맞는 슈퍼스타 ETF는 따로 있다 · 60
그래도 주가 올라야 한다 | 배당 ETF 교과서 SCHD로 용어 복습

귀찮은 세금, ETF에는 방법이 있다 · 67

ETF를 이해하고 매수해보기 · 71
영어+숫자+한글=ETF | ETF 실전편, 이제 매수만 남았다 | 레버리지 ETF는 웬만하면 피해야

3부 초심자의 행운이 영원하길, 입문자용 ETF는?

ETF의 기본 S&P500 ETF 뭘 살까? · 82
버핏이 팔았다고 S&P500도 끝? | 버핏은 신이 아니다 | SPY · VOO · IVV 당신의 선택은?

절세계좌로 S&P500부터 시작 · 89
국내 상장 ETF 비교해보니 | 즐겁게 상품 비교하는 사이트 펀ETF

초보 소액 장기투자자 희망한다면 SPLG · 94
SPY 이후의 대세 ETF | 배당이 아니라 주가성장 원툴

워런 버핏 투자철학을 ETF에 담다 · 98
주식왕을 추앙하는 ETF | 13F, 투자자들이 반드시 봐야 할 보고서

미국 보험업에 간접투자 효과 | 애플에 대한 중복투자 문제

가치주 ETF 이젠 선택 아닌 필수 · 106
뉴 매그니피센트7을 담은 ETF | 하락기 방어력 뛰어난 종목 담아

어떤 환경에서도 돈 버는 소비재 ETF · 111
코스트코와 월마트 비중 높은 ETF 택해야 | 월마트와 코스트코의 차이
미국 소비재 원조 VDC

국가별 분산으로 안전한 투자, 독일·이탈리아 ETF · 120
제조업 강한 두 나라에 투자 | 고평가된 미국 숏, 유럽 롱 | 독일은 IT 비중도 높다
유럽 방산주에 간접투자 효과

일단 어디 투자할지 모르겠다면 파킹형 ETF · 127
내 돈 잠깐 주차하기 좋다

4부 ETF로 평생 현금흐름 만들려면 이 ETF에 주목하라

알 만한 사람들은 다 담은 JEPI · 132
중위험 중수익 투자자에게 높은 인기 | 한국판 제피, 커버드콜도 대세

제2의 월급통장 되어줄 DIVO · 135
두 마리 토끼를 잡다 | 커버드콜에 대한 이해가 필요

청출어람 KODEX 미국배당커버드콜액티브 · 140
한국판 DIVO의 탄생 | 다른 ETF와 섞었을 때 더 매력적

뭣 좀 아는 샐러리맨들에게는 DGRW · 144
잘 나가는 배당 신입생도 받아준다 | IT 비중 높아 주가 상승기에 유리

연 12% 배당 추구하는 고배당률 JEPQ · 150

5부   리스크를 뛰어넘을 투자자에게 드리는 ETF

시장 지수가 심심하다면 레버리지 효과 누릴 MAGS · 156
할리우드 영화에서 출발 | 매수 종목 1위가 채권이라고? | 한국 연금계좌로 미국 빅테크 투자 | 빅테크 ETF의 희망, 넷플릭스 | ETF 투자자들이 종목 EPS를 체크해야 하는 이유
넷플릭스에서 뻗어나온 ETF 제국 | 항상 저평가받는 메타, 무시해서는 안 된다
또 다른 ETF의 핵심, 엔비디아 | 글로벌 사이버 보안회사도 담았다 | ETF도 애플이 원조

트럼프 리스크 넘는 신상 ETF · 177
소프트웨어 산업을 담다

팔란티어 담은 마법구슬 ETF · 181
ETF가 사랑하는 방산주 팔란티어 | 비밀이 많은 게 약점

글로벌 비만치료제 투톱 ETF · 185
위고비를 아세요? | 비만치료제 원조 노보노디스크에 간접투자
한쪽이 독식할 때는 ETF 매력 급감

다시 폭발하는 수요에 돈 몰리는 여행 ETF · 191
매년 해외여행을 가는 사람들이 쓰는 플랫폼 기업 | 올해 여행객 52억 명, 항공여행 사상 최대
이익의 절반 돌려준다… 고배당주 하나투어

위험천만한 SOXL 그 달콤한 유혹 · 200
빨리 부자가 되고 싶은 불나방들 | 3배짜리 레버리지 상품의 위험성
레버리지 상품을 사느니 마통 뚫어 투자

분산투자이자 고위험 원자재 ETF · 207
포트폴리오에 구리를 편입해야 하는 이유 | 구리 선물과 구리 실물 ETF

6부 다변화 시대의 향후 기대할 만한 ETF

유럽 정전사태로 몸값 뜬 전력 ETF · 214
에너지 먹는 하마 AI로 인한 후폭풍 | 국가별 분산까지 가능한 GRID | AI선도시장 미국 전력회사에 투자하는 XLU | KODEX 미국 AI전력핵심인프라를 절세계좌로

한국의 미래, 선박에 달렸다 K조선 ETF · 226
이제 한국에는 조선밖에 안 남았다 | '조선'으로 검색하면 운용사별 ETF 나온다 유동성 걱정 없는 K방산&우주 | 말도 많고 탈도 많지만 유망한 한화에어 조선에 집중한 TIGER 조선TOP10 | 한화오션, 미국 해군의 러브콜을 받다 특정 그룹에 집중된 ETF는 변동성 유의

K팝, 대박 잠재력 충만한 ETF · 244
아이돌 덕질이 투자로 이어지다 | 관세피난처 K팝 주식들 | 아이돌 공연을 보기 위한 필수, 라이브네이션 | K팝에 집중투자 TIGER미디어콘텐츠 ETF

그래도 중국, 빅테크 간접투자 · 253
절세계좌로 투자하는 중국 | 중학개미 차이나항셍테크에 꽂히다 대륙의 실수로 돈 벌어볼까? | 의외로 비용률 높아 부담

7부 이보다 더 좋을 수 없는 꿀조합 ETF

10년 후 자산 10억에 월 300만 원 · 262
SPLG + DIVO + 미국배당커버드콜액티브 | 중위험 중수익 최적의 조합

무적의 3분할로 10억 만들기 · 269
S&P500 + 200커버드콜 + 금현물 ETF | 하락장에서도 손실 최소화 전략 주가상승률이 높으면 배당률은 낮다 | 배당은 없지만 금은 가져가자

미국만 망하지 않으면 월 250만 원 · 277

S&P500 + SGOV 7년만 투자해볼까? | 채권을 담아 포트폴리오 안전성 강화
채권 ETF의 교과서 SGOV

닥치고 슈드와 QQQ로 은퇴하기 · 285

배당성장 + 주가성장 = 세상 간단한 부자공식 | 7대 3 조합이 최적

JEPI와 JEPQ로 월 700만 원 만들기 · 289

2030에게 맞는 ETF 조합 | JEPI + JEPQ = 연봉 1억 원

노후를 위한 최강조합으로 월 300만 원 · 294

배당커버드콜 + 채권혼합 + 금현물 ETF | 경제위기 때마다 뜨는 금

4개국에 분산투자해 월 200만 원 받기 · 299

코스피 이제 기지개 켠다 | 주가 상승은 독일·이탈리아에 기대

주가 변동성 최소화하며 월 700만 원 · 302

SPHD + DGRW = 낮은 변동성에 낮은 비용 | 10년 후 5억 원에 월 700만 원 받는다

원조맛집 SCHD의 짝꿍 찾았다 · 306

SCHD의 약점을 채우자 | 고위험 고수익 ETF KBWD
10년 후 SCHD와 함께 월 500만 원 가능 | 투자비용 아끼며 XLF와 SCHD 조합하기
안정적으로 월 100만 원 만들 수 있어

미국 · 중국 · 한국의 장점만으로 월 100만 원 · 316

미국 소비 + 중국 빅테크 + 한국 고배당 | 미국 부진할 때는 중국 테크 기업에 기대를
PLUS 고배당주와 함께 총자산 6억 원 도전

PART1

재테크의 시작은 ETF여야 하는 이유

주식 잘하는 그 할아버지도 얘기했다, ETF가 답이라고

핵심은 투자실력이 아니라 수명

"도대체 그 할아버지는 왜 그렇게 돈이 많아…?"

딸이 아는 가장 유명하고 부자 할아버지의 이름은 워런 버핏, 버크셔 해서웨이 회장이다. 버핏은 주식의 시작과 끝이라 할 만큼 이 분야 최고 전문가다. 전문가라는 말에 이견을 달지 모른다. 주식에서 그 누가 전문가가 될 수 있다는 말인가? 그렇다면 워런 버핏은 주식 분야의 최고 경력자라는 말이 어울릴 수도 있다.

이력서에는 많은 것이 담긴다. 이력서를 쓰는 자신의 입장에서 교묘하게 조작된 요소도 많다. 그러나 나이는 '빼박'이다. 버핏의 이력서 최상단에는 그의 나이가 나온다. 2025년으로 95세다. 투자에서 나이가 중요한 것은 버핏이 이미 증명했다. 오래 살아서 오래 투자했더니 부자가 됐다는 말이다. 재테크 분야에서 이것을 이길 요소는 없다. 주식해서 이득을 보지 못했다면 대부분 버핏만큼 오래 투자하지 않았기 때문이다.

대부분의 사람들은 투자 수익률 연평균 29%에 시선을 뺏긴다. 그러나 이보다 중요한 것은 투자 기간이다. 그래서 딸처럼 20대 어린 나이에 투자를 시작한 사람들에게 지금 당장 투자하라는 '재테크 잔소리'를 하게 되는 것이다. 딸이나 아내의 첫 번째 반응처럼 그들은 일단 투자에 겁부터 낸다. 돈 잃으면 책임질 거냐고. 그렇다. 투자는 본인의 책임이다. 잃는다면 아무런 소용이 없다. 버핏은 투자의 3대 원칙으로 '돈을 잃지 말라'고 세 번 반복한다. 투자로 수익을 얻는 것은 너무도 어려운 일이며 이렇게 어렵게 번 돈을 잃는다면 그동안의 투자 행위가 아무 소용이 없는 셈이 되기 때문이다.

버핏은 어린 시절 신문배달로 돈을 모았다. 버핏의 부모는 '공짜 점심' 같은 건 허락하지 않는 돈에 철저한 사람들이었다. 버핏은 그런 가정에서 자본주의를 배웠고 첫 경험은 신문배달이었다. 그에게 신문은 지금까지도 최고의 재테크 교본이 되고 있다. 그의 집무실에는 여전히 컴퓨터가 없다. 그는 신문과 책으로 세상을 본다. 그리고 직장으로 가는 길에 위치한 맥도날드 가게 직원들의 표정과 그가 주문하는 햄버거와 콜라 가격으로 경제 상황을 가늠한다. 평범한 노인의 일상이 수십 년째 이어졌다. 그리고 이것이 복리 효과를 만들어 그를 세계 최고 주식 부자로 만들어줬다.

여기까지로 보면 버핏은 고독하지만 우직한 승부사다. 그러나 실제 생활에서는 그렇지 않았다고 한다. 실제로는 데이트에 나온 여성 앞에서 주식 이야기만 하는 '오타쿠'였다. 숫자나 사업에는 능했지만 사교성은 제로였다. 버핏은 여자 앞에서 벌벌 떨고 얼굴이 벌개지는 '쑥맥'이었다. 긴장감 속에서 자신이 아는 얘기만 하다 보니 어렸을 때 돈을 많이 벌었던 경험이나 주식 투자 얘기로 이어진 것이다. 다만 버핏은 이런 자신의 부족함을 약점이라고 생각하지 않았다. 특유의 솔직함과 겸손함이 여성의 마음을 잡았다. 평균적인 사회성에서 '낙제점'이었던 버핏을 완벽하게 만들어준 배우자였다.

버핏은 자신이 직접 쓴 책이 지금까지도 없다. 《스노볼》이라는 책이 있지만, 이것도 한 기자가 그를 5년간 따라다니면서 집필한 회고록이다. 여기서 버핏은 이 기자에게 단 한 가지를 요청했다고 한다. '자신을 너무 띄우지 말라'는 요청이었다. 그래서 월스트리트에서는 《스노볼》을 유일한 버핏의 자서전으로 인정하고 있다.

온갖 고생 후 찾은 ETF의 중요성

《스노볼》에 따르면 버핏은 첫 번째 아내 수지 버핏을 봤을 때 자신보다 훨씬 성숙하고 사회성이 뛰어난 사람이라는 점에 매료됐다고 한다. 항상 외톨이였고, 만나는 사람들과 눈도 마주치지 않는 자신과 달리 수지는 주변에 늘상 사람이 많고 웃음꽃이 피어났다. 버핏은 운명적으로 수지와 결혼해야만 자신이 주식 투자에 주력하면서도 마음의 평온을 찾을 수 있다고 생각했다.

그러나 수지의 마음을 얻는 것은 그가 10억 달러를 버는 것보다 훨씬 어려운 일이었다. 버핏은 부모의 마음을 공략한다. 개신교도이면서 공화당원인 점을 어필했다. 수지 부모 입장에서 버핏은 최고의 사윗감이었다. 4선 의원의 아들이자 펜실베이니아대학교 와튼스쿨과 컬럼비아대학교 경영대학원의 화려한 이력이 눈앞에 펼쳐진 것이다.

수지는 이미 인기녀였기 때문에 이런 '스팩'에 그다지 눈이 가지 않았다. 다만 완벽한 이력에 비해 미성숙한 인성, 자신에게만 보여주는 나약함은 수지가 버핏에게 관심을 갖도록 이끌었다. 버핏의 '계획'처럼 그는 수지를 만나 날개를 달게 된다.

워런 버핏은 월스트리트에서 50년 이상 정상의 자리를 지키며 2008년과 2009년에는 세계 최고의 부자(포브스 기준)로 기록됐다. 투자 기간이 85년이라는 점이 그의 성공비법의 핵심이다. 그는 전체 자산의 15%를 현금으로 갖고 있지만, 이는 투자를 위한 '저수지' 역할을 할 뿐이다. 주가가 하락하면 다시 주식 비중을 늘려왔다. 다른 곳에는 돈을 쓰지 않았다. 지금 살고 있는 집도 수지와의 결혼 6년 만에 구입했던 오래된 주택이다. 고급 승용차나 값비싼 명품은 그가 요구만 하면 집으로 배달될 테지만 그는 그런 생각조차 하지 않는다. 투자 기간이 핵심이며 돈을 잃지 않는 것이 투자 비법임을 버핏의 인생을 살펴보면 알 수 있다.

투자 세계에서
수익률은 리스크이자 고통

버핏이 짐 사이먼스를 이길 수 있었던 비결

월스트리트에는 위대한 투자 대가들이 많은데 '르네상스 테크놀로지'의 창업자 짐 사이먼스는 연평균 투자 수익률이 66%에 달했다. 그러나 투자기간이 30년에 그친다. 짐 사이먼스는 2024년에 세상을 떠났다. 버핏은 85년의 투자 기간이 아직도 연장되는 중이다. 2024년 기준 짐 사이먼스의 순자산은 314억 달러이고, 버핏은 1,320억 달러다. 워런 버핏과 짐 사이먼스의 자산 차이는 4배 이상이다.

투자 세계에서 수익률은 위험(리스크)이자 고통이다. 고통 없는 선물은 없다. 짐 사이먼스는 버핏보다 2배 이상의 고통을 겪느라 상대적으로 오래 살지 못했을 것이다. 버핏은 자신에게 고통을 줄지 모르는 사람들과 각종 IT기기들과 멀리했다. 복잡한 그래프나 차트도 보

S&P500 주가 추이

※ 1996년 11월 이후 2025년 5월 말 기준.

지 않았다. 그의 옆에는 수지가 있었고 수지 사후에는 두 번째 부인 아스트리드 멘크스가 있었다. 버핏을 끊임없이 이해하고 부족한 부분을 채워주는 가족이 있었기에 그의 부(富)를 이룰 수 있었다.

90년 넘게 살아보니 버핏은 어느 순간 자신이 그동안 해왔던 것보다 쉬운 투자를 했더라도 오히려 더 편하게 부자가 됐을 거라는 사실을 깨닫는다. 그래서 버핏은 자신이 어느 순간 죽을 것을 대비해 유언장에 이렇게 썼다고 한다. "자산의 90%는 S&P500 인덱스 펀드에 넣고, 나머지 10%는 미국 단기채권에 넣어라." 하지만 월스트리트에서는 이런 투자는 초보자들이나 하는 것이라고 단언한다. 과연 그럴까?

우량기업 500곳에 분산투자

2007년 버핏은 뉴욕의 헤지펀드 운용사인 '프로테제 파트너스'의 야심만만한 투자자 테드 세이데스와 100만 달러 내기를 기획한다. 10년 후 누가 수익률이 높은지 해보자는 것이다. 버핏은 자신이 누구나 아는 뻔한 카드인 S&P500에 투자하겠다고 선언했다. 테드 세이데스는 자신의 화려한 '샀다 팔았다' 기술로 버핏의 무릎을 꿇리겠다고 다짐한다. 그러나 10년도 안 되서 테드 세이데스는 항복을 선언한다. 내기 기간 동안 헤지펀드의 연평균 수익률은 2.2%에 그쳤는데 버핏은 약 7%의 수익률로 3배 이상 압도한 것이다.

S&P500 상장사 업종별 분포
단위=%

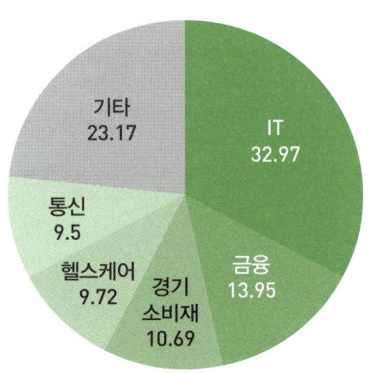

IT	금융	경기소비재	헬스케어	통신	기타
32.97	13.95	10.69	9.72	9.5	23.17

※ S&P500을 추종하는 SPY 기준(2025년 5월 20일). 출처: 삼성증권

이처럼 세상에서 가장 쉬운 재테크 조언은 미국 S&P500을 사라는 것이다. 딸을 포함한 가족 모두에게 손쉽게 할 수 있는 얘기다. 문제는 막상 이 얘기를 듣고 S&P500이란 상품을 매수하려면 '멘붕'(멘탈붕괴)에 빠지게 된다. 딸은 이럴 것이다. 이런 금융 상품이 있다고? 문제는 그런 금융 상품은 없다는 것이다. 지금 당장 네이버나 구글에 검색해보면 S&P500이라는 미국 주식시장 대표 지수를 보여줄 뿐이다.

상장지수펀드, 즉 ETF Exchage Traded Fund를 설명할 때는 여기서부터 출발하면 된다. S&P500은 미국의 신용평가업무를 주로 하는 스탠다드앤드푸어스S&P라는 회사가 우량기업으로 평가한 500곳을 묶어 놓은 지수를 뜻한다. 그래서 S&P500을 미국의 우량주 지수라고도 한다. 애플 마이크로소프트 등 알 만한 기업들은 대부분 포함되어 있다고 보면 된다.

S&P500은 '물 관리'를 한다. 유럽 축구는 '승강제'를 하는데 이와 비슷하다. 실력이 떨어져 최하위권에 속하면 다음 시즌에 하부리그로 밀린다. 하부리그에서 성적이 좋은 몇 개 팀은 이런 1부 리그로 올라온다. S&P는 특정 기간마다 실제 돈을 벌기 시작하는 전도유망한 상장사들을 뽑아 새로 지수에 편입시킨다. 이를 리밸런싱이라고 한다.

우량기업 500곳에 분산투자하는 것이 S&P500의 핵심이며 버핏이 생각하는 투자이론의 핵심이다. 버핏은 직업적으로 시장을 이겨야 하는 투자자이기 때문에 애플과 같은 개별 주식에 더 많은 투자를 했던 것이다. 만약 버핏처럼 주주들에게 더 많은 수익을 제공해야 할 의

무가 없다면 굳이 개별 주식에 투자할 필요가 없다. 가능한 한 많은 기업에 투자해 투자 위험을 낮추고 중장기적으로 안정적인 노후자금을 마련하는 것이 쉬운 투자의 핵심이다. 이 과정에서 ETF는 중요한 수단 중 하나로 활용된다.

한국과 미국의 리더십 교체
전 세계 돈 ETF로

트럼프 대통령이 시작한 관세전쟁이 개별 기업의 주가에 어떤 영향을 미칠까? 버핏이 보유한 개별종목 중 넘버원인 애플을 예로 들어본다. 대표 상품인 아이폰은 애플의 9대 부품으로 구성된다. 그리고 여기에 애플 특유의 디자인적인 요소가 결합되어 아이폰이라는 최근 100년 역사상 최고의 발명품이 나왔다. 이런 인류 최강의 제품은 전 세계의 협조로 만들어졌다. 9대 부품 중 미국산은 오로지 각종 데이터를 저장하는 메모리밖에 없다. 프로세서는 대만에서 만들어졌고, 액정 등 디스플레이는 한국에서 만들어졌다. 배터리는 중국의 부품이며, 5세대(G) 모뎀 역시 우리나라 한국의 부품이다. 스토리지(저장소), 후면 카메라, 메인 기판과 그 외 각종 부품은 일본에서 나왔다.

무형의 디자인에는 관세를 부과할 수 없고 그나마 애플의 디자인은 미국의 특수한 상황이다. 메모리를 제외한 다른 유형의 부품들은 모두 관세로 인해 가격이 오른다. 특히 애플 아이폰은 이런 부품을 중국에서 조립해 미국으로 보낸다. 아이폰 프로 16에 2025년 4월 초 기준으로 관세를 매기면 그 가격이 550달러에서 847달러로 수직 상승한다. 지금도 비싸다고 난리인데, 한순간에 우리 돈으로 40만 원 이상으로 가격이 오르면 그 수요는 감소할 수밖에 없을 것이다.

애플은 주가 상승으로도 유명하지만 배당과 자사주 소각으로도 지금의 지위를 유지했다. 배당은 주주들에게 현금으로 돈을 나눠주는 것이다. 한 주당 얼마라는 배당금을 매 분기마다 정해 주주환원이라는 이름으로 분배한다. 우리가 애플 주식을 사면 애플이라는 회사의 자금으로 들어가 기업을 돕는다. 기업은 열심히 일해서 그 성과의 일부를 배당으로 나눠준다. 주식시장이 도박판이 아닌 이유다. 주식시장에 상장된 기업은 정당하게 자금을 투자자들로부터 조달하고, 투자자들은 회사 성장과 함께 그 성과를 나눈다. 이것이 자본주의의 본질이며 상장사에 투자하는 이유다.

문제는 성장이 멈췄거나 오히려 퇴보할 때 발생한다. 그동안 애플은 아이폰, 에어팟, 아이패드 등 주요 IT 기기들을 전 세계에 판매하며 돈을 벌었고, 그 일부를 투자자와 공유해왔다. 트럼프의 관세전쟁으로 제품 값이 오르니 실적이 감소하게 된다. 물론 가격이 오를까 봐 미리 사두는 '사재기'로 인해 일시적으로 실적이 오를 수는 있다. 그래도 기업은 향후에 물건이 덜 팔릴까 봐 과거처럼 화끈하게 배당을 주기 어려워진다. 배당을 줄일 것이라는 걱정 때문에 일부 주주들은 애플 주식을 팔았다. 잘나가던 애플 주가는 2025년 상반기 주춤했다.

그러나 같은 기간 S&P500지수는 애플보다 덜 하락했다. 개별종목에 투자하는 사람들보다 지수에 투자하는 사람들이 마음이 편하다. 버핏이 S&P500 ETF를 아내에게 추천한 이유는 덜 고통스럽게 투자할 수 있는 방법이기 때문이다. 500개 기업 중에서는 오히려 이 기간 동안 주가가 오른 곳도 있다. 이 같은 '청개구리 주식' 효과로 시장 평균은 개별 주식보다 덜 하락한다.

미국이 트럼프의 대통령 재집권으로 요란스러운 리더십 교체기를 겪고 있는 반면 한국은 상대적으로 조용하면서 안정적인 변화를 맞고 있다. 특히 이재명 대통령은 국내 주식시장 지수인 코스피를 크게 끌어올리겠다는 비전을 제시했다. 단순히 계획만 밝힌 게 아니라 자신이 '내돈내산'을 실천하기도 했다. 이는 국내 주식시장 ETF로의 머니무브(자금 이동)를 이끌고 있다.

그는 후보 시절 국내 코스피지수와 코스닥지수를 추종하는 ETF에 4,000만 원을 투자했다고 자신의 입으로 밝혔다. '코스피200'을 추종하는 ETF에 2,000만 원, '코스닥150'을 추종하는 ETF에 2,000만 원을 투자한 것이다. 더불어 5년간 총 1억 원을 추가 투자하겠다고도 했다. 국내 시장 ETF 투자자에게 힘을 실어주는 발언이었다.

당시 이 대통령은 국내 주식시장(국장) 탈출이 '지능 순'이 아니라는 것을 보여주며 탈출한 개미들을 다 돌아오게 하겠다는 포부도 밝힌 바 있다. 대통령이 앞장서 ETF에 투자하자 개별 주식 급등락에 고통받던 투자자들이 ETF 매수 행렬에 동참하고 있다. 결국 2025년 6월 국내 ETF 시장 규모는 200조 원을 넘겼다. 2023년 6월 100조 원

시대를 연 지 불과 2년 만에 2배 성장한 것이다.

　인간의 뇌는 고통을 회피하는 식으로 발전해왔다. 딸의 고등학교 시절 여행이 생각난다. 시험이 끝난 딸을 그대로 태우고 여수로 여행 갔던 어느 여름날이었다. 그때 딸은 행복해했다. 한동안 시험의 고통과 결과를 뇌에서 지웠기 때문이다. 투자자들은 개별 주식의 호재보다는 악재에 민감하게 반응한다. 변동성이 큰 주식을 장기 보유하기 어려운 이유다. ETF는 적게는 수십 개의 종목에서 많게는 400~500개의 종목을 담고 있다. 인간의 뇌가 감당하기 어려우니 그냥 내버려 둘 수 있다. 더 높은 수익률보다는 더 안전한 자산을 찾는 이에게 ETF는 안성맞춤이다.

개별 주식 롤러코스터에
멀미가 난다

롤러코스터 주식의 특징

변동성이 큰 주식들의 특징은 매일 주가의 변동폭이 매우 크다는 점이다. 대표적인 예로 테슬라를 들 수 있다. 이런 주식을 표현할 때 '롤러코스터를 탄다'라는 비유를 사용하기도 한다. 롤러코스터와 맞지 않는 사람들은 이런 급강하를 경험하면 곧바로 내리고 싶어한다. 테슬라 주식 급락을 얻어맞고 매도하는 심리다.

테슬라 주식이 급락했을 때 매수하면 수익률을 극대화할 수 있다. 그러나 실제로 이를 완수할 배짱을 가진 사람은 극소수다. 고점 대비 -60~70%가 수두룩하니 주식시장에 유혈이 낭자하다는 말이 나온다. 이러한 시기에도 시장 지수를 추종하는 ETF는 덜 하락하기 때문에 상대적으로 부담이 적다.

트럼프 대통령의 관세전쟁으로 인해 전 세계가 경기침체와 주가 폭락을 걱정하고 있다. 2008년 금융위기 당시와 지금을 비교하는 사람도 나타난다. 2007년 10월 9일 S&P500은 사상 최고치를 기록한다. 아무도 경기 침체를 걱정하지 않았던 그때 2008년 9월 미국 투자은행 리먼브라더스가 파산하는 사태가 발생한다.

리먼브라더스는 골드만삭스, 모건스탠리, 메릴린치에 이은 세계 4위 투자은행이었다. 더 높은 수익을 찾다 보니 부동산 대출에 손대기 시작한다. 때마침 미국은 경기 부양을 위해 초저금리 정책을 펴던 시기였다. 금리가 워낙 낮다 보니 사람들은 대출이자 부담이 낮았다. 너도나도 집을 사려고 은행에서 돈을 빌려갔다. 여윳돈이 없는 저소득자들도 이런 대열에 합류했다.

서브프라임subprime은 저소득자들을 대상으로 한 대출이다. 우리나라에서 영혼까지 끌어모아 집을 산다는 '영끌족'이 미국에도 있었다. 리먼브라더스는 이런 대출을 활용해 복잡한 금융상품을 만들어냈다. 돈도 갚지 않으면서 무제한으로 서브프라임 대출 상품을 발행해 부채를 스스로 키웠다. 그 당시 리먼브라더스의 빚은 660조 원에 달했다. 리먼브라더스의 파산은 부동산은 물론 주식시장에도 큰 충격을 줬다. 미국 정부는 이런 대형 은행들을 모두 망하게 했다가는 자산시장 자체가 붕괴할 것이라는 위기감에 대규모 구제금융을 실시했다. 은행들의 탐욕으로 만든 빚을 정부가 세금으로 갚아준 것이다.

100년 평균 8%의 무위험 수익률

월스트리트에 대한 비난으로 투자자들은 시장을 떠나기도 했다. 또 어떤 부실이 숨어 있을지 몰라 미국 주식을 매도했다. S&P500은 2009년 3월 9일 676포인트 수준까지 하락했다. 고점 대비 무려 57%나 하락한 것이다. 그래도 S&P500은 나은 편이었다. 당시 개별 주식은 아예 상장폐지되거나 90% 이상 주가가 하락한 곳이 속출했다. 시장 지수는 절반 정도 하락하고 이후에 반등하는 것이 보통이다.

다시는 미국 주식에 투자하지 않겠다는 투자자들의 원성 속에서도 S&P500은 4년 만에 다시 최고점을 탈환한다. 만약 이 4년 동안 투자했다면 그 투자수익률은 무려 132%에 달한다. 개별 주식이 아닌데도 이 같은 수익률이 가능했던 것은 주가가 많이 빠졌었기 때문이다. 물론 개별 주식에 투자했다면 더 많은 수익을 올릴 수 있었다.

미국 시장 자체가 붕괴하지 않는다는 믿음만 있으면 지수 ETF에 투자는 것은 그리 어려운 결정이 아니다. 2008년 금융위기는 미국의 취약한 금융 시스템과 탐욕의 합작품이었다. 월스트리트와 미국 정부는 더 이상 같은 실수를 반복하지 않으려 한다.

트럼프의 재집권으로 미국 시장이 다른 시장보다 약세를 보이고 있다면 여러 국가의 시장 지수를 추종하는 ETF를 사서 포트폴리오를 단단하게 하면 된다. S&P500과 코스피200 ETF를 동시에 매수하는 방법이다. 이렇게 투자했다면 2025년 상반기 미국의 부진한 수익률을 한국이 만회하고도 남았을 것이다.

일부에서는 2025년 상반기 동안 미국 주식시장의 약세를 오히려 기회로 삼아야 한다는 의견도 있다. 미국 주식시장은 수많은 위기를 거치며 항상 상승했다. 지난 100년 동안 평균 S&P500의 수익률은 연 8%였다. 미국 시장이 망하지만 않는다면 매년 8% 수익률을 보장해 왔다는 뜻이다. 2008년 금융위기 때 공포감은 대단했다. 그러나 자본주의가 계속 전진할 것이란 믿음만 있다면 그런 위기를 지렛대 삼아 ETF에 투자할 수 있다.

지난 100년이 향후 10년을 보장하지는 않는다. 그러나 이처럼 오랜 데이터를 갖고 투자할 만한 다른 금융상품은 없다. 그래도 불안하다면 한국이나 유럽, 중국의 시장 ETF 혹은 업종 ETF에 추가로 투자하여 자산을 지킬 수 있을 것이다.

ETF는
내 돈 살릴 방주다

존 보글, 모든 주식을 소유하는 ETF의 원조

ETF가 노아의 방주라는 얘기를 하면 가족들부터 귀를 막는다. 모든 사례를 재테크식으로 해석하는 것은 내 병일지도 모른다. 그러나 이 논리를 좋아하는 사람도 있다. 기괴한 논리를 전개하고 호응을 바랄 수 있다는 것은 작가의 호사이기도 하다.

성경 속 수많은 인물 중 노아는 첫 헌신의 아이콘이다. 66권 중 첫 번째 성경인 창세기 1장에서 11장까지 노아의 방주 얘기가 나온다. 노아는 수많은 사람들의 조롱과 비웃음 속에서 100년간 방주를 만드는 데 보냈다. 물이 세상을 모두 쓸어버릴 테니 배를 만들어야 한다는 노아의 신념. 대부분 웃어넘길 수밖에 없는 일이었다.

그리고 평생의 대작이 완성된다. 창세기에 따르면 이 배(방주)의 크기는 길이 135m 폭 30m에 높이 23m에 달한다고 기록되어 있다. 물론 당시 '규빗'이라는 단위를 현대적인 길이 단위로 바꾼 것이다. 일부 사람들은 이 크기가 현대적 의미의 컨테이너선에 가깝다고 한다. 물론 노아는 이 배에 화물이 아니라 동식물과 인간을 태웠다.

이 정도 크기는 되어야 지구 생태계를 지킬 수 있다는 것이다. 동물 종류대로 최소 두 쌍이 올라탔다. 종족 보존이 됐다. 사람은 노아를 포함해 8명만 탔다고 전해진다. 노아의 예상대로 지구는 물로 가득 찼고 방주에 탄 생명체 이외에는 모두 사라진다.

워런 버핏도 투자 시장에서 진짜 실력자를 보려면 수영장에서 물을 빼보면 된다고 말한다. 버핏은 모든 것이 잘 풀리고 있다면, 이 시기는 증시가 오를 때다. 이럴 때는 안 좋은 요소들이 잘 보이지 않는다고 말한다. 하지만 수영장에서 물이 빠지고 나서야 누가 발가벗고 수영하는지 알 수 있다는 것이다. 노아는 물이 가득 찰 때를 대비해 배를 타라고 하고, 버핏은 물이 빠져나갔을 때 창피하지 않도록 수영복을 입고 있어야 한다고 전한다.

ETF는 때로는 수영복이 되고, 때로는 방주가 될 수 있다. 노아는 방주에 여러 생명체를 골고루 태웠다. 특정 동물이나 식물에 올인하지 않았다. 내 포트폴리오를 방주라고 생각하면 이처럼 분산하는 것이 옳다. 어떤 동물이나 식물을 태울지는 내가 꿈꾸는 세상의 성격에 달려 있다.

ETF는 방주와 달리 물리적 제한이 없다. 모든 종류의 자산을 담을 수 있다. 워런 버핏과 쌍벽을 이루며 우뚝 서 있는 월스트리트의 전설적인 인물 중에는 존 보글이 있다. 그의 원칙은 방주처럼 단순하다. '모든 주식을 소유하라'는 것이다. 단순함은 어떻게 보면 천재들의 덕목이다. 존 보글은 지역 명문고인 블레어 아카데미를 졸업한 후 1951년 프린스턴 대학교 경제학과를 수석으로 졸업했다. 그가 졸업할 때 세계 최초의 뮤추얼펀드에 관한 논문을 냈는데, 바로 〈투자 회사의 경제적 역할〉이다.

존 보글은 세계 최대 인덱스(지수) 펀드 운용사인 뱅가드그룹을 1974년에 세웠다. 1975년에는 최초의 인덱스 펀드, '뱅가드 500'을 내놨다. 인덱스 펀드는 시장을 대표하는 지수를 쫓아가도록 구성된 주식펀드다. 인덱스 펀드는 ETF의 초기 형태라고 볼 수 있다. ETF 역시 펀드이지만 거래소에 상장되어 주식처럼 일반인이 직접 거래할 수 있다는 점에서 다르다.

어쨌든 존 보글은 굳이 펀드에 가입하거나 개별종목을 사서 돈을 잃는 위험을 짊어지지 않아도 충분히 돈을 벌 수 있다는 일반적 개념을 세상에 알렸다. 그의 철학은 일단 수많은 종목으로 포트폴리오를 구성하는 것이다. 이는 개별종목의 리스크를 완전히 제거하고 오직 시장 리스크만을 남겨 놓는다는 것을 의미한다. 그리고 인생을 즐기라는 것이다. 위험이 거의 남지 않은 채로 장기 보유한다면 누구나 풍요로운 인생을 살 수 있다.

다양한 곳에 분산투자해 안전한 투자를 하는 것을 칭송한 사람은 또 있다. 노벨경제학상을 수상한 머턴 밀러로 그는 이렇게 말했다. 사람들이 재테크 수단으로 지수를 추종하는 단순한 분산투자를 선택한다면 그들은 재테크에 쏟아야 할 시간을 훨씬 더 많이 흥미로운 음악, 미술, 문학, 스포츠 등과 같은 여가 생활에 활용할 수 있을 것이라고 말이다. 그는 여기서 그치지 않고 이렇게 여유롭게 투자하고도 심지어 개별주 투자보다도 수익률이 더 높다는 말도 덧붙였다.

금, 채권, 비트코인… 유연한 만능열쇠 ETF 투자

ETF 투자를 만능열쇠로 만든 이 상품의 특징은 바로 '유연성'이다. 주식은 물론 채권과 금, 심지어 비트코인도 이 그릇에 담을 수 있다. 2019년 9월 14일, 영국 블레넘궁에 5인조 강도가 침입한다. 블레넘궁은 유네스코 세계문화유산으로 지정될 정도로 유서 깊은 곳이다. 2차 세계대전의 영웅 윈스턴 처칠 경이 태어난 곳이기도 하다. 이들 강도의 목적은 이 궁에 있는 '황금 변기'를 훔치는 것이었다. 이는 이탈리아의 설치 미술가 마우리치오 카텔란의 작품으로, 당시 블레넘궁에서 열린 전시회에 출품된 것이었다.

금빛이 휘황찬란한 이 변기의 무게는 98kg이었다. 무게도 무게지만 그 가치가 무려 87억 원에 달했다. 이 변기는 불과 5분 만에 도난당했다. 범인들이 잘게 쪼개서 팔았는지 완전한 변기의 모습으로 찾지 못했다. 조사 과정에서 이 황금 조각을 최대한 나중에 판 범인들이 더 이득을 봤다고 한다. 금값이 시간이 갈수록 올랐기 때문이다. 금은 통화가치와 반대로 움직인다. 전 세계가 통화 공급을 늘릴수록 금값은 오른다. 원래 통화량은 금 보유량 기준으로 발행됐는데, 이 고삐가 풀리면서 금 시세 역시 족쇄가 풀렸다.

1971년 이후 금과 달러 교환이 정지(금본위제 폐지)됐다. 금은 화폐의 지위에서는 내려왔지만, 러시아-우크라이나 전쟁과 미중 무역갈등, 트럼프의 관세전쟁과 같은 전 세계 불확실성 시대에 또다시 '완소'(완전히 소중한)의 위치로 올라선다.

이런 소중한 금에 투자하는 안전하고도 편리한 방법 중에 ETF가 있다. 금을 기초자산으로 담고 있는 GLD가 대표적이다. 세계에서 가장 많은 돈이 몰려 있는 금 관련 ETF가 GLD다. 정식 이름은 'SPDR Gold Shares'다. SPDR은 미국의 자산운용사 스테이트 스트리트 글로벌 어드바이저스에서 운용하는 ETF 브랜드다.

이 ETF의 특징이나 장점은 실물 금을 매입해 HSBC은행에 보관한다는 점이다. 가격과 실물이 1대 1로 연동된다. 금태환제 폐지 이전에 달러의 모습이다. 원래 달러는 금을 보유하고 있는 만큼만 발행할 수 있었다. 금 태환제가 사라지며 달러는 자유를 얻었지만 그만큼 희소가치는 잃었다. GLD는 달러가 갖지 못한 태초의 매력을 보유하고 있고 이것이 인기의 비결이다.

일시적으로는 국내 금 실물 ETF가 초과수익률을 기록하며 이변을 낳았다. ACE KRX금현물은 GLD처럼 금현물 지수를 쫓아가는 상품이다. 종목 코드는 411060이다. 이 코드를 쳐서 2025년 4월 11일 기준 최근 1년 수익률을 검색해보면 36.3%가 나온다. 이는 실제 금현물 지수 수익률보다 높다. 지수가 달러 기준인데 이 상품은 원화로 환산해서 수익률이 계산되기 때문에 기초지수보다 높은 수익률이 나온 것이다. 반대로 원화가 강세로 돌아서면 정반대로 기초지수보다 낮은 상품 수익률이 나오므로 주의해야 한다.

채권도 ETF에 담을 수 있다. 채권은 대표적인 안전자산이다. 만기까지 갖고만 있으면 이자와 원금을 돌려준다. 문제는 이 기간까지 보유가 불가능한 사람들에게 발생한다. 채권 ETF는 주식처럼 사고 팔 수 있는데 만기는 없다. 이런 가운데 주식과 같은 투자 위험이 발생한다. 채권은 누군가에게 돈을 받을 증서다. 이 증서를 보유한 사람은 그 증서의 발행기관이 부도가 나지 않는 한 돈을 받을 수 있다. 국가나 기업이 발행하고 보증한다.

TLT는 서학개미들이 사랑하는 채권 ETF의 한 종류다. TLT라는 약자로 불리는 이 ETF의 정식 명칭은 'iShares 20+ Year Treasury Bond ETF'다. 미국 +20년 장기 국채 아이셰어즈 ETF로도 통한다. 운용사 블랙록이 상대적으로 비싼 수수료를 받아가며 만기 없이 거래가 지속될 수 있도록 만든 금융상품이다. 그 기초 자산이 채권일 뿐이다. 주식의 변동성이란 변수가 추가된 것이다.

TLT의 수수료는 0.15%로, 채권 ETF 중에서는 저렴한 편이다. 블랙록이 세계 최대 자산 운용사이기 때문에 가능한 수수료율이다. 그러나 블랙록이 운용하는 주식 ETF인 IVV의 수수료가 연 0.03%인 것을 고려하면 같은 기업에서도 ETF 수수료율 차이가 무려 5배다. 막대한 자산을 투자하는 사람 입장에서는 수년간 누적될 경우 엄청난 비용 부담이 될 수 있다. 그래서 '큰손'들은 ETF 상품 대신 채권에 직접

투자하기도 한다.

장기채권 ETF의 주가하락을 이해하자

TLT의 주가가 상승하려면 꾸준히 금리가 떨어져야 한다. 시장금리를 좌우하는 곳은 미국 연방준비제도(연준)다. 연준이 금리를 내릴 때는 명백한 경기침체의 신호가 있어야 한다. 아무 때나 금리를 내렸다가는 너도나도 대출과 소비를 늘려 물가 상승, 즉 인플레이션이라는 악재가 발생할 수 있다. 실제 코로나19 직후 대부분의 국가가 겪었던 문제다.

이처럼 채권은 경기침체가 와야 빛을 보는 자산이다. 채권 ETF 역시 비슷하다. 만기가 긴 장기채권의 경우 변동성이 크고 수익을 내기가 여간 힘든 게 아니다. TLT는 워낙 만기가 긴 채권을 많이 담고 있다 보니 과거 2020~2022년 '코로나19 펜데믹' 제로금리 시절 물량을 보유 중이다. 주식으로 따지면 주가 꼭대기 물량이다. TLT는 미국 30년물에 투자하고 있으며 그 명칭 속 '20+' 표시처럼 만기가 20년 이상 남아 있는 채권이 전체 자산의 99%를 차지한다. 적절한 시기에 만기가 20년 이상 남아 있는 국채로 교체해 '20+'라는 이름값을 하기 위해 노력한다. 다른 주식 ETF보다 수수료율이 높은 이유다.

채권은 부자들의 전유물이었다. 내 자산이 소액에 불과하다면 좋은 채권을 소개받을 가능성은 낮다. 따라서 소액이지만 분산효과를 누리기 위해 채권 ETF를 어느 정도 담는 것은 마음 편한 포트폴리오의 첫 걸음이기도 하다. 채권과 주식은 그 방향성이 일반적으로 반대다. 한쪽 주가가 오르면 한쪽은 떨어진다. 그래서 포트폴리오 전문가들은 끊임없이 주식과 채권의 최적의 혼합비에 대해 연구해왔다. 그러나 어느 누구도 여기에 대한 답을 내지 못했다. 결국 자신의 성향에 맞는 주식과 채권 비율을 찾는 수밖에 없다.

인기 주식과 채권은 비싸다. 주주총회에서 한 표를 행사할 수 있는 의결권 기준으로 버크셔 해서웨이 한 주당 가격은 무려 10억 원이 넘는다. 보통은 한 주도 갖기 힘든 주가 수준이다. 여행 플랫폼 상장사 부킹홀딩스 주가는 4월 초 기준으로 4,500달러가 넘는다. 웬만한 대기업 부장의 월급 수준이다. 이런 주식들을 선호해 포트폴리오를 짜려면 이들 주식을 직접 사기보다 해당 주식들을 담고 있는 ETF를 사는 것이 훨씬 효율적이다.

ETF는 비트코인처럼 검증이 안 된 신규 디지털 자산을 전통 자산으로 설득시키는 데 큰 공헌을 한다. 비트코인은 배당이나 이자가 없다. 기업처럼 실적이 있는 것도 아니다. 그래서 전통자산에 매몰되어 있는 사람들에게 홀대를 받았다. 세계 최대 자산운용사 블랙록은 비트코인 ETF를 출시해 까다로운 미국 규제기관의 인가를 얻어냈다. GLD와 마찬가지로 비트코인은 블랙록 자신이 보유하고 이를 근거로 ETF를 만들어 투자자들에게 팔기 시작한다. 블랙록 입장에서는 위험천만한 비트코인을 대량 보유할 명분을 얻고, 투자자들은 투자하기 꺼려지는 비트코인에 간접투자하는 심리적 안정감을 갖게 된다.

고령화 시대,
지금 시작해야 한다

이젠 치킨집이 아니라 ETF로 금융창업을

남자는 90세, 여자는 100세까지 살아가야 하는 시대다. 남자 나이 45세를 '전반전 끝났다'고 하는 이유다. 더 오래 더 길게 일해야 한다. 남자 나이 50대가 시골에 놀러갔다가 70, 80대가 즐비한 어르신들의 담배 심부름하느라 뛰어다녔다는 우스갯소리가 이젠 일반화됐다.

KB금융그룹에서 조사를 했는데 직장인들의 희망 은퇴 나이는 만 65세다. 이는 법이 정한 정년인 60세보다 5세나 많다. 그러나 실제로 직장인들이 자의든 타의든 회사에서 나오게 되는 나이는 49세라는 충격적 조사도 나왔다. 축구로 따지면 후반전 시작하자마자 그라운드에서 쫓겨나는 셈이다. 눈앞이 캄캄하다. 벤치로 나오면 그 운동장으로는 다시 들어갈 수 없다. 그래서 수많은 사람들이 '창업'이라는 '절벽'

으로 뛰어든다. 있는 돈 다 까먹을 낭떠러지로 말이다.

물론 직장생활 내에서 창업을 잘 준비해 돈까스 가게나 치킨 가게를 성공시킬 수도 있을 것이다. 그러나 그 확률이 극히 낮다. 회사 생활하면서 창업 준비를 할 만큼 여유 있는 직장도 거의 없다. 망할 확률이 높은 일반 창업보다 중장기투자를 할 때 부자가 될 확률이 높은 ETF로 '금융창업'을 해보자는 것이 이 책의 취지다. 더 절망스러운 것은 우리 노후의 기본 받침대인 국민연금이 언제든 고갈될 준비가 되어 있다는 사실이다.

평생 직장 개념으로 20년, 30년 회사를 다닌 사람들은 회사에서 나오는 퇴직금과 국가에서 주는 국민연금이 노후를 책임질 줄 알았다. 그러나 이는 허상이었다. 최소 생계비로 볼 수 있는 월 평균 100만 원의 국민연금 수령액. 이 정도라도 받는 고령자가 전체의 20%밖에 되지 않는다. 안전하게 노후자산을 굴려준다는 확정급여형 퇴직연금$_{DB}$의 연 수익률이 2%대다. 물가가 최소 연 3%씩 오르는 시대에 내 퇴직금은 나날이 줄고 있는 셈이다.

결국 국내 금융상식이나 금융교육에서 '원금보장'이라는 개념 자체가 문제다. 인플레이션 시대에 원금 보장이라는 개념은 더 이상 유효하지 않다. 돈이 녹고 있으니 냉장고로 옮겨야 한다. 냉장고는 위험 자산이다. 과거에는 '위험 = 투기 = 사기'라는 개념이 통용되었지만 이제는 위험이라는 개념을 제도권으로 옮겨야 한다. 자신이 감당할 만한 위험 자산에 투자할 때 ETF는 주요 선택 수단이 될 것이다. 여러 종목이나 자산에 분산투자하는 ETF는 분명 투자자의 시간과 고통을 줄여준다.

전 세계 자금줄을 쥐고 있는 유태인들은 결혼할 때 5,000만 원이 넘는 목돈을 신혼부부에게 주고 서너 곳에 분산투자할 것을 기본으로 가르친다. 이들은 그래서 부자다. 이들의 행위를 모방한 것이 ETF다. 투자자들의 개성이 늘어날수록 ETF의 세계도 넓어진다. 국내에서도 점점 ETF로 자산을 쪼개고 불리는 습관에 익숙해지고 있다. 우리가 더 이상 외면할 수 없는 현실이자 적극적으로 올라타야 할 흐름이다.

큰물에서 놀아야 먹을 게 있다

국내 ETF는 종류로는 1,000개, 규모로는 200조 원에 달하는 시장이다(국내 상장 ETF의 자산 가치는 2025년 5월 말로 197조 원을 돌파했다). 이는 국내만의 현상이 아니다. 전 세계 투자자들이 각양각색의 ETF에 투자하고 있다. 이처럼 ETF가 커지고 있는 것은 주식과 펀드의 장점을 두루 갖췄기 때문이다.

일단 주식은 개별 기업의 소유권 일부를 돈을 내고 내가 사는 증권이다. 실시간 매매가 가능하다는 점에서 ETF와 똑같다. ETF에 비해서는 투자 위험이 크다. 그 기업이 잘 나갈 때는 투자자들도 큰돈을 벌지만 망할 경우에는 한 푼도 못 건질 수 있다. ETF는 여러 종목을 담고 있기 때문에 한 기업이 망해도 투자자가 망하지는 않는다. 그만큼 덜 위험하다는 말이다.

펀드는 다수의 투자자로부터 자금을 모아 소위 전문가(펀드매니저)가 투자자 대신 굴려주는 간접투자 상품이다. 소액으로 분산투자가 가능하다는 점에서 ETF와 유사하다. 그러나 실시간 거래가 불가능하고 자금이 묶인다. 투자자 입장에서는 불안한 요소다. ETF는 적은 돈으로 분산투자가 가능하다는 점에서 펀드와 유사하면서 실시간 거래가 가능해 펀드보다 투명하다. 펀드매니저를 신뢰한다면 펀드에 내 돈을 맡기는 게 낫지만 다른 사람은 죽어도 못 믿겠다고 하면 ETF가 훨씬 속 편한 투자처다. 게다가 펀드는 펀드매니저에게 많은 돈을 줘야 하기 때문에 ETF보다 더 많은 비용이 발생한다.

주식만큼 거래가 편리하고 일반 펀드 대비 저렴한 비용에다가 미국 주식 투자 열풍 등에 힘입어 ETF 시장은 2010년대 중반부터 급격히 불어나고 있다. 2002년 코스피200을 추종하는 ETF 2종이 처음 상장한 뒤 순자산 총액은 2011년 11월 10조 원, 2019년 12월 50조 원, 그리고 2023년 6월 100조 원을 넘겼다. 순자산이 50조 원 늘어나는 데 18년 걸렸지만, 100조 원에서 200조 원까지 가는 데는 2년 정도가 걸린 것이다. 이를 복리효과로 설명할 수 있는데, ETF의 세계에서 수많은 투자자들이 자산을 2배, 3배 불리는 기쁨을 지금도 누리고 있다.

ETF 인기의 배경에는 거래가 편리하고 수수료가 싸다는 특징이 있다. 쉽게 사고팔 수 있는 주식의 장점을 갖추고 여러 종목이나 자산을 모은 펀드에 투자하는 방식이어서 변동성이 낮다. ETF의 수수료(운용 보수)는 0.5% 안팎으로 일반 펀드(1-3%)에 견줘 절반 이하다.

더 중요한 것은 이 시장에서 자산운용사들끼리의 경쟁이 극에 달했다는 것이다. 이런 회사들 입장에서는 매일매일이 전쟁이겠지만 이들이 전쟁을 치르면서 투자자들은 ETF의 수수료 등 비용이 내려가는 효과를 누릴 수 있다. 특히 2025년 들어 미래에셋자산운용과 삼성자산운용 사이에서는 '업계 최저 수수료' 타이틀을 거머쥐기 위한 출혈 경쟁이 벌어지기도 했다.

금융 당국에서는 이들의 지나친 경쟁이 투자자들의 불편을 초래할 수 있다고 보고 예의 주시하고 있다. 보수(비용) 인하 경쟁은 수익성을 악화시켜 운용 품질을 낮아지게 할 수 있기 때문이다. 2025년 1월부터 5월 28일까지 ETF의 시장 가격과 실제 자산가치 간 차이를 나타낸 'ETF 괴리율 초과 발생' 공시 건수는 2,084건으로 집계됐다. 이는 1년 전보다 두 배 이상 늘어난 수치다. 괴리율이 나타나면 투자자는 실제 가치보다 비싸게 사거나 싸게 팔 가능성이 있다. 이 같은 ETF 용어는 뒤에서 알아보기로 한다.

그러나 이런 '사고'는 ETF 시장이 커지면서 나타나는 부수적인 현상이다. 특히 국민연금의 고갈이 예상되고 있어 이를 도와줄 ETF 시장에 대한 금융당국의 관리 감독은 강화되고 있다. 금융당국은 ETF 시장에서 투자자의 신뢰를 떨어뜨리는 행위를 두고 보지 않겠다고 거듭 강조하고 있다. 국내 금융회사들의 노력과 금융당국의 관리 감독으로 ETF는 투자자들이 안심할 만한 노후자산을 형성하는 시장으로 성장 중이다.

PART2

ETF 용어를 이해해야 부자가 됩니다

ETF 투자 시
꼭 알아야 할 용어

배당수익률과 고배당 ETF의 유혹

당신이 지금 사장이라고 생각해보자. 지금 당장 매우 유능하지만 게으른 직원이 있고, 당장 실력은 떨어지지만 매우 성실한 직원이 있다. 사장이라면 누구를 뽑을 것인가? ETF를 고를 때도 마찬가지다. 지금 당장 배당수익률이 높은 ETF가 있는가 하면, 당장은 그렇지 않지만 향후에 배당수익률이 좋아질 ETF도 있기 마련이다. 극단적인 선택을 할 필요는 없다. 그 중간쯤에 위치한 직원, 즉 ETF를 선택하는 것이 행복한 결과를 가져올 수 있다.

배당수익률(배당률)은 특정 시점의 배당금을 주가로 나눠 %로 구한 값이다. 이러한 수식 자체가 주가에 비해 배당금을 얼마나 많이 주는지를 나타낸다. 일반적으로 배당률이 높으면 분배(배당)를 많이 주

ETF 투자 시 체크해야 할 핵심용어

용어	의미	적용
배당수익률	배당금을 주가로 나눠 계산	우량주라면 배당률이 1~3%
배당성장률	연평균 복리로 인상되는 비율	5년 연평균복합성장률로 미래 수익률 추산
배당성향	순이익 중 배당금 비중	성향 자체보다는 추세를 중시
배당기준일	주주명단 작성 시기	기준일 2영업일 이전에 매수해야 배당받음
배당락일	배당받을 권리 사라지는 날	중장기투자자는 배당주 저가 매수일로 활용
총수익률	주가수익률+배당수익률	월 현금흐름이 중요할 경우 배당률 중시
총비용부담률	ETF투자자의 실제 비용부담	보수율만 보지 말고 총비용률 따져 투자
순자산(AUM)	비용 제외한 ETF 순가치	1,000억 원은 넘어야 유동성 리스크 없음

는 ETF로 착각하기 쉽다. 실상은 주가가 싸서 배당률이 높아 보이는 ETF가 더 많다. 문제는 주가가 지속적으로 하락하면서 고배당 ETF 리스트에 오르는 경우도 많다. 이런 ETF는 실력이 없는데도 면접만 잘 봐서 유능한 인재처럼 보이는 사람과 비슷하다. 막상 회사에 들어와서는 일을 안 하고 회사 경쟁력만 깎아 먹는다. 이런 ETF에 투자했다가는 고배당률 착시에 속아서 원금 손실을 볼 수 있다.

오늘 주가가 1만 원인데 올해 배당으로 2,000원을 준다고 가정하면 배당률은 20%다. 그런데 이 회사가 돈을 벌지 못하게 되면서 배당금부터 절반으로 줄였다. 이제 배당금은 1,000원이다. 주식시장에서 이 회사가 부도가 날 것이라는 소문이 돈다. 주가는 더 많이 하락해 4,000원으로 폭락한다. 이 시점에서 이 회사 배당률은 25%로 상승한다. 극단적인 예시지만 일부 주식이나 ETF는 이런 과정을 겪고 있고, 여기에 현혹되어 매수하는 투자자들도 있다.

따라서 배당률만으로 판단해서는 안 된다. 미국 주식의 경우, 배당률이 1~2%대인 배당주가 초보 투자자들에게 가장 적합한 종목들이다. 예금금리가 3%대인데, 이건 너무 낮은 것 아닐까? 그렇지 않다. 예금금리는 원금을 고정시키고 그 원금에 대한 이자만 지급한다. 하지만 주식이나 ETF는 원금 자체도 상승하고 배당도 증가하는 경우가 많다. 배당률을 계산하는 공식의 분모가 주가이기 때문에 주가가 오르면 배당률은 낮아진다. 정상적인 주식이나 ETF라면 1~2%대로 수렴하기 마련이다. ETF의 기본 구성요소인 기업들이 성장을 위해 투자하다 보니 배당금 지급에만 몰두할 수 없다. 배당 인상에는 한계가 있다. 오히려 우량 기업인데 주가 상승 이상으로 배당을 높게 지급하기 시작한다면 반드시 한번은 그 기업에 대해 의심해봐야 한다.

배당성장률이 가장 중요하다

투자자에게 최고의 시나리오는 몸값 대비 성과가 뛰어난 주식이나 ETF를 매수한 후에 그 상품의 주가와 배당이 동시에 상승하는 것이다. 주가의 경우 해당 기업의 성과도 중요하지만 동시에 업계의 경쟁상황이나 외부 환경 등 다양한 변수가 영향을 미친다. 이에 비해 배당은 향후 3~5년에 걸쳐 중장기 정책으로 발표되기 때문에 상대적으로 예측이 가능하다. 기업들이 주가를 끌어올리기 위해 각종 미래 청사진을 제시하더라도, 그 진정성과 무관하게 결과는 불확실하다. 배당정책은 일단 한번 발표하면 그대로 실행해야 하기 때문에 과거의 경과를 바탕으로 미래를 예측할 수 있다.

배당금이 지속적으로 오르는 주식을 배당성장주라고 한다. 이런 배당성장주를 묶어서 배당성장형 ETF라고 이름을 붙인다. 어떤 ETF의 주가가 1만 원인데 연간 지급하는 배당금이 500원이다. 배당률 5%짜리 알짜 ETF인 셈이다. 예금금리보다 높으니 투자자들이 붙는다. 주가가 1만 1,000원으로 상승한다. ETF는 그 다음해에 배당금을 550원으로 인상한다. 자, 이제 배당률은 550원을 1만 1,000원으로 나눈 결과인 5%가 된다. 배당률이 5%로 고정되어 투자하기 지루하다고 할 것인가? 주가와 배당금이 모두 인상된 베스트 ETF의 사례다.

딱 1년만 이렇게 인상하고 배당금이 수년째 고정된다면 투자자들의 마음은 돌아설 것이다. 미국에는 10년 이상 배당금을 인상해온 배당성장주가 수두룩하다. 기본적으로 미국은 자체 시장이 크고, 기술력이 뛰어나 내수와 수출이 동시에 가능하기 때문에 미국 내 1등주들은 이처럼 배당성장주로 발전하는 경우가 많다. 이러한 종목들을 묶은 ETF를 매수해 미국의 성장 과실을 함께 누리고자 할 때 배당성장률은 가장 먼저 체크해야 할 요소다.

중장기투자를 위해 살펴봐야 하는 것이 5년 평균 배당성장률이다. 이는 ETF체크 등 주요 ETF 사이트에 나와 있다. 다만 배당 성장의 꾸준함을 표시하기 위해서 연평균복합성장률$_{CAGR}$을 적용한다. 일반적인 성장률은 특정 시간 내 단순 증가율로 표시한다. 가령 작년에 100원을 벌었는데 올해 120원을 수익을 봤다면 1년 증가율은 작년 대비 20%다.

그러나 투자자 입장에서는 배당금 성장이 얼마나 꾸준히 이뤄졌는지가 중요하다. 5년 전에 배당금 100원을 줬던 ETF가 올해는 300원을 준다고 가정해보자. 일반적인 5년 성장률은 200%다. 반면 CAGR을 적용한 5년 배당성장률은 24.6%다. 공식은 다음과 같다.

CAGR = (최종연도 값/최초연도 값)^(1/5(연수))-1

ETF의 배당금이 매년 24.6%씩 복리로 늘어나 100원에서 300원으로 성장했다는 뜻이다. 투자자 입장에서는 향후에도 해당 ETF가 20%대씩 배당금을 올려줄 것이라는 기대를 품게 만든다. 과거 5년의 수치를 보고 향후 5년에도 비슷한 성장을 기대하며 투자하게 되는 것이다.

배당성향, 의지의 문제

"넌 항상 최선을 다하지 않아. 실력의 70%만 발휘하는 것 같아." 이런 말을 들었을 때 어떤가? '월급 루팡'이라는 뜻이니 손해 보지 않았다고 오히려 좋아해야 할까? 아니면 최선을 다하라는 채찍질로 알아득고 일하는 자세를 바꿔야 할까?

배당투자자들은 어떤 종목에 대해 평가할 때 배당성향을 주요 지침으로 삼아야 한다. 배당성향은 바로 배당에 대한 의지다. 배당성향을 계산하는 공식이 연간 배당금을 연간 이익으로 나눈 결과이기 때문이다. 이때 이익은 순이익을 적용한다. 순이익은 회사가 벌어들인 영업이익에서 세금 등 부가 비용을 모두 빼고 남은 순수 이익이다.

똑같이 1,000원을 배당하는 두 기업이 있다. 그런데 A기업의 순이익은 2,000원이고, B기업의 순이익은 4,000원이다. A사의 배당성향은 50%이고, B는 25%다. 똑같은 배당금에도 투자자들은 A사의 배당의지가 B사보다 2배 높다고 평가할 수 있다.

다만 ETF에는 이런 종목들이 너무 많이 포함되어 있어 계산하기 복잡하다. 이 기업들이 모든 순이익을 다 더하고 이들 기업의 총배당금까지 구해 나눠봐야 한다. 펀드의 성격을 가진 ETF는 이런 배당성향이 개별종목보다는 덜 중요하다. ETF의 철학이 분산투자이고, 배당성향의 높낮이와 상관없이 배당금과 배당성장 자체를 높이고자 하는 것이어서 배당성향은 참고로만 알아두면 된다.

노련한 투자자는 배당락일을 이용한다

배당주에 오랜 기간 투자한 사람들조차 배당락일에 대해서는 모르는 경우가 많다. 중장기투자자들은 배당주나 배당 ETF의 주가가 갑자기 하락하는 날 매수하는 경우도 있어서 오히려 모를 때 수익률이 높아지기도 한다.

배당락일은 배당금을 받을 수 있는 권리가 소멸되는 날이다. 이 배당락일 1영업일 이전까지 해당 ETF를 매수한 상태여야만 배당금을 받을 수 있다. 당연히 배당락일에 해당 주식을 팔아버려도 나중에 배당금을 받을 수 있다. 매매를 활발히 하는 경우에도 이 날짜는 중요하다. 주가가 올랐을 때 자본차익도 얻고 배당도 받는 '꿩 먹고 알 먹는' 투자가 가능하기 때문이다.

다만 이는 근시안적인 매매 행태일 수도 있다. 주식시장에서는 배당 권리만 챙기고 배당락일에 매도하는 사람들이 항상 많아서 주가가 하락하는 경우가 많다. 이 주식이나 ETF를 늘리려는 사람에게 배당락일은 오히려 기회다. 이런 심리를 이용해 저가 매수 기회로 보는 중장기투자자들이 많다. 우량 배당주의 경우 생각보다 배당락일에 주가가 덜 하락하기도 한다.

배당기준일과 배당지급일

상장사나 ETF 운용사들은 배당기준일을 정기적으로 발표한다. 배당기준일 2영업일 이전에는 주식을 매수해야 배당금을 받을 수 있다. 여기서 2영업일은 주식 거래일 기준이다. 주식시장이 휴장하는 주말을 제외한 날짜다. 배당금 지급은 결국 주주 명단에 따라 배당금을 나

중에 입금해주기 때문에 이런 날짜들이 중요하다. 따라서 달력에 잘 체크해두어야 한다.

배당지급일은 기쁜 날이다. 말 그대로 배당금이 입금되는 날짜다. 대부분 증권사들은 알람 기능을 선택한 투자자들에게 특정 날짜와 입금액을 알려준다. 미국 등 해외 주식이나 ETF의 경우 배당금이 일단 증권사에 들어온 이후에 이 증권사가 투자자들에게 입금해주는 절차가 있어 실제 1~2일 늦게 투자자 계좌로 입금된다.

총수익률이 진짜다

모든 자산은 총수익률로 표시되어야 한다. 배당주라고 배당률만 중요하게 생각하거나 성장주라고 주가에만 집착하다가 실제 수익률을 보고 놀라는 경우가 많다. 총수익률은 주가 상승으로 얻는 주가수익률과 배당수익률을 합한 값이다. 배당률이 20%인데 주가수익률이 30%면 총수익률은 50%다. 그런데 배당률이 30%인데 주가는 10% 하락했다면 총수익률은 20%에 그친다. 실제 고배당주나 고배당 ETF가 두 자릿수 배당률을 선전하지만 실제로는 한 자릿수 총수익률에 그치는 경우가 많은 것은 앞으로(배당) 대박이 나고 뒤로(주가) 손실을 보기 때문이다.

마이크로소프트는 5년 총수익률 150%에 빛난다. 그러나 이 기간에 배당수익률은 5%도 채 되지 않는다. 주가가 워낙 강하게 오르다 보니 그동안의 배당성장률은 상대적으로 미미해보이는 것이다. 그래도 많은 배당 ETF들은 마이크로소프트를 보유하고 있다. 강력한 주가 성장으로 총수익률에서 높은 성적을 기록하고 있기 때문이다.

가성비 ETF, 총비용부담률을 봐라

우리는 국내 기준으로 200조 원 규모의 ETF 시장에 살고 있다. 이 정도 규모이니 각종 금융회사들이 이 시장에서 수수료 수입을 챙기려 한다. 투자자들은 이런 비용을 극복하여 수익률로 자산을 불려가고자 한다. 운용사들이 연간 두 자릿수 수익률을 홍보하기 때문에 이들이 떼 가는 연 0%대 수수료를 무시하기 쉽다. 그러나 수익률이 복리로 불어나듯 비용도 복리로 급증한다.

ETF 비용을 따질 때 가장 대표적인 지표가 보수율이다. 운용보수는 ETF와 관련해 운용, 판매, 수탁, 사무관리를 포함한다. 운용사 입장에서는 기타 수익이며 투자자에게는 비용이다. 그런데 여기에는 함정이 있다. '기타비용'이 빠진 채로 보수율이 공시된다.

기타비용이란 기초비용을 산출해주는 기관에 지급하는 비용부터 예탁, 결제, 회계감사, 법률자문, 해외보관대리인보수 등을 모두 포함하는 비용이다. 그렇다면 운용보수에 기타비용을 합치면 전체 비용일까? 그렇지 않다. 여기에 매매중개수수료까지 합쳐야 한다.

ETF 시장에서 먹거리를 챙기는 증권사 등 각종 기관들에게는 이런 세부적인 요소들이 중요하지만 투자자에게는 이런 비용을 모두 합쳐서 전체 비용이 얼마인지가 중요하다. 결국 투자자 입장에서 총비용은 '운용보수 + 기타비용 + 매매중개수수료'다. 따라서 ETF체크와 같은 사이트에서 보수율만 보지 말고 '총비용부담률'을 체크해야 한다. 이것이 복리로 증가하는 ETF 투자자의 비용 수치다.

국내 상장 ETF 경우 금융투자협회 전자공시서비스에서 펀드 공시에 들어가 펀드별 보수비용 비교를 클릭한다. 펀드 유형을 주식형으로 선택하고 기준일자는 '최신일'로 선택하면 국내 투자자들에게 유명한 주요 주식형 ETF의 비용을 확인할 수 있다.

운용, 판매, 수탁, 사무관리를 합한 합계가 운용보수(A)이고, 기타비용(B)를 더한 값(C)이 총보수다. 여기에 매매&중개수수료율(D)를 더한 수치가 총비용이다. 이는 고정값이 아니고 시간이 지남에 따라 계속 변동한다.

해외상장 ETF의 경우 더 쉽다. ETF닷컴이나 ETF체크에서 확인이 가능하며 국내처럼 보수율과 실부담비용률(총비용률)이 다른 경우가 거의 없다. 보수율과 실부담비용률이 같아서 보다 명확하다. 기본적으로는 모든 비용이 포함된 총비용률이 게시되어 있다. ETF 원조답게 주요 지수 ETF는 0.1% 미만이어서 국내보다 더 저렴하다.

다만 정부는 세계 최대 ETF 시장인 미국 상장 ETF를 활용해 국내 금융기관들이 수익을 올릴 수 있도록 지원하고 있다. 국내 투자자들이 자신의 노후 자산을 운용하라는 의도로 연금저축펀드 등 절세계좌에서는 세금을 덜 떼고 투자할 수 있도록 기초자산이 미국인 국내 상장 ETF에 세제 혜택을 주고 있는 것이다. 해외 상장 ETF는 국내 절세계좌로 투자할 수 없다. 만약 국내 ETF에 대한 혜택이 없다면 해외 ETF에 투자하고 싶은 투자자들이 모두 해외 직접 투자(직투)에 나설 것이기 때문에 이런 세금 격차를 두고 있는 셈이다.

시가총액과 순자산은 1,000억 원 넘어야

순자산이 수백억 원대 ETF를 매수한 적이 있다. 살 때는 좋았는데 팔 때가 문제였다. 소규모 ETF이다 보니 하루 만에 물량을 모두 팔 수 없을 정도로 거래가 적었다. 물론 다소 손해를 보더라도 하루 만에 다 매도할 수도 있었다. 그러나 호가창에 매수하려는 물량이 거의 없다 보니 한참 밑에 있는 매수세에 물량을 울며 겨자 먹기로 넘겨줄 수밖에 없었다.

상대적으로 인기가 떨어지는 ETF 매수 시 이처럼 유동성 문제를 체크해야 한다. ETF에서 유동성이란 매수와 매도가 활발해 두 호가 차이가 크지 않다는 것을 의미한다. 매수와 매도가 벌어지면 낮은 가격에 팔아야 하니 거래가 부진해진다. 그래서 이런 유동성 공급자가 중요하며 ETF의 비용에 포함된다. 투자자 입장에서는 거래가 원활하도록 유동성 관련 비용도 이미 지불한 상태인데 자신이 원하지 않는 가격에도 팔지 못하니 '이중 비용'이 된다.

수천만 원대 자산을 특정 ETF에 넣는 일반 투자자 기준으로는 시가총액과 순자산총액AUM이 1,000억 원은 넘어야 자신이 원하는 시간에 원하는 가격으로 팔 수 있다. 이는 객관적인 수치라기보다 수많은 투자자들의 경험치로 생각하면 된다.

주식에서 시가총액은 주식 수에 현재 주가로 곱하여 계산한다. 이는 실시간 가치라고 볼 수 있다. 주로 개별종목의 가치를 나타낼 때 쓰인다. ETF에서 AUM은 ETF 포트폴리오에 포함된 총 투자 자산 가치를 뜻한다. 이는 ETF 운용사가 투자자를 대신하여 보유하고 있는 주식, 채권, 상품 또는 기타 증권과 같은 모든 기초 자산의 가치를 합산한 것이다. 이러한 AUM은 ETF의 규모, 인기도, 잠재적 유동성을 나타낸다. 이처럼 중요한 지표임에도 불구하고 상대적으로 주목받지 못하는 경우가 많다.

필자처럼 비인기 소규모 ETF에 투자했다가 낭패를 겪는 경우도 있다. 예를 들어, 5%대 수익률이 표시되고 있어 막상 매도하려고 하면 그 가격에 매수세는 거의 없다. 그래서 3%, 2%대의 매도 가격으로 계속 낮춰도 물량을 모두 팔지 못하게 된다. 결국 급하게 매도해야 할 경우 마이너스(손실권)로 매도해야 하는 상황이 발생할 수 있다. 따라서 AUM이 높을수록 해당 ETF는 투자자에게 매력 있는 상품으로 평가되고 신뢰도도 많이 쌓여 있다고 볼 수 있다.

나에게 맞는 슈퍼스타 ETF는 따로 있다

그래도 주가가 올라야 한다

"이정후가 누군데 이렇게 흥분이야?" 아내나 딸에게 이 선수를 설명하려면 고척에서 뛰던 야구선수가 샌프란시스코로 갔고, 뉴욕과의 경기에서 활약했다고 하나하나 설명해야 했다. 뉴욕하면 뮤지컬을 떠올리는 가족들은 한국 야구선수가 뉴욕에서 홈런을 쳤다고 하니 신기해할 따름이다.

이정후는 세계 최대 야구리그인 메이저리그에서 뛴다. 빅리그라고도 한다. 그만큼 전 세계에서 야구를 제일 잘하는 선수들이 모여 있는 곳이다. 이정후는 꽃미남 배우를 연상시키는 호리호리한 몸매를 가졌고 담장을 넘길 만큼 파워가 있어 보이진 않는다. 그래서 더 매력적이다. 빠른 배트 스피드로 끝까지 배트를 휘두르는 '팔로스로우'를 통해 가벼운 체구에도 장타를 곧잘 친다. 골프에서 비거리가 길다는 뜻과 일맥상통한다. 우리가 스포츠에서 전율을 느끼는 것은 이처럼 멋진 장면과 함께 이른바 '스탯'(기록)으로 이를 곱씹을 수 있다는 것이다.

ETF 시장도 마찬가지다. 인공지능이나 반도체 등 첨단 성장형 산업에 투자해 주가 급상승이란 홈런이 많이 나오는 ETF를 선호하는 사람이 있고, 꾸준한 현금흐름과 배당에 매료되어 안정적인 ETF에 투자하는 사람도 있다. 특히 ETF는 특정 선수 혹은 특정 종목만 있는 게 아니라 이정후와 함께 오타니도 포함되어 있으며 심지어 애런 저지도 포함될 수 있다.

좋은 야구선수를 선별하듯 특정 지표를 통해 나에게 적합한 ETF를 찾아낼 수 있다. 크게 세 가지를 점검해보자. 우선 최근 5년간 주가 수익률을 보자. 야구선수의 타율과도 같다. 기본적으로 투자할 가치가 있는지를 판단할 수 있다. 미국 주식의 경우 S&P500과의 수익률 비교가 중요하다. 예를 들어, 배당 투자자에게 인기가 높은 SCHD(슈드)와의 비교를 통해 더욱 명확한 판단을 내릴 수 있다.

슈드의 기초자산은 '다우존스 미국 배당 100 Dow Jones U.S. Dividend 100'이다. 이 지수는 미국에서 지속적으로 배당을 지급한 기록이 있는 고배당 기업 100곳을 묶어 구성된다. 또한 부채에 비해 수익성이 높고 재무비율이 우수한 기업들로 구성된다. 특정 기업이 부채 부담으로 어려워지면 이 지수에서 뺀다.

이런 우량한 기업들로 구성된 슈드의 최근 5년(4월 14일 기준) 주가수익률은 52.1%다. 그렇다면 비교 대상인 S&P500은 어떨까? S&P500을 쫓아가는 SPY ETF의 같은 기간 수익률은 86.3%다. 수익률 차이가 무려 34.2%포인트가 된다. SPY가 장타형 타자라면 슈드는 단타형 선수라고 볼 수 있다. 슈드는 홈런을 펑펑 터뜨리기보다는 꾸준히 안타와 볼넷으로 1루에 나가는 선수와도 같은 기업들의 묶음이다.

배당 ETF 교과서 SCHD로 용어 복습

슈드의 장점은 배당수익률이 우수하다는 것이다. 이는 ETF를 평가할 때 중요한 지표 중 하나다. ETF의 지표를 체크하려면 검색창에 'ETF체크'를 입력한 후 돋보기를 클릭하고 해당 ETF의 이름이나 주식명, 종목코드를 입력하면 된다. 슈드의 진면목을 살펴보기 위해 SCHD를 검색해보자. 배당 정보란에 들어가면 네이버나 카카오 등의 로그인이 필요하다. 배당률은 투자 시 가장 중요한 지표이기 때문에 반드시 접속해서 확인해야 한다. 최근 1년 배당수익률과 1주당 배당금(1년 기준), 배당성장률 등의 정보가 제공된다.

이정후와 같은 컨택형이자 출루율 높은 선수 ETF를 원한다면 이들 지표가 정말 중요하다. 매번 꾸준한 현금흐름을 주기 때문에 월급이 적더라도 이런 투자 수익으로 넉넉하게 살아갈 수 있다. 여기서 핵심인 배당수익률은 주가에 비해 배당금을 얼마나 주는지를 알려준다.

배당금을 지금 시점 주가로 나눠서 백분율하면 된다. 여기서는 편의상 배당률이라고 하자. 배당률은 단기적으로 투자 대비 현금흐름 정도를 파악하는 데 도움이 된다.

슈드의 경우 4월 14일 기준 배당률이 연 4.11%다. 배당률이 높은지 낮은지를 비교할 때 기초가 되는 자산은 국내 시중은행의 정기예금 금리다. 이날 기준 은행금리는 3%대다. 비교해봤을 때 결국 슈드는 국내 예금보다는 나은 투자다. 투자 위험(리스크) 차원에서는 당연히 예금이 안전하다. 예금자보호법에 의해 은행이 망하더라도 5,000만 원(2025년 상반기 기준)까지는 정부가 예금을 고스란히 돌려준다.

수익률이 투자 리스크와 비례한다는 것은 고등학교 교과서에도 나와 있다. 슈드 역시 안전하다고 봐야 한다. 미국 우량 100개 기업이 동시에 망한다는 것은 상상하기 어렵다. 배당률이 단기적인 투자 효용도를 평가한다면 배당성장률은 장기투자 매력도를 상징한다.

슈드의 배당성장률은 11.44%다. 이는 연평균복합성장률$_{CAGR}$ 기준이다. CAGR은 특정 숫자가 복리 효과로 매년 얼마나 성장했는지를 나타내는 지표다. 이 값은 엑셀 프로그램으로 손쉽게 계산 가능하다.

배당성장을 분석하기 위해서는 최종 가치와 시초 가치를 설정하고, 시작 배당금과 최근 배당금의 수치를 입력한 후, 기간을 연수로 입력하면 된다. 예를 들어, 주당 100원을 배당하는 기업이 있다고 해보자. 5년 후 배당금은 500원이 됐다. 단순히 계산했을 때 5년 만에 5배 성장한 것이다. 그렇다면 연평균 얼마씩 배당금이 인상됐는지를 알고 싶을 것이다.

그런데 연도별 배당을 보니 들쭉날쭉하다. 첫 번째 해 100원에서 시작했지만 두 번째 해에는 200원, 세 번째 해에는 150원으로 줄어들었다. 이후 나머지 기간 동안에는 200원, 400원, 500원으로 증가했다. 배당금이 감소한 해에는 경영이 어려웠던 것으로 보인다. 초반에 배당이 줄어들었다고 해서 주주를 고려하지 않는 기업이라고 단정해서는 안 된다. 최근 3년 동안 꾸준히 배당금을 올렸기 때문이다. 이런 오해를 피하기 위해 CAGR을 계산하는 것이 필요한 것이다. 기준 해인 100원으로 시초 가치로 넣고, 500원으로 최종 가치로 넣어 공식대로 계산하면 38%가 나온다.

슈드의 5년간 연평균 배당성장률 11%는 꽤 좋은 결과라고 볼 수 있다. 물가가 매년 5%씩 상승하더라도 그만큼을 상쇄하고도 6%포인트씩 배당이 늘어 슈드 투자자들은 살림살이가 나아진 셈이다.

배당을 주는 주식 중 가장 유명한 애플과 비교해보자. 인베스팅닷컴이라는 사이트에 들어가 주식명으로 AAPL을 입력하여 배당 데이터를 검색할 수 있다. 2020년 분기 배당으로 0.21달러를 지급했으니 이를 시초 가치로, 2025년 2월 기준으로 0.25달러를 최종 가치로 넣으면 애플의 5년간 배당성장률은 3.5%다. 이보다 3배 이상 속도로 불어나는 배당성장 ETF인 슈드의 위력을 상대적으로 체감할 수 있다.

다만 슈드의 5년간 주가수익률은 50%대이고, 애플은 무려 180%나 된다. 주가와 배당금까지 포함한 전체 수익률에서는 안정성을 지향하는 ETF가 개별 주식을 따라가기는 어렵다. 개별종목을 선택할지 ETF를 선택할지와 ETF 내에서도 어떤 성격의 ETF를 고를지는 투자자 개인의 취향과 선택에 달려 있다.

마지막으로 ETF에 투자할 때는 다소 귀찮지만 비용률을 따져봐야 한다. 이는 장기투자자에게는 중요한 수치다. ETF 투자 시 투자자들이 부담하는 비용은 운용보수, 판매보수, 수탁보수, 사무관리비용 등으로 구성된 총보수에서 시작된다. 그리고 각종 기타 비용을 합한 합성총보수TER가 포함되며, 자산 거래 과정에서 발생하는 증권거래비용(매매+중개수수료율)이 추가로 붙는다. 이들 비용은 백분율로 공시되며, 이는 투자금에서 이만큼 매번 해당 금액이 차감된다는 의미다. 비용 역시 앞서 살펴본 대로 복리 효과로 불어나니까 0%대라고 해서 우습게 봐서는 안 된다.

미국 ETF의 경우 총보수율과 실부담비용률이 거의 같다. 슈드의 경우 0.06%다. 이 정도 수치면 우량기업에 투자하는 유명 ETF 치곤 싼 편이다. 이들 미국 지수를 쫓는 국내 상장 ETF는 기존 비용에다 자신들의 수익까지 얹다 보니 당연히 비용이 올라간다. 그런데 이런 비용 상승을 작게 보이기 위해 일종의 편법을 쓰는 것이 문제다.

2025년 2월 기준으로 S&P500 지수를 추종하는 ACE 미국 S&P500 ETF의 보수율은 0.07%다. 같은 성격의 KODEX 미국 S&P500은 0.0062%다. 한국투자신탁운용의 ACE가 삼성자산운용의 KODEX보다 비싸 보인다. 그러나 실부담비용률로 따지면 ACE와 KODEX가 각각 0.1755%, 0.2281%로 순위가 바뀐다. 특정 비용은 매일의 변화를 반영하기 때문에 이 순위는 매번 엎치락뒤치락할 수 있다. 이런 유명 지수 추종 ETF의 경우 기자들과 투자자들이 눈에 불을 켜고 감시하기 때문에 비용률 차이는 장기적으로는 미미하다는 것이 여의도 전문가의 의견이다.

귀찮은 세금,
ETF에는 방법이 있다

　마지막으로 세금 문제인데 슈드의 이중과세 논란의 본질을 파악하는 게 중요하다. 증권사 앱에 연금저축펀드 계좌를 개설한 후 국내 주식에서 미국 지수 추종 ETF를 검색하면 해당 종목이 나온다. 이는 절세계좌로 미국 S&P500 ETF와 같은 해외 금융상품을 매수할 수 있다는 뜻이다. 미국 기업들의 성장 파도에 몸을 맡겨 투자 수익은 거두고, 세금은 당분간 내지 않으면서 복리효과를 극대화할 수 있는 최상의 재테크법이다.

　문제는 정부의 세수 부족이다. 국내 기업들이 AI시대에 편승하지 못해 뒤처지는 동안 특히 반도체 기업들의 실적이 급강하한다. 이들이 내는 법인세가 급감하자 금융당국은 서학개미들의 국내 상장 ETF 투자에 대해 '과도한 특혜'라고 말을 바꿨다. 한때 적극적으로 이런 투자를 유도하던 정부가 아무런 사전 공지도 없이 태도를 180도 전환

외국납부세액 공제 개편

개편 전(국세청 선 환급, 후 원천징수)	현행 (국세청 선 환급×, 외국납부세액 차감 후 소득지급)
펀드, 해외에 배당소득세(미국 기준 15%) 납부	펀드, 해외에 배당소득세(미국 기준 15%) 납부
↓	↓
국세청, 펀드에 외국납부세액 선환급(14% 한도)	세금 차감된 배당금 지급
↓	
배당금 지급, 배당소득 원천징수 (ISA 만기 시 비과세 및 9% 분리과세, 연금계좌 연금 수령 시 3~5% 분리과세)	

※ 펀드 등을 통한 해외 금융상품 간접투자 시. 2025년 1월 1일부터 적용.   출처: 기획재정부

한 것이다.

이중과세 문제는 2025년 초에 큰 파장을 일으킨 재테크 업계의 일대 사건이었다. 사전 공지도 없이 이들 ETF 분배금(배당)이 갑자기 이전보다 15% 감소한 것이다. 2024년까지 증권사와 은행들은 절세계좌에서 구매할 수 있는 국내 상장 미국 ETF 판매에 열을 올렸다. S&P500 ETF 또는 나스닥100 ETF 외에도 한국판 '슈드SCHD'로 통하는 월배당형 미국배당다우존스 ETF 시리즈가 인기였다. S&P500, 나스닥100, 미국배당다우존스는 '연금계좌 내 미국 3대 대표지수'로 통했다.

국내 상장 미국 ETF의 경우 월배당(매월 지급하는 분배금)하는 상품이 인기를 끌었는데 여기에 투자한 '미국 배당족'(미당족)들은 화들짝 놀라게 된다. 2025년 1월 분배금이 작년보다 확연히 감소한 것이다.

2025년 1월부터 변경된 외국납부세액공제제도가 시행됐기 때문이다. 원래는 2023년 시행되어야 했지만 2년 미뤄진 것이었다.

2020년까지 정부는 절세계좌를 통해 국민 스스로 노후관리를 하라고 유도했다. 정부로서 할 수 있는 최대의 세금 혜택을 제공하는 연금저축펀드 개인종합자산관리계좌ISA 등 개인연금 계좌에 쏟아 부었다. 그런데 돌연 2021년 정부는 이 같은 혜택이 과도하고 그 과정도 복잡하며, 국내 투자 위축 등을 이유로 외국납부세액공제제도를 단순화했다.

2024년까지 해외 주식형 펀드에 투자해서 받는 분배금에 대해 해당 국가에 먼저 배당소득세(미국의 경우 15%)를 내면 과세 당국이 '이중과세' 문제 방지를 위해 이를 미리 환급해주는 '선先 환급, 후後 원천징수' 과세 절차가 적용됐다. 2021년 정부는 이 같은 구조가 국세청이 할 일이 아니며 쓸데없는 비용이 낭비된다며 환급 절차를 없앴다. 환급이 없으니 미국에서 15%를 뗀 금액이 연금계좌 내 분배금으로 지난 1월 입금되었다. 연금계좌의 장점인 과세 이연도 사라졌다. 과세 이연은 세금을 떼지 않은 상태로 분배금이 복리로 증가하고, 고령기에 연금을 받을 때 한 자릿수 세율로 세금을 한 번 떼는 것을 의미한다.

그러나 환급 절차를 없앴기 때문에 미국에서 이미 세금을 뗀 상태로 입금되니 복리로 불어날 노후 기초 자산 자체가 줄어들었다. 미국에서 15% 세금을 뗀 후 들어온 분배금 등 연금 자산에 대해, 수령 시점에 또 한 번 세금을 내야 하는 상황은 그야말로 충격적이다.

사람들은 이런 절세계좌 내 투자를 중단하고 원조격인 슈드에 직투(직접 투자)하는 행렬이 이어졌다. 투자세계에서는 사람들을 따라다니는 투자는 위험하다고 본다. 이중과세가 있더라도 직투의 세금 부담은 여전히 높다. 원천징수는 물론 매년 수익금 250만 원을 초과하는 매도금액에 대해 22%의 양도세가 부과된다. 직투 계좌로 금융소득이 증가하면 종합소득세나 건강보험료까지 상승하게 된다. 현재로서는 절세계좌 내 미국 지수 추종 ETF가 상대적으로 유리한 편이다.

ETF를
이해하고 매수해보기

영어 + 숫자 + 한글 = ETF

"ETF가 쉽다고?" 딸은 의아한 표정이다. 영어로 시작하는 이 낯선 금융상품, 게다가 길기까지 하다. TIGER 미국필라델피아반도체나스닥 ETF에서 시작해보자. 첫 부분 TIGER는 회사의 브랜드명이다. 이 호랑이는 미래에셋자산운용을 뜻한다. 삼성자산운용은 KODEX다. KB금융그룹 내 ETF는 RISE(전 KB STAR)가 붙는다. 한국투자신탁운용은 ACE(에이스)를 붙였다. 이들 회사가 기획해 만든 ETF의 첫 머리에는 이런 이름들이 붙는다는 뜻이다.

이런 회사 브랜드 이름 다음에 붙는 '미국필라델피아반도체나스닥'이 ETF의 몸체다. 이 ETF가 어떤 성격을 갖고 있는지 알려준다. 이름 그대로 미국필라델피아반도체지수$_{Philadelphia\ Semiconductor\ Index}$의 흐름을 좇아간다. 대부분의 ETF는 이처럼 기존에 있는 시장 지수에 화려한 포장을 덧대어 만든다. 이 지수는 1993년 12월 200포인트로 시작했다. 2025년 4월 11일 현재 3,990.9니까 33년 만에 약 20배가량 올랐다. 주요 전자제품 어디에나 들어가는 반도체가 얼마나 광범위하게 활용되고 팔렸는지 필라델피아반도체지수만 봐도 가늠할 수 있다.

장기적으로는 이 지수가 크게 올랐지만 단기간으로 보면 굴곡이 많았다. 지수가 크게 하락한 날도 많았다는 뜻이다. 경기 침체에 가장 먼저 실적 걱정을 해야 하는 업종이 바로 반도체다. 당장 주머니 사정이 나빠지면 사고 싶은 컴퓨터나 스마트폰 구매를 늦춘다. 그러다 보니 관련 반도체 기업 주가는 경기 침체에 가장 먼저 민감하게 반응해 하락하곤 한다.

그러나 장기적으로 볼 때 꽤 많이 올랐다. 이런 시장 지수는 경기의 선행지표다. 경기가 꺾이는지 살아나는지 미리 알게 하는 지표란 뜻이다. 이런 반도체 전체 업종에 투자하고 싶은 사람들은 이렇게 시장 지수를 추종하는 ETF를 사면 된다. 결국 TIGER 미국필라델피아반도체나스닥은 국내 운용사인 미래에셋이 미국필라델피아반도체 지수를 복제한 ETF라고 보면 된다. 여기서 복제는 그 움직임을 그대로 복사했다는 뜻이다.

일단 이름의 뜻을 알게 되고 '내 취향' 같다면 증권사 애플리케이션(앱)에서 그 ETF를 찾아보자. '종목 검색' 혹은 '종목 추가' 버튼을 찾고, ETF의 이름을 검색하면 된다. ETF의 첫 머리가 TIGER, ACE, KB STAR 등 국내 운용사로 시작한 경우 '국내주식'에서 찾아야 한다. 앞서 예시대로 TIGER만 검색해도 검색 결과로 이 운용사의 ETF 상품이 주르륵 뜬다. 시간을 절약하고 싶으면 포털 검색창에 TIGER 미국필라델피아반도체나스닥을 입력해보자.

TIGER 미국필라델피아반도체나스닥 이름 옆에 6자리 숫자가 뜨는데 이 숫자는 해당 ETF나 주식의 등록번호다. 사람에게 주민등록번호 격이다. 티커명, 주식명 다 같은 말이다. 이 ETF 옆에는 381180이라는 번호가 뜬다. 증권사 앱에서 이 번호로 검색하면 해당 ETF가 나온다. 이 종목을 추가하고 현재가에 들어가 '종목상세'를 누른다. ETF의 현재 가격(현재가)가 나오고 거래량, 최근 1년 최고 최저가, 시가총액 등이 나온다. '구성종목'을 클릭하면 이 ETF가 담고 있는 개별주식들의 리스트를 볼 수 있다. 이 ETF가 가장 많이 보유하고 있는 종목은 엔비디아(4월 11일 현재)다. 반도체 업종 기업 중 가장 몸집이 큰 회사이기 때문이다.

TIGER 미국필라델피아반도체나스닥에서 엔비디아 비중은 12.4%라고 나온다. 그 다음이 브로드컴이란 반도체 기업이다. 이 회사는 빅테크 입맛에 맞게 반도체를 설계해주는 회사다. 그 비중은 10.48%다. 세 번째 비중의 상장사는 TSMC다. 이 회사는 대만의 넘버원 상장사다. 전 세계에서 반도체 설계도대로 만드는 기술력에서는 TSMC를 따라올 곳이 없다. 미국 ETF가 좋은 이유는 이처럼 하나의 ETF에 미국 기업도 들어 있고 대만 상장사도 들어 있어 자동적으로 글로벌 분산투자가 가능하기 때문이다.

ETF 실전편, 이제 매수만 남았다

이제 매수할 일만 남았다. 종목을 누르면 자연스럽게 매수 혹은 매도 버튼이 나온다. 아직 보유한 적이 없기 때문에 매도는 불가능하다. 매수를 누르면 본인 인증을 하고 해당 ETF를 살 수 있다. 당연히 대면이든 비대면이든 증권사 가입 절차는 필수다. 해외 ETF를 국내 상품으로 사면 좋은 점이 바로 대낮에 매매할 수 있다는 것이다. 분명 새벽에 열리는 미국 시장 상품을 그 다음날 국내 시장에서 매수할 수 있으니 편하다.

ETF는 주식처럼 사고 팔 수 있지만 거래가 없을 경우 ETF가 추종하는 기본 지수나 상품과의 격차가 크게 벌어질 수 있다. 특히 국내와 거래 시간이 다른 미국 지수 추종 ETF는 더더욱 그렇다. 거래 부족 현상을 보완하기 위해 ETF에는 유동성공급자LP가 따라 붙는다. 일종의 '바람잡이' 역할이다. 좋은 상품이더라도 파리만 날리는 가판대에는 아무도 관심을 갖지 않는다. 다소 인위적일지라도 LP들이 일정 수준의 거래를 깔아줘야 그 안에서 소액 투자자들이 매매를 할 수 있다.

LP들은 어떻게 돈을 벌까? 전날 미국필라델피아반도체 지수가 1% 하락했다고 가정해보자. 이론적으로는 이를 추종하는 미래에셋의 TIGER 미국필라델피아반도체나스닥도 1% 떨어져야 한다. 그러나 미국 주식시장이 끝나고 우리 주식시장이 열리기 전에 반도체 관련 호재가 떴다고 해보자. 이때는 매수가 몰리면서 단기적으로는 1%보다 덜 하락하거나 오히려 오르는 경우도 생긴다. 이때 LP들은 추종

엄청난 주가 변동성을 겪고 있는 TQQQ

지수의 하락폭과 실제 거래 당일 하락폭 사이에서 차익을 남긴다. 매매를 활성화한 것에 대한 일종의 보상 개념이다.

이제부터는 심화편이다. 우리는 해외주식이나 ETF에 투자하는 사람들을 '서학개미'라고 부른다. 서학개미들이 어떤 종목에 많이 투자했는지를 실시간으로 확인할 수 있다. 한국예탁결제원은 '세이브로'라는 플랫폼을 만들어 특정 기간에 많이 매수 혹은 매도한 종목들을 게시한다. 특정일 기준으로 많이 보유한 종목들도 공개한다. 4월 11일 기준으로 서학개미가 가장 많이 보유한 종목 톱5는 테슬라, 엔비디아, 애플, 팔란티어, 마이크로소프트다. 톱6에는 ETF가 포함되어 있으며, 이 중에서 가장 많이 매수하여 보유하고 있는 ETF는

'Proshares Ultrapro QQQ ETF'다. 국내 주식(ETF 포함)은 번호로 해당 주식을 찾을 수 있지만 미국 주식은 영문 이름(보통 네 자리)으로 검색할 수 있다. Proshares Ultrapro QQQ ETF는 TQQQ로 줄여서 부른다. 앞서 ETF를 분해해보면 첫 번째 단어 'Proshares(프로셰어즈)'는 운용사 이름이다.

정작 핵심인 'Ultrapro(울트라프로) QQQ'는 암호명과 다름없다. 도대체 무슨 뜻일까? 투자 세계에서는 이해할 수 없으면 투자하지 말라는 격언이 있는데, 바로 이 ETF가 그에 해당된다. 이 ETF는 나스닥100 지수의 주가 움직임을 세 배로 반영하는 고위험 고수익 상품이다. 미국 주식시장을 대표하는 월스트리트조차 국내 서학개미들이 가장 많이 보유하고 있는 ETF가 TQQQ라는 데 놀란다. 그만큼 위험천만한 ETF다.

기초지수 자체는 그리 위험하지 않다. 나스닥100지수는 미국 나스닥에 상장된 종목 중에서 시가총액이 크고 거래량이 많은 100개 기업의 움직임을 평균으로 보여주는 미국의 대표적인 시장 지수다. 여기에는 금융업종 기업들은 다 빠진다. 금융기업은 구체적으로 혁신적인 제품을 만드는 곳은 아니다. 성장성이 떨어진다. 따라서 금융기업들은 배당금을 많이 준다. 주가의 급등은 기대하기 어려워도 안정성은 뛰어난 편이다. 나스닥에는 이런 금융기업이 없기 때문에 증시가 좋을 때는 폭발적인 주가 상승을 기대할 수 있다. 다만 증시가 좋지 않을 때는 주가 급락에 대비해야 한다.

이런 지수를 기초지수로 삼았는데 여기에 3배로 추종한다는 것은 무슨 뜻인가? 이는 나스닥100지수의 일일 변화를 3배로 반영한다는 뜻이다. 나스닥100지수가 1% 상승하면 이 ETF는 3%의 이익을 얻고, 지수가 1% 하락하면 3%의 손실을 본다는 뜻이다. 미국의 트럼프 대통령이 전 세계를 상대로 관세전쟁을 벌일 당시, 나스닥은 큰 충격을 받았다. 나스닥은 활발한 무역을 통해 물건을 사고파는 기업들이 많기 때문에 관세와 같은 비용이 불어나는 악재에는 민감하게 반응한다.

레버리지 ETF는 웬만하면 피해야

트럼프가 전 세계를 상대로 부과한 관세 수준이 지나치게 높다 보니 앞으로는 자유무역이라는 개념 자체가 사라질 것이라는 우려가 월스트리트에서 나왔을 정도다. 이런 상황이니 자유무역을 통해 눈부신 성장을 이뤄왔던 나스닥100 소속 기업들의 실적이 앞으로 크게 나빠질 것이라는 예측이 자연스럽게 따라오게 되었다. 주가와 실적은 밀접한 관계가 있으므로 예상 실적이 하락하자 역시나 주가도 함께 하락했다.

문제는 나스닥100지수를 추종하는 ETF보다 TQQQ에서 더 민감하게 이러한 하락이 극대화되었다는 것이다. 앞서 수익이나 손실을 모두 3배로 반영한다는 이 ETF는 이날 무려 18.3% 급락했다. 주가가 오를 때 3배로 수익을 올릴 수 있을 것이라는 도박 심리는 주가 하락기에는 끝없는 좌절감으로 돌아서게 만들었을 것이다.

그렇다면 어떻게 이런 ETF 구조가 가능할까? 과거 일부 의사들은 평소에 '독약'이나 다름없는 약물을 특정 환자를 살리는 데 사용하는 경우도 있었다. 이를 '극약처방'이라고 한다. 이런 처방이 필요 없는 사람은 이런 독약을 알 필요가 없다. 투자 시장에서 이런 독약 상품들이 유행하는 것은 그만큼 빠르게 돈을 벌고자 하는 심리가 한 몫 한다. 단기간에 엄청난 부를 움켜쥐기 위해 3배로 수익을 올릴 수 있는 금융상품에 눈을 돌리는 사람이 많고, TQQQ가 국내 ETF 시장 1위 애호상품으로 자리잡은 셈이다.

TQQQ가 일일 변동성의 3배씩 주가에 반영하는 비결은 대출과 파생상품 거래에 있다. 돈을 빌려서 매수와 매도를 반복해 기초지수(나스닥100)의 변동성에 억지로 끼워 맞추는 방식이다. 여기서 그치지 않고 선물옵션 거래를 통해 초과 수익을 창출하고 이를 다시 지수 조정에 활용한다. '3배 수익'을 내세우는 이면에는 '3배 하락'이 존재한다. 이러한 형식적인 수치를 지키기 위해 '저점매도-고점매수'를 반복하는 전략을 취한다. 이상적인 거래는 낮은 가격에 사는 저점 매수와 높은 가격에 파는 고점 매도이지만 TQQQ는 이와 정반대의 비효율적인 거래를 일삼을 수밖에 없는 상황이다.

금융 거래에 있어 무제한의 자유를 주는 미국조차 TQQQ와 같은 3배 레버리지(대출) 상품의 신규 출시를 금지했다. 반면 국내에서는 2배 레버리지 상품만 허용되고 있다. ETF에 투자하는 주된 이유가 분산투자를 통한 안정성을 추구하는 것이지만 TQQQ는 이 원칙과 정반대의 길을 걷고 있다. 일반 투자자가 접근하기에는 적합하지 않은 상품이다. 심지어 이런 레버리지 ETF는 자신의 원수에게 권하라는 말까지 있을 정도다.

PART3

초심자의 행운이 영원하길, 입문자용 ETF는?

ETF의 기본 S&P500 ETF 뭘 살까?

버핏이 팔았다고 S&P500도 끝?

"버핏이 SPY를 다 팔았어, 무슨 일이 일어나긴 할 건가 봐." 2025년 2월 우리 집 식탁에서 중얼거린 말이다. 이 주제를 가지고 대화를 나눌 만한 딸은 이미 런던에 교환학생으로 떠났다. 아내는 아침마다 분주하니 못 들었을 것이다. 못 들었길 바랐다. 내 추천으로 아내도 S&P500 관련 ETF를 샀기 때문이다. SPY는 '스파이'라고 읽어 음흉한 구석이 있지만 실상은 'SPDR S&P500 Trust ETF'의 줄임말이다.

버핏은 유언장에 자산의 90%는 S&P500 관련 ETF를 사라고 써두었다. 돈 쓸 일이 많은 아내를 위한 편지이기도 하다. 아내에게 좀처럼 주식 얘기를 하지 않으려고 하지만, S&P500은 귀에 못이 박히도록 말해왔다. 그런데 버핏이 '익절'하고 떠났다. 익절은 수익을 보고 매도했다는 뜻이다.

버핏의 매도 소식은 버핏과 같은 큰손 투자자들이 매매 일지를 남기는 '13F보고서₁₃F Filings(미국 증권거래위원회SEC에 의해 요구되는 문서로, 운용자산이 1억 달러 이상인 기관투자자들의 보유주식 내역을 보고하는 보고서)'를 통해 알 수 있었다. 그런데 눈을 비비고 다시 봤다. 버핏이 운영하는 버크셔 해서웨이는 SPY 4만 3,000주를 전량 매도했다고 써 있다. 2025년 2월 SPY 한 주가 600달러대였으니까 2,580만 달러, 즉 우리 돈으로 368억 원밖에 안 되는 금액이다. '전량매도', '익절하고 떠나' 등의 자극적인 문구를 쓰기에는 지나치게 작은 액수다. 버핏에게는 말이다. 2024년 말 기준 버핏은 전 세계 억만장자 순위에서 4위였다. 그의 자산은 무려 1,630억 달러다. 즉, 200조 원 넘게 갖고 있는 버핏 입장에서 SPY 매도 금액은 고작 0.02%다. 일반적인 국내 중산층에 빗대 말하면 이 정도 비율은 4인 가족 저녁식사 비용 수준이다.

버핏은 2025년에 경제위기나 충격이 올 것으로 보고 2024년까지 현금비율을 크게 늘렸다. 그러나 여전히 80% 이상의 자산이 주식에 있다. 이중 애플(빅테크)이 28%로 가장 많고, 아메리칸익스프레스(카드), 뱅크오브아메리카(은행), 코카콜라(식음료) 등을 변함없이 보유 중이다. 이들은 S&P500 소속 기업들이기도 하니, 결국 버핏은 여전히 S&P500 기업들이 잠재적인 위기를 극복할 것으로 보고 있는 셈이다. 버핏의 지수 ETF 매도는 그저 현금 비중을 늘리기 위해 자투리 종목을 정리하고 포트폴리오에 보다 집중하기 위한 것으로 풀이된다.

13F를 보고 나니 여전히 미국 지수 ETF는 일반 투자자들이 매수

해야 할 재테크의 기본이라는 사실에 확신을 얻게 된다. 개별종목으로 갖고 있는 것보다 수익이 덜할 수 있지만 그 안정성이 주는 편안함은 비교할 수 없다. 버핏처럼 투자에 집중해야 하는 인물이 아닐 바에야 지수 ETF로 꾸준히 투자하는 것이 올바른 길이다.

버핏은 신이 아니다

버핏의 선택이 항상 옳았던 것은 아니다. 버핏은 2022년에 7조 원에 달하는 투자금을 대만의 반도체 회사 TSMC에 올인한 적이 있었다. 그러나 그는 별다른 수익을 내지 않고 이듬해인 2023년에 전량 매도했다. TSMC는 그의 매도에도 이후에 사상 최고가로 진격했다. 이는 투자자들이 버핏을 조롱하는 또 하나의 사건이었다. 버핏은 TSMC가 미중 갈등의 주요 원인이라며 장기 보유가 어렵다고 판단한 것으로 알려졌다. 이를 지정학적 위기라고 하는데, 버핏과 같은 큰손 투자자들이 가장 싫어하는 요소다.

이제 버핏이 전량 매도한 S&P500 관련 ETF인 SPY와 VOO_{Vanguard S&P 500 ETF}를 보자. 이 지수 관련 ETF에서는 양대산맥이다. 여기에 IVV_{ishares S&P 500 ETF}를 넣으면 우량주 지수 관련 ETF 삼총사가 완성된다.

VOO는 뱅가드라는 금융사가 만든 ETF이고, IVV는 아이셰어즈_{ishares}가 출시했다. 간혹 아이셰어즈라는 금융사가 존재하는지 물어보는 사람이 있다. 과거에는 존재했었다. 그러나 그 유명한 블랙록이 높

S&P500을 기초지수로 하는 주요 ETF

ETF명	SPY	VOO	IVV	SPLG
운용사	스테이트 스트리트	뱅가드	블랙록	스테이트 스트리트
상장일	1993년 01월 22일	2010년 09월 07일	2000년 05월 15일	2005년 11월 08일
실부담비용률	0.09%	0.03%	0.03%	0.02%
자산 (백만 달러)	592,920	644,220	572,457	66,137

은 가격에 인수한 운용사다. 이젠 블랙록의 ETF 브랜드로 통용될 정도로 유명해졌다. 그래서 IVV는 사실상 블랙록의 상품이라고 하는 것이다. 이들을 동시에 투자하는 경우는 거의 없다. 종목 자체가 중복되기 때문이다. 따라서 보수율과 유동성 등 2가지 지표에 집중해 자신의 취향에 맞게 선택하면 된다.

SPY는 세계 최초의 ETF다. 미국 자산운용사 스테이트 스트리트의 대표작이다. 1993년 1월에 나왔으니 30년 넘게 거래되며 완벽하게 검증된 ETF다. 투자업계에서 '스파이를 모르면 간첩'이라는 얘기가 나올 만하다. 5년 동안(2020년 5월 15일-2025년 4월 29일) 연평균 복리로 14.4% 올랐다. 시장 지수만 좇아갔는데 매년 14% 수준의 수익률을 투자자에게 안겨줬다. 2025년 들어 초유행하는 고배당 ETF나 선물옵션을 결합해 현란한 기술을 쓰는 ETF 수준의 수익률이다.

이러하다 보니 버핏이 "그냥 시장 지수에 꾸준히 장기투자해라"라는 말이 나올 만하다. SPY의 보유종목을 보면 애플과 마이크로소프트가 보유 비중 1, 2위다. 자신의 포트폴리오에 애플을 가장 많이 들고 있는 버핏 입장에서는 SPY를 그대로 보유하는 것이 애플에 대한 중복 투자처럼 느껴졌을 수도 있다. 물론 그러기에는 지나치게 미미한 금액이지만 말이다.

뱅가드라는 미국 자산운용사가 SPY와 똑같은 콘셉트로 만든 ETF는 VOO다. 뱅가드의 연혁은 내 나이와 같다. 1975년생이다. VOO 역시 5년 평균 주가 상승률은 14.4%다. 소수점 두 자릿수 이하까지 따져보면 SPY와 미세한 차이가 날 수 있으나, 일반 투자자 입장에서 수익률은 똑같다고 보면 된다. 세계 최대 자산운용사 블랙록이 만든 IVV 역시 같다. 세 종류의 ETF에서 눈에 띄는 차이점은 비용률뿐이라고 보면 된다.

ETF 운용보수와 각종 비용을 포함한 실부담비용률은 SPY가 0.09%로 가장 높다. VOO와 IVV는 0.03%다. SPY가 3배나 높다고 하기에 비용 부담은 미미하다. 1억 원 투자 시 3만 원 차이다. 콘셉트가 매력적인 ETF는 항상 후발주자가 따라온다. 그리고 그 차이는 미미할 것이다. 1억 원당 3만 원이 무겁게 다가오는 소액투자자들은 무조건 싼 ETF로 가야 한다. 그렇지 않으면 그냥 마음에 드는 ETF로 지금부터 모아가면 된다.

자신이 큰손이라면 유동성 문제도 고려해야 한다. 예전에 콘셉트가 좋은 ETF에 투자한 적이 있었다. 유럽 명품 기업들을 묶어 놓은 국내 상장 ETF였는데 시가총액이 100억 원대에 불과했다. 거래량도 하루 1억 원을 못 넘길 때도 많았다. 결국 이 ETF를 정리하면서 손해

보고 팔았다. 원래는 본전에서 팔 수 있었지만 그날따라 거래량이 워낙 작아 가격을 내리면서 매도할 수밖에 없었다. 이처럼 유동성이 작은 ETF는 호가 차이가 벌어진다. 유동성 공급자들도 이를 알고 낮은 가격대에 매수를 걸어 놓는다. 급하게 팔아야 하는 사람들은 이들에게 낮은 가격에 매도하는 악순환이 벌어진다. 따라서 시가총액이 통상 1,000억 원이 넘고 거래량도 하루 1억 원은 넘는 ETF 상품이어야 일반 투자자들이 접근하기에 용이하다.

SPY, VOO, IVV 당신의 선택은?

SPY, VOO, IVV의 경우 이런 걱정은 없다. 유동성을 볼 때 하루 평균 거래대금을 주의 깊게 봐야 한다. 내가 팔아야 할 금액이 1억 원인데 그 ETF의 일평균 거래대금이 1억 원이 안 된다면 문제가 생긴다. 울며 겨자 먹기로 내가 생각한 것보다 낮은 가격에 매도하게 된다. 그러나 SPY의 경우 일평균 거래대금이 30조 원이 넘는다. VOO와 IVV의 경우 1조 원대다. 버핏과 같은 큰손이라면 SPY를 사는 것이 유리하다. 그 정도의 큰손이 아니라면 의미 없는 비교다.

2025년 4월 말 기준 SPY, VOO, IVV 모두 보유종목 비중 1위는 애플이다. 6.6%로 소수점 첫째자리까지 애플을 보유한 비율이 똑같다. 당시에는 보유 비율이 애플, 마이크로소프트, 엔비디아, 아마존, 메타, 버크셔 해서웨이의 클래스B(의결권이 없는 주식) 순서였다. 버핏과 관련된 버크셔 해서웨이가 또 나온다. 버핏 입장에서는 SPY가 고평가 됐다고 보기보다는 중복 투자라는 의미에서 SPY를 매도한 것으로 파악하는 것이 맞겠다.

주당 가격이 부담되는 투자자도 있을 것이다. SPY 한 주를 사려면 80만 원이 넘는 돈을 내야 한다. 업력이 짧아서 주가가 덜 오른 VOO와 IVV 역시 모두 500달러대다. 즉, 아직까지 70만 원대이지만 곧 SPY처럼 80만 원대로 진입할 태세다. 이에 따라 같은 S&P500을 추종하면서 가격이 싼 SPLG SPDR Portfolio S&P 500 ETF가 큰 인기를 끌고 있다. 주당 가격은 60달러대다. 10만 원 이하로 S&P500을 살 수 있는 미국 상장 ETF라는 매력이 있다. 스테이트 스트리트가 만든 ETF로, 2005년에 탄생했다. SPLG 역시 거래대금이 1조 원대로 올라섰다. 개인 투자자 입장에서 거래대금이 작아 손해를 보고 팔 일은 없다는 뜻이다.

이들 4개의 ETF 모두 분기배당이다. 3월, 6월, 9월, 12월에 배당을 준다. 배당률도 1.2~1.4%로 사실상 차이가 없다. 배당성장률은 5년 평균 4%대다. 미국의 500대 우량 기업들이 평균적으로 매년 배당을 4%씩 올려줬고 이것이 ETF의 배당성장으로 이어진 것이다.

절세계좌로
S&P500부터 시작

국내 상장 ETF 비교해보니

2025년 들어 정부는 고배당을 주는 국내 상장 ETF의 절세혜택을 대폭 줄였다. 그러나 배당률이 미미한 ETF의 세금 절약 혜택은 살아남았다. 배당보다 주가 상승분이 큰 ETF들은 세금을 지금 당장 내지 않고 이를 재투자해서 복리효과를 극대화할 수 있는 것이다. 가장 대표적인 상품이 S&P500이라는 미국 기초지수를 따라가면서 국내에 상장된 ETF다. 국내 주요 자산운용사들의 대표 상품이자 서학개미들의 필수 매수 ETF가 된 것이다.

S&P500 ETF를 국내 상장 버전으로 사면 세금을 아낄 수 있다. SPY, VOO, IVV, SPLG 모두 미국 주식처럼 똑같이 1년에 양도세 22%가 적용된다. 돈을 벌면 그 수익의 22%를 떼고 준다는 뜻이다.

S&P500 관련 국내 상장 ETF 5종 수익률 비교

ETF 종류		S&P500(H)	나스닥100(H)	코스피200	KOSPI	KOSDAQ
수익률 (%)	1개월	7.06	7.08	7.05	7.08	7.06
	3개월	-8.18	-8.17	-8.23	-8.19	-8.19
	6개월	-3.19	-3.18	-3.25	-3.18	-3.24
	1년	12.16	12.22	12.10	12.21	12.06
	3년	67.78	68.64	68.02	-	68.24

다만 250만 원까지는 빼준다. 가령 SPY를 팔아 300만 원의 수익을 올렸다면 300만 원에서 250만 원을 뺀 50만 원에 대해 11만 원(22%)을 양도세로 낸다.

S&P500을 추종하는 국내 상장 ETF는 똑같은 콘셉트이지만 운용사들이 모두 국내 회사들이어서 세금 혜택을 준다. 특히 연금저축펀드처럼 자신이 노후를 대비해 투자하겠다고 하니 정부가 적극적으로 돕는 것이다. 정부가 개인에게 해줄 수 있는 최대, 최선의 혜택은 세금 혜택이다. ETF 투자가 보편화되면서 이제는 일반 계좌에서 이런 국내 상장(미국 지수 추종) ETF에 투자하는 사람은 거의 없다. 절세계좌에서 투자해야 세금을 아낄 수 있다는 것이 상식이 된 것이다.

국내 상장 S&P500 ETF를 고를 때는 운용사 이름이 중요하다. 같은 지수와 종목을 추종하니 비용만 따지면 된다. 비용 차이는 곧 운용사 차이다. 미래에셋은 TIGER, 삼성자산운용은 KODEX, KB자산운용은 RISE(2024년 7월 KB자산운용의 ETF명이 KB STAR에서 RISE로 변경되었다), 신한은 SOL, 한국투자신탁은 ACE다. 이들 이름이 붙은 후에 '미국S&P500'을 넣은 ETF를 찾으면 된다.

원래는 이들 운용사들이 보수율을 전면에 내세웠고, 투자자들도 이 비용이 전부인 줄 알았다. 그러나 보수율은 전체 비용의 일부였고, 판매 수수료까지 포함한 투자자가 실제로 부담한 실부담비용률이 진짜 비용이라는 사실이 드러났다. 이제는 금융투자협회 사이트에서 각 사의 총 비용부담율을 계산할 수 있게 되어 보다 투명해졌다.

5대 S&P500 국내 상장 ETF에서 가장 비용 부담이 낮은 곳은 TIGER(0.12%)였다. 2025년 4월 말 '펀ETF' 기준이다. 가장 높은 비용률을 가진 ETF는 SOL(0.21%)로 비용률 차이는 0.09%다. 1억 원을 투자할 경우 연 9만 원의 차이다. 소액 투자자들에게는 부담스러운 금액이다. 비용도 복리로 불어나는 만큼 가성비를 중시하는 투자자들은 TIGER가 더 낫다는 결론이다. 그러나 2025년 1월에는 KB자산운용의 RISE가 가장 저렴한 ETF였다. 시시각각 변하므로 이 책에서 제시된 사이트를 통해 매번 검색해보는 수밖에 없다.

즐겁게 상품 비교하는 사이트 펀ETF

비슷한 ETF끼리 수익률과 같은 성과를 비교하고 싶으면 펀ETF 앱을 통해 상대 비교 시스템을 활용해보자. 'ETF 상품 비교'란에서 5대 ETF를 추가해서 보면 기간 수익률 그래프로 한눈에 비교가 가능하다. 이 시스템에서는 ETF 5개까지 한꺼번에 비교 분석이 가능하다.

최근 1년 기준으로 보면 거의 차이가 나지 않는데 기간을 3년(2025년 4월 말 기준)으로 늘리면 유의미한 차이가 보인다. 1등은 KODEX로, 이 기간 52.74% 올랐다. 이는 단순히 주가수익률이 아니다. 순자산 NAV 기준 상승률이다. NAV는 ETF가 보유하고 있는 자산(주식, 채권, 현금 등) 가치에서 ETF를 운용하면서 생긴 비용(부채 포함)을 모두 빼고 난 값이다. 일반적으로 검색해서 볼 수 있는 해당 ETF의 주가보다는 약간 낮다. 비용이 차감되어서 그렇다. ETF의 NAV 기준가에 분배금을 자동으로 재투자했을 때 이만큼 올랐다는 뜻이다.

KODEX 미국 S&P500은 애초부터 이런 시스템의 자동 재투자 상품이었다. 매 분기 들어오는 분배금을 해당 ETF에서 다시 S&P500에 투자해 그 성과를 투자자에게 돌려준다. 이를 TR상품이라고 하는데 TR상품은 배당이 없다(이후 2025년 1월 24일부터 KODEX 미국 S&P500은 TR이 아닌 배당금 지급으로 변경되었다). 5대 ETF 비교 역시 같은 기준으로 해야 하기 때문에 분배금을 재투자했다고 가정한 수치다. 3년 기준 수익률 꼴찌는 TIGER 상품으로, 51.94%였다. SOL은 2022년 6월 21일에 출시된 상품으로 3년이 채 되지 않았다.

똑같은 기초자산으로 움직이는 ETF 상품들이지만 매번 수익률을 비교할 때 순위가 다를 수 있다. 자산운용사들이 ETF를 얼마나 효율적으로 운영하는지에 따라서 수익률이 시시각각으로 바뀐다고 보면 된다. 어쨌든 비용을 중시하는 투자자는 TIGER, 투자수익률을 중시하는 투자자는 KODEX라는 것이 단기 결론이다.

여기에서 월 현금흐름이 중요한 투자자가 있을 수 있다. 이들은 절세계좌가 아닌 일반 주식계좌에서 투자하는 사람들이다. 절세계좌에서는 가급적 금액을 인출하지 않는 것이 유리하다. KODEX가 자동재투자로 상품을 개발한 것도 연금계좌용으로 특화하기 위한 것으로 보인다. 5대 ETF 중에서 분기배당 상품으로는 ACE, TIGER, RISE가 있고, 월배당 상품으로는 SOL이 있다. 매월 지급받는 수익이 중요하다면 SOL밖에 없다.

초보 소액 장기투자자 희망한다면
SPLG

SPY 이후의 대세 ETF

월스트리트에서 S&P500은 '무위험 자산'으로도 불린다. 500곳의 글로벌 우량 기업을 묶어 놓은 이 지수는 100년간 우상향 그래프를 그렸다. 그래서 각종 금융 투자 업계에서 벤치마크 역할을 해왔다. 벤치마크란 어떤 투자나 포트폴리오의 수익률(성과)을 판단할 때 기본 비교 대상이라는 뜻이다. 나의 수익률이 1년간 20%를 기록했는데 같은 기간 S&P500이 10%의 주가상승률을 보였다면 나의 투자 성과는 벤치마크 대비 2배 수준으로 잘했다는 뜻이다.

지난 30년간 S&P500은 약 8% 올랐다. 2025년 4월 초 기준 국내 시중은행의 예금금리가 2%대인 것을 감안하면 4배나 높다. 투자업계 기본 성적표가 연 8%인데 국내 은행에 돈을 맡긴다는 것은 금융상식이 없는 사람으로 보일 수도 있다. 그래서 은행에 돈을 넣었다가는 내 자산이 녹는다는 얘기를 하는 것이다. 물가상승률도 따라가지 못하고 기본(S&P500) 지수에도 미치지 못하는 수익률이다.

미국 시장에서 우량기업의 상승흐름을 따라가고 싶으면 S&P500이 정답이다. 이 지수를 좇는 3대 ETF는 SPY, VOO, SPLG다. 이 세 개의 ETF에 가장 많은 돈이 몰려 있고 시가총액도 크다. 수수료가 저렴한데 주가 자체도 낮은 금액이니 소액 투자자들 중 S&P500을 따라가고 싶은 사람들은 SPLG로 대동단결 중이다.

SPY는 S&P500 ETF 중 가장 유명하다. 미국 스테이트 스트리트라는 ETF 운용사가 만든 SPY의 실부담비용률(모든 비용을 포함한 비용률)은 0.0945%다. SPLG도 스테이트 스트리트가 만든 ETF다. 그런데 비용률은 0.02%에 불과해 SPY보다 훨씬 저렴하다. 주가는 또 어떤가? SPY는 2025년 4월 20일 기준으로 주당 80만 원이 넘었는데 SPLG 한 주 가격은 9만 원대다.

혹시 주가상승률에 차이가 나지 않을까? 4월 20일 기준 최근 5년 주가상승률은 SPY와 SPLG가 각각 86.03%, 86.28%다. 오히려 주당 가격이 낮은 SPLG가 더 많이 올랐다. 배당수익률(배당률) 역시 SPLG가 더 나았다. 최근 1년 기준 배당률에서 SPLG는 1.44%, SPY는 1.36%로 근소한 우위를 보였다. 장기투자에서는 사실상 의미 없는 수익률 격차다. 그러나 투자자 입장에서는 이처럼 가성비가 좋은데 SPLG를 선택하지 않을 이유가 없다.

만약 버크셔 해서웨이의 워런 버핏 회장이 S&P500 추종 ETF를 대량으로 보유하고 있다고 가정해보자. 하루에 수십억 원의 물량을 매도하기에는 SPLG가 한계가 있을 수 있다. 그만큼 거래량이 더 많은 SPY가 큰손의 물량을 받아줄 그릇이란 뜻이다. 자신이 이 정도의 큰손이 아니라면 굳이 SPY를 선택할 필요는 없다.

SPLG의 유일한 걱정거리는 나중에 똑같은 스타일로 나올 또 다른 가성비 좋은 ETF일 것이다. 그런 ETF가 나오면 또 다시 옮기면 그만이다. 어쨌든 현재로서는 S&P500 관련 ETF 중 최고의 가성비 모델은 SPLG다. 타지 않을 이유가 없다.

배당이 아니라 주가성장 원툴

2025년 4월 기준으로 넘버원 보유종목은 애플이다. S&P500에서의 위치가 1위이기 때문이다. 책을 읽는 이 순간에도 1위 종목은 마이크로소프트가 됐다가 엔비디아가 됐다가 계속 바뀔 수 있다. 어쨌든 첨단 미국 산업을 이끄는 IT기업들일 것이다. 톱10 종목이 모두 미국 기업이다. 글로벌 분산투자를 원한다면 적당하지 않다. 그러나 당분간 달러 화폐 발행국이자 첨단 IT의 본산인 미국이 계속해서 잘 나갈 것으로 자연스럽게 예상된다면 포트폴리오에 S&P500 관련 ETF는 꼭 있어야 할 것이다.

이제 이 우량한 기업들로 구성된 ETF가 매년 얼마나 배당을 주는지 알아보자. 이런 전형적인 안전자산형 ETF의 배당률은 1%대다. 그 정도로 안정적이라는 뜻이다. 우량기업 500곳이 미국 경제의 붐에 올라타 모두 잘 나갈 경우 배당률은 0%대로 떨어질 것이다. SPLG는 배당을 보고 투자하는 것은 아니다. 기업들은 성장과 배당 중 하나를 선택하는 경우가 많다. 테슬라처럼 급격한 성장이 자신 있다면 주가 급등으로 주주에게 보답하면 된다. 이 정도의 자신이 없다면 이익의 일부를 주주에게 미리 나눠주며 주주들이 도망가지 않도록 선심을 써야 한다.

SPLG에 1억 원을 투자했다고 가정해보자. 이 금액으로 1,137주를 단번에 매수한다. 최근 1년 기준 주당 배당금은 0.89달러이며, 연간 배당 총액은 140만 원대다. 연 배당수익률은 1.4%가 된다. SPLG는 분기배당 ETF로, 분기는 3개월을 뜻한다. 즉, SPLG는 3개월마다 36만 원씩 분배금, 즉 배당을 지급한다는 뜻이다. 주가 성장은 눈부실지 몰라도 배당만으로는 매력이 없다. 그래서 친구들이 필요하다. S&P500 ETF에 장기투자하기로 했지만, 결국 친구들을 찾아 나선 이유도 여기에 있다.

워런 버핏 투자철학을
ETF에 담다

주식왕을 추앙하는 ETF

"그날에 너희는 너희가 택한 왕으로 말미암아 부르짖되…(사무엘상 8장 17절)"

성경에서는 백성들이 끊임없이 왕을 세우려고 하는 사람들을 묘사한다. 먹고 살 것이 없을 때 이웃 나라가 쳐들어올 것 같아 목숨이 경각에 이를 때마다 왕을 찾는다. 모든 왕이 완벽하다면 복잡한 시스템은 필요 없을 것이다. 고대 그리스 철학자 플라톤은 '철인왕'을 찾기도 했다. 세상의 모든 문제를 알고 있고 그 해결책도 알고 있는 사람, 주식시장에서는 워런 버핏이 '주식의 왕'으로 추앙받는다.

2008년 금융위기, 2020년 코로나 사태, 2025년 트럼프 관세전쟁이라는 변동성을 거치며 투자자들은 결국 95세의 지치지 않는 열정의

버크셔 해서웨이 주가

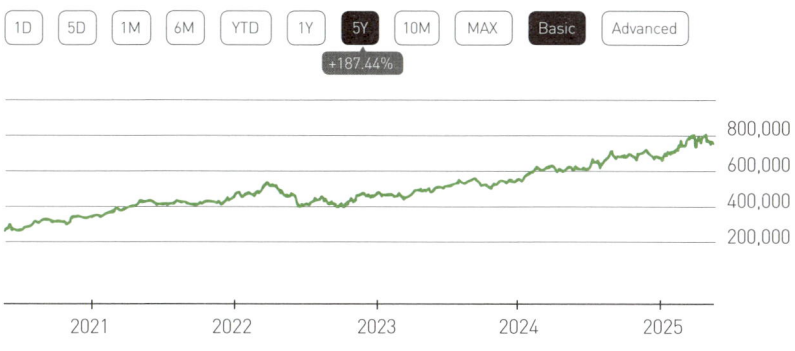

주식의 왕 버핏에게 길을 묻고 있다. ETF업계가 이를 놓칠 리 없다. 버핏의 투자 철학을 그대로 따라가는 ETF가 나온 것이다. 국내에 상장됐다면 연금저축펀드 등 절세계좌로도 살 수 있다. 수많은 위기를 막아줄 것 같은 버핏의 뒤를 쫓으면서 세금을 아끼며 자산을 불려줄 절호의 ETF 상품을 살펴보자.

'RISE 버크셔포트폴리오TOP10(475350)'은 버핏이 선택한 10개의 기업에 집중 투자하는 ETF다. 버크셔 해서웨이, 애플, 아메리칸 익스프레스, 코카콜라, 뱅크오브아메리카, 셰브론, 무디스, 옥시덴털 페트롤리엄, 크래프트하인즈, 처브가 그 10개의 기업이다. 버핏의 주식 투자포트폴리오는 더 광범위하지만, 이 ETF는 버핏이 선택한 종목 중 비중이 높은 10대 종목만 담았다. 잘 알려진 대로 버핏은 그 자산에 대비해 일부 종목에 집중 투자하면서 수익률과 안정성을 동시에 잡고 있다. 그의 순도 높은 종목 선정 능력에 감탄이 나온다.

각종 경제 위기 이전에 미리 주식들을 매도하고 안전자산으로 바꿔놓는 실력은 2025년 초에도 어김없이 발휘되었다. 버핏은 이미 애플 등 주요 주식들을 팔아 미국 단기채권으로 바꿔놓았던 것이다. 최근에는 주식과 채권이 동시에 하락하는 경우가 많아 그의 수익률 역시 약세를 보이긴 했지만 단기채권으로 꾸준히 이자를 챙기면서 하락장을 버틴 것이다.

13F, 투자자들이 반드시 봐야 할 보고서

시시각각 변하는 버핏의 마음을 실시간으로 따라가는 것은 불가능한 일이다. 그러나 공식적으로 가장 가깝게 쫓아갈 수는 있다. 버핏과 같은 '큰손'은 3개월(분기)마다 13F라는 형식의 보고서를 제출해야 한다. 이 보고서에는 자신의 자산 포트폴리오의 변화상을 담아야 한다. 최근 분기 동안 애플이나 코카콜라 주식을 얼마나 팔았는지 혹은 매수했는지를 미국 금융당국에 보고해야 한다.

2024년 2월에 상장한 KB자산운용의 'RISE 버크셔포트폴리오 TOP10 ETF'는 버핏이 제출한 13F보고서대로 버핏의 포트폴리오를 따라가는 상품이다. 버핏은 "10년을 갖고 갈 주식이 아니라면 단 10분도 보유하지 마라"고 말해 왔다. 13F에는 이런 버핏의 철학이 담겨 있고, 국내 최초의 버핏 추종 ETF로서 RISE 버크셔포트폴리오TOP10은 '주식왕'의 명령에 즉각 반응하겠다는 뜻이다.

RISE 버크셔포트폴리오TOP10은 요즘 유행하는 월배당이니 고배당이니, 파생상품 영업을 통해 추가 수익을 거둔다든지 하는 '묘기'는 부리지 않는다. 그냥 단순히 주식시장과 미국 기업의 위대한 성장만을 믿는다. 이 ETF는 상장 이후 2025년 4월 23일까지 24.8% 올랐다. 기초자산이 되는 버핏의 버크셔 해서웨이 주가는 1965년 이후 이날 현재까지 연평균 19.9%가 올랐다. 이 ETF의 경우 배당금 지급이 없으므로 오로지 주가상승(자본차익)만 기대하면 된다. 아주 단순하고도 강력한 매력이다.

보유종목 1위가 버크셔 해서웨이(버크셔)이기 때문에 이 종목이 중요한 것처럼 보이지만 실상은 애플의 주가 향방이 중요하다. 버크셔 해서웨이가 가장 많이 보유한 주식이 바로 애플이기 때문이다. ETF 보유종목 비중 2위도 바로 애플이다. 결국 애플이 이 ETF 속에 이중 상장되어 있는 셈이다.

미국 보험업에 간접투자 효과

버크셔 해서웨이의 사업은 크게 두 가지로, 주식투자 부문과 자회사를 통한 제조·판매업 부문으로 나뉜다. 주식 분야 비중이 커짐에 따라 이 회사의 주식 포트폴리오 수익률과 버크셔 해서웨이 주가는 거의 동행하는 흐름을 보이고 있다.

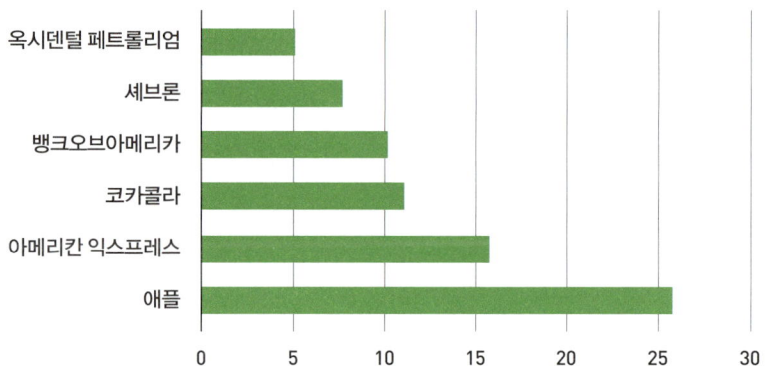

애플	아메리칸 익스프레스	코카콜라	뱅크오브 아메리카	셰브론	옥시덴털 페트롤리엄
25.8	15.8	11.1	10.2	7.7	5.1

　제조 판매업은 원래 섬유 등 전통산업 중심이었으나, 버핏이 계속해서 보험사의 주식을 사들이면서 보험사 비중이 커졌다. 버핏은 이익률(마진)이 높은 회사들에 투자하는 것을 좋아했는데, 보험사야말로 그의 기준에 딱 맞았다. 물가 상승으로 소비자들이 지갑을 닫으면 뭔가를 팔아야 하는 제조기반 회사들은 속수무책이다. 실적이 하락해 주가가 폭락한다. 그러나 보험업은 다르다.

　가입자는 언제나 '을'이다. 사고가 나야 보험사는 가입자에게 돈을 준다. 사고가 나기 전까지는 보험사의 돈이다. 보험사는 이 돈으로 주식이나 채권을 사서 자신의 부를 늘린다. 가입자는 기를 쓰고 사고를 스스로 방지하며 보험사의 돈이 빠져나가지 않도록 노력한다.

물가상승기가 오면 보험사는 슬쩍 보험료를 올린다. 보험료가 비싸졌다고 지금 당장 해약한다면 보험사가 아니라 가입자가 손실을 보는 구조다. 버핏이 이런 경제적 해자 구조를 알았다면 일찍부터 보험사만 사들였을 것이다.

2024년 버핏은 미국 기업들 주가가 지나치게 고평가됐다는 사실을 깨닫는다. 광적인 투자 바람에 이런 버핏의 경고는 무시됐다. 그런 그가 같은 해 5월 당시 돈으로 9조 원을 한 회사에 베팅한다. 스위스 손해보험사 '처브Chubb'다. 처브는 버핏이 운영하는 버크셔의 투자 포트폴리오 톱10에 곧바로 진입했다. 당연히 RISE 버크셔포트폴리오TOP10 ETF에도 들어갔다.

전 세계 투자자들이 매 분기마다 버핏의 포트폴리오가 어떻게 바뀌는지 분석하고 연구했지만 그가 처브를 이처럼 과감하게 매수할 줄은 몰랐다. 그가 '가이코'라는 자동차 전문 보험사와 '제너럴 리'와 같은 재보험사를 소유하고 있는 것을 감안하면 그리 어려운 문제는 아니었는데 말이다.

애플에 대한 중복투자 문제

이런 버핏의 철학을 추종하는 RISE 버크셔포트폴리오TOP10의 주가 흐름은 2024년까지 상대적으로 미국 S&P500 지수보다 강했다.

어쩌면 당연한 결과다. 그렇다고 이 ETF에 약점이 없는 게 아니다.

ETF가 같은 종목을 분산하지 않고 여러 종목에 투자한다는 본질에 집중한다면 이 ETF의 구조는 뭔가 이상해보일 수 있다. 세계 시가총액 1위 종목인 애플을 중복으로 포함하고 있어 지나치게 집중된 중복투자 상품으로도 간주될 수 있다. 이는 애플이 강할 경우 뛰어난 수익률을 기대할 수 있지만, 반대로 애플이 부진할 경우 ETF의 주가 방어력이 약해지는 단점이 부각될 수 있음을 의미한다.

주식시장 약세장에서는 조금이나마 분배금(배당)이 지급되는 ETF가 소중하고 고맙다. 그러나 RISE 버크셔포트폴리오TOP10은 상장 이후 2025년 4월까지의 배당 지급 기록이 없다. 배당을 다시 투자해 수익률을 노리는 TR 형태의 상품이기 때문이다. 2025년 4월 이후에는 1월, 4월, 7월, 10월 분기배당이 이뤄질 전망이다. 하지만 배당수익률은 1%를 넘기 어려울 것으로 보인다.

또 한 가지 신경이 쓰이는 점은 RISE 버크셔포트폴리오TOP10의 순자산AUM이다. AUM은 ETF에 얼마나 많은 사람들이 투자했는지를 알려주는 지표다. ETF도 펀드의 한 종류다. 처음 펀드 설정 시 금액에 신규 투자금을 더하고 펀드 운용을 통해 발생한 순수익을 합해서 발표한다. 710억 원 수준은 인기가 높다고 할 수도 없다. 1,000억 원은 넘어야 유동성 부족 현상이 나타나지 않는다. 유동성이 부족하면 원하는 가격보다 싸게 팔기 때문에 손실이 커질 수 있다.

물론 이 상품은 2024년 시작된 ETF라 향후 AUM은 커질 것이다. 그러나 AI 관련 국내 ETF들이 출시 2주 만에 1,000억 원을 넘는 경우도 많았기 때문에 RISE 버크셔포트폴리오TOP10은 인기 ETF라고 볼 수는 없다. 안정 성향의 투자자들에게 안성맞춤으로 봐야 한다.

약간의 트릭도 존재한다. 보수율은 0.01%로 매우 저렴해 보인다. 그러나 모든 수수료와 비용을 포함한 실부담비용률은 0.3003%에 달해 평균 이상의 비용 부담을 초래한다. 이처럼 보수율은 낮고 실부담비용률은 높은 구조는 모든 국내 ETF가 개선해야 할 부분이다. 투자자들에게 일종의 착시를 주기 때문에 유의 깊게 살펴봐야 한다.

가치주 ETF
이젠 선택 아닌 필수

뉴 매그니피센트7을 담은 ETF

2025년 투자금이 몰린 순서로 미국 3대 가치주 ETF를 나열해보면, VTV(뱅가드밸류 ETF)와 SCHD(찰스슈왑 미국 배당주 ETF), DGRO(블랙록 배당성장 ETF)가 그것이다. 이들 ETF는 저평가된 개별종목들과 배당금을 인상해주는 배당성장주로 이뤄져 있다는 공통점을 갖고 있다.

성장주에서 가치주로 '투자 물살'을 바꾼 건 미국의 트럼프 대통령과 글로벌 경기 침체에 대한 우려 때문이다. 성장주는 막대한 투자를 통해 현재보다 미래 수익을 추구한다. 그래서 주가가 고평가되어 있는 곳이 많다.

2025년 1분기에 이뤄진 미국 주식 하락기에 가치주 진영의 선봉을 맡고 있던 버크셔 해서웨이의 주가는 사상 최고가를 찍었다. 반면

월스트리트가 꼽은 2025년 가치성장주 배당성장률

단위: %

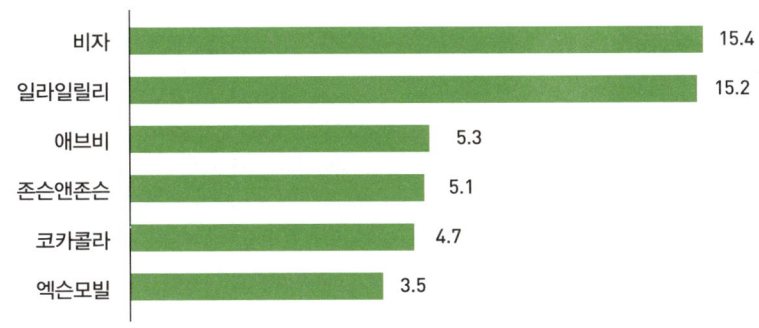

종목	배당성장률
비자	15.4
일라일릴리	15.2
애브비	5.3
존슨앤존슨	5.1
코카콜라	4.7
엑슨모빌	3.5

※ 2021~2025년 연간 배당금을 연평균복합성장률로 구한 값. 월스트리트 추정치.

출처: 블룸버그

3대 가치주 ETF

단위: 억 달러

ETF 종류	SCHD (찰스슈왑 미국 배당주)	VTV (뱅가드 밸류)	DGRO (블랙록 배당성장)
순자산	770.5	1,365.8	313
구성목록	101개	843개	313개
톱3종목	애브비	버크셔 해서웨이	엑슨모빌
	암젠	JP모건	마이크로소프트
	코카콜라	엑슨모빌	JP모건

※ 2025년 3월 25일 기준.

출처: ETF체크

서학개미가 가장 사랑하는 테슬라 주가는 크게 하락했다. 테슬라와 같은 성장주 비중이 높은 ETF 투자자들은 큰 손실을 본 것이다.

투자자들은 재빨리 '가치성장주'를 찾아 나섰다. '뉴 매그니피센트7'으로 불린 애브비, 존슨앤드존슨J&J, 엑슨모빌, 코카콜라, 버크셔 해서웨이, 일라이릴리, 비자의 주가가 강했다.

안정 성향의 투자자들은 7대 종목을 모두 포함하고 있는 VTV, SCHD, DGRO에 열광하며 돈을 넣었다. 이들 ETF의 '간택'을 받은 종목들로는 수급이 쏠려 주가가 더 오르는 '선순환'이 나타나기도 했다.

배당성장형 ETF라는 점에서 슈드와 곧잘 비교되는 DGRO는 아이셰어즈 작품이다. 블랙록이 아이셰어즈를 인수했으니 사실상 같은 회사다. 2014년 6월 출시됐으며 실부담비용률이 0.08%로 저렴한 편이다. 배당률은 2.28%로. 3월, 6월, 9월, 12월에 배당하는 분기 배당 ETF다. 배당성장률은 5년 평균 7.62%다. 구성종목 수가 417곳으로 가장 비중이 높은 종목이더라도 3%대에 불과하다. 그만큼 분산이 잘되어 있는 ETF다. 인덱스 ETF 수준의 저렴한 비용과 탁월한 분산효과, 적당한 배당률이라는 매력이 있어 안정적으로 자산을 증식하려는 사람에게 적합한 상품이다.

DGRO는 최근 5년 이상 배당을 늘려온 상장사를 중심으로 투자한다. 배당수익률이 높은 고배당주보다는 배당성장률에 초점을 두고 있다. 보유종목 비중 상위권에 있는 애브비를 보자. 2024년 매출 기준으로 글로벌 제약사 1, 2위는 각각 존슨앤존슨과 애브비다. 자연스럽게 가치주 ETF에서도 보유종목들 중 비중 상위권을 차지하게 됐다. 애브비는 차세대 면역질환 치료제 '스카이리지'와 '린보크'로 실적 추정치가 오르고 있고 배당금도 인상 중이다.

애브비의 2025년 예상 연간 주당 배당금은 6.54달러다. 2021년(5.31달러)과 비교하면 연평균복합성장률$_{CAGR}$ 기준으로 5.3%씩 증가해왔다는 뜻이다. 국내 물가상승률이 3%인 점을 감안하면 애브비와 같은 종목들이 대거 포함된 DGRO는 인플레이션을 이기는 투자전략이 된다.

하락기 방어력 뛰어난 종목 담아

존슨앤존슨 역시 2025년 봄 미국 주식 하락기 때 방어력이 뛰어났다. 2025년 이 헬스케어 주식의 EPS는 10.58달러로 추정된다. 최근 1년 성장률이 26.2%다. 연평균 배당 인상폭도 애브비와 비슷한 5.1%다. 존슨앤존슨과 애브비는 '산전수전 공중전'까지 다 겪은 전통 가치주에 가깝다. 이들의 배당 인상률이 5% 수준인 것을 보면 DGRO는 ETF 운용 철학대로 잘 굴러가고 있다.

모든 ETF가 그러하듯 리밸런싱(종목 조정) 때 배당성장이 떨어진 종목은 걸러내기 때문에 어떤 종목보다는 어떤 업종을 많이 담고 있는지를 살펴보는 것이 중요하다. 10% 이상의 업종이 5곳인데 일단 금융(2025년 4월 말 기준 21.94%) 비중이 가장 높다. 그 다음이 IT와 헬스케어, 필수소비재, 산업재로 이어진다.

뱅가드의 2004년 작품인 VTV는 버크셔 해서웨이 주식을 가장 많이 담고 있다. 그러나 그 비중은 3%대이므로 버크셔 해서웨이가 ETF 전체에 미치는 영향력은 크지 않다. 버크셔 해서웨이는 주가 방어력이 뛰어난 주식이지만 워런 버핏의 전격 사임으로 불확실성 또한 커졌다. VTV 구성종목 수는 334개로 분산효과 자체는 DGRO보다 낮다. 그러나 실부담비용률은 0.04%이며, DGRO의 절반 수준으로 저렴하다.

VTV의 배당률은 4월 말 현재 2.33%다. 분기배당을 주며 5년 평균 5.33%의 배당금 인상이 진행됐다. 배당성장으로 봐서는 DGRO가 VTV보다 우세하고, 비용 차원으로 봐서는 VTV가 우세하다.

어떤 환경에서도
돈 버는 소비재 ETF

코스트코와 월마트 비중 높은 ETF 택해야

2020년 5월 15일 이후 2025년 5월 12일까지 미국 코스트코 주가는 240% 올랐다. 월마트 주가 역시 같은 5년간 130%나 상승했다. 두 미국 소비재 주식은 모두 시장 평균보다 더 많이 상승해 중장기투자자들을 기쁘게 했다. 코스트코와 월마트는 배당금도 주는데 이를 수익률에 포함하지 않았다. 따라서 이러한 배당금을 재투자했다면 이 두 주식의 수익률은 더 높을 것이다.

코스트코의 240% 수익률은 애플(174%) 마이크로소프트(145%) 구글(131%) 등 기라성 같은 빅테크들의 코를 납작하게 하는 수치다. 월마트와 구글은 거의 비슷한 수준으로 올랐다. 코스트코와 월마트도 AI 기능을 사업에 도입했지만 빅테크 기업들만큼은 아니다. 소비자들

미국 소비재에 투자하는 대표 ETF 비교　　　　　　　　단위: 백만 달러

XLP	ETF명	VDC
스테이트 스트리트	운용사	뱅가드
0.08%	총비용부담률	0.09%
16,265	순자산(AUM)	7,530
40개	보유종목 수	105개
코스트코(10.2%)	보유종목 비중 1위	코스트코(12.2%)
월마트(9.7%)	보유종목 비중 2위	P&G(11.4%)

에게 좋은 제품을 싸게 공급하는 소비재 기업들의 단순함이 AI로 무장한 복잡다단한 빅테크 기업을 압살하고 있다. 투자자 입장에서는 사업의 화려함보다는 수익률과 주가 변동성이 중요하다.

　코스트코와 월마트로 대표되는 미국 소비재 기업은 상승할 때는 꾸준하고 하락할 때도 주가 급락이 별로 없다. 중장기투자에 필요한 요건을 갖추고 있으며 두 주식을 많이 포함하고 있는 ETF 역시 꾸준한 인기를 모으고 있다.

　워런 버핏은 중장기투자자 덕목으로 이해할 수 있는 사업에 투자하라고 강조했다. 우리가 코스트코에 가서 제품을 사고 연간 멤버십에 가입할 경우 코스트코의 사업을 곧바로 이해할 수 있다. 월마트의 경우 국내에서 철수했지만 '최저가'를 보장하는 이 글로벌 유통 공룡은 중국과 인도에서 사업을 잘하고 있다. 이러한 꾸준함은 투자자에게 안정감을 주며 중장기 자산 증식에 큰 도움이 된다.

마이크로소프트 AI 검색 서비스 '코파일럿'에 코스트코와 월마트 비중이 높은 ETF를 알려달라고 했더니 XLP와 VDC 등 미국 ETF와 국내의 'KODEX 미국S&P500필수소비재 ETF'를 제시했다. 아직까지 재테크 업계에서는 이 정도의 활용도가 보편적이다. 투자할 때 중요한 정보들은 아직까지 유료 정보가 대부분이다. AI들은 역발상 투자도 이해하지 못한다. 아직까지는 ETF 내 어떤 종목들이 어떤 비중으로 담겨 있는지 정도만 물어보면 된다.

AI에 VDC_{Vanguard Consumer Staples ETF}에 대해 물었더니, VDC가 필수소비재 기업에 투자하며, 월마트와 코스트코를 주요 종목으로 포함하고 있다고 답했다. VDC는 2004년에 뱅가드가 출시한 ETF다. 필자가 매경에서 근무한 햇수이기도 한 20주년이 됐다는 뜻이다. 출시 이후 2025년 5월 15일 기준으로 무려 325% 올랐다. 미국 경제와 미국인들의 소비가 이 ETF의 상승 행진을 이끌었다. 이날 기준으로 VDC는 코스트코, 프록터앤갬블_{P&G}, 월마트 등을 10% 넘게 보유하고 있다. 이와 같은 미국 소비재 기업이 106종목 담겨 있다고 보면 된다. VDC가 20주년이 됐지만 코스트코는 48주년이 된 곳이다. 미국의 대규모 창고형 할인마트 운영 기업이다.

코스트코는 짐 시네갈과 제프리 브로트먼이 만든 회사다. 최고 품질의 제품을 최저의 가격으로 제공한다는 철학이 지금까지 이어져 오고 있다. 세계적인 기업들은 자신만의 숫자를 갖기 마련인데, 코스트코에게는 '15'가 중요하다. 바로 15% 마진율이다. 국내 대형마트들이 15% 이상의 마진을 추구하지만, 코스트코는 15%야말로 코스트코와 코스트코를 찾는 소비자들이 모두 행복할 수 있는 숫자라고 설명한다.

그러나 코스트코는 자선업체가 아니다. 낮은 마진율은 소비자들에게 코스트코를 방문할 경우 자신들이 이득이라는 생각을 하게 만든다. 그리고 기꺼이 비싼 연회비를 내게 만든다. 사실 회원제야말로 모든 글로벌 기업 및 심지어 AI업체들도 원하는 이상적인 사업 구조다. 연간 회원비가 한꺼번에 입금되면 회사는 예측 가능한 수익 확보를 통해 안정적 경영은 물론 주주를 위한 배당금을 인상하는 등 주주환원도 손쉽게 진행할 수 있다. 이 같은 선순환 구조는 코스트코가 소비자들과 함께 가는 기업이라는 이미지가 이미 구축되었기 때문에 가능하다.

국내 기준으로 코스트코 연회비는 4만 원(골드스타 회원권 기준)이 넘는다. 인플레이션 상황 속에서 연회비를 인상했다. 코스트코에서만 누릴 수 있는 베이커리, 와인 코너, 푸드코트, 자체 브랜드 커클랜드 생수 등이 높은 연회비를 부담하고서라도 코스트코를 찾게 만든다.

월마트와 코스트코의 차이

코스트코의 특이한 점은 품목당 판매하는 브랜드가 적다는 것이다. 언뜻 선택의 폭이 좁은 것처럼 보이지만 일단 소비자들은 여기에 만족한다. 하지만 그만큼 코스트코가 이미 선별해놓은 소수의 품목에 대한 신뢰는 소비자들이 여러 제품 중 좋은 것을 골라야 하는 수고를 덜어주는 것이다.

코스트코는 주주들에게도 천국이다. 최근 20년간 배당금을 인상해왔다. 최근 10년 기준 연평균 배당금 성장률은 12.6%에 달한다. 코스트코의 배당수익률은 1%가 채 되지 않는데, 이것만 보고 투자해서는 안 된다. 낮은 배당률은 그만큼 코스트코 주가가 많이 올랐다는 뜻이다.

VDC 보유 비중 2위인 종목 P&G 역시 미국을 대표하는 필수소비재 주식이다. 1837년 영국 출신 양초 제조업자 윌리엄 프록터와 아일랜드 출신 비누 제조업자 제임스 갬블의 이름을 따서 만들어졌다. P&G는 타이드, 팸퍼스, 질레트 등으로 유명하다. 전체 수입의 10% 가량을 중국에 의존하기 때문에 미국이 중국과의 갈등을 겪을 때 실적과 주가가 동반 하락하는 흐름을 보인다. 다만 가격 결정력이 있으므로 이 같은 미중 갈등은 주가에 단기적인 영향만 미쳐왔다. 이런 시장 장악력을 바탕으로 주주에게 후한 편이다. 무려 69년간 연속 배당 기록을 세워 '배당왕'이라는 별명도 갖고 있다.

VDC 보유 비중 3위인 종목은 그 유명한 월마트다. "365일 가장 싼 가격"이 월마트의 철학이다. 가장 저렴한 가격으로 소비자에게 물품을 제공하느라 매장은 창고 형태 그대로인 경우가 많다. 그런데도 전 세계 상장사 중 가장 많은 인력을 고용하고 있다. 200만 명이 넘는다. 당연히 다른 경쟁사보다 높은 급여를 주기는 어렵다. 그래도 이렇게 많은 직원들이 애사심을 보이며 남아 있는 것은 월마트 특유의 주식 보상 시스템 덕분이다.

2024년 봄 월마트는 파격적인 직원 보상 제도를 발표하는데, 매장 관리자는 그해 4월부터 2만 달러 상당의 월마트 주식을 받게 된다. 일을 잘하는 성공적인 관리자라면 그의 총보수는 40만 달러를 넘게 되는 것이다. 월스트리트는 미국 주식시장에 실적에 상관없이 가장 성공적으로 정착한 두 곳으로 애플과 월마트를 꼽는다. 애플은 직원 보상과 주가 띄우기를 위해 자기 회사 주식을 사서 보유하거나 모두 소각하는 방법을 취한다. 이를 통해 기존 주주들의 주식 가치가 올라가게 된다.

월마트는 주가가 하락할 때마다 직원들이 주식을 사서 주가를 부양하는 구조를 자연스럽게 만들었다. 게다가 월마트는 세계 최대의 '이익집단'이기도 하다. 200만 명이 넘는 대군단의 목소리를 월마트 CEO가 전달하면 백악관은 물론 월스트리트도 꼼짝하지 못한다. 월스트리트는 월마트의 실적과 함께 CEO가 하는 한마디 한마디에 주목한다. 인플레이션 상황에서 비용이 증가하면 월마트 CEO는 "우리는 항상 최저가를 보장하지만, 이제는 어쩔 수 없이 가격을 올려야 한다"는 뉘앙스를 띄운다. 그러면 코스트코 등 경쟁사들은 월마트의 행보에 따라 자연스럽게 가격을 인상한다.

미중 갈등이 최고조에 달했을 때 트럼프 대통령은 월마트의 더그 맥밀런 CEO, 타깃의 브라이언 코넬 CEO, 홈디포의 테드 데커 CEO를 백악관에서 전격 만났다. 이들이 만난 날은 트럼프 대통령의 경제정책에 대한 평가가 취임 이후 처음으로 부정 여론이 앞선다는 조사가 나온 직후였다. 세 명의 CEO 중 당연히 더그 맥밀런의 발언권이 가장 강하다. 그 자리에서 월마트 매장의 상당 부분을 채우고 있는 저렴한 중국 제품들이 들어오지 않을 경우 가장 피해를 보는 사람은 미국 국민이라는 것을 설파한 것으로 알려졌다.

미국 소비재 원조 VDC

미국 소비 그 자체를 보유하고 있는 VDC는 코카콜라의 비중도 높다. 7%대로 4위다. 코카콜라는 워런 버핏(버크셔 해서웨이 CEO)의 주요 종목이기도 하다.

배당수익률은 2.38%이며 분기마다 배당을 주는 분기배당주다. 5년 평균 배당금 성장률은 6.6%다. 주가 역시 오른다는 것을 감안하면 배당성장률 역시 만족스러운 수준이다. 미국 업종 ETF는 보수율이 저렴하다. 각종 보수를 모두 포함한 총비용부담률은 연 0.09%로, 0.1%가 되지 않는다. 비용 측면에서는 부담이 없다고 볼 수 있다.

XLP(Consumer Staples Select Sector SPDR Fund) 역시 미국 필수소비재를 대표하는 ETF다. 미국 스테이트 스트리트가 1998년에 출시해 VDC보다도 오래된 상품이다. 다만 구성종목이 41곳으로 VDC보다 분산효과는 떨어진다. 다만 총비용부담률은 0.08%로 더 저렴하다.

구성종목은 VDC와 거의 비슷하다고 보면 된다. 2025년 4월 말 기준으로 코스트코(10.2%)가 1등이고, 월마트(9.7%), P&G(8.9%), 코카콜라(6.5%) 등으로 구성되어 있다.

최근 5년 기준으로 보면 VDC가 50.7% 상승했고, XLP가 41.4% 올랐다. 보통 종목수가 적으면 변동성이 큰 대신 상승률이 뛰어난 모습을 보이지만 두 ETF끼리의 비교에서는 이 같은 원칙이 통하지 않았다. 그 이유는 VDC가 보유종목 기준 '빅4'인 코스트코, 월마트, P&G, 코카콜라의 비중이 상대적으로 더 높았기 때문이다. XLP는 종목수가 적지만 더 고르게 분산한 반면 VDC는 종목수는 더 많지만 일부 종목에 집중해서 더 많은 비중을 두고 있다. 결국 최근 5년간은 필수소비재 주식 사이의 양극화가 컸다는 뜻이다. 앞으로 이들 소비재 기업 간에 양극화가 감소할 경우 XLP의 상대적 수익률이 더 높게 나올 수도 있다.

절세계좌로 투자해서 세금을 아낄 수 있는 국내 상장 ETF로는 'KODEX 미국S&P500필수소비재'가 있다. 2023년 3월에 삼성자산운용이 출시한 상품이다. 구성종목이 40개로, VDC보다는 XLP에 더 가까운 구조다. 구성종목 순위 4위까지가 모두 미국 본토 ETF인 VDC와 XLP와 똑같았다.

최근 5년 수익률로 앞선 두 ETF와 비교하고 싶어도 이제 막 2년 된 ETF라 불가능하다. 출시 이후 12.3%밖에 오르지 않았다. VDC와 XLP가 20년 이상 만들어온 기록을 기반으로 예측해볼 때 KODEX 미국S&P500필수소비재 ETF 역시 주가가 많이 오를 여력이 있다고 할 수 있다. 배당률 역시 2%대로 미국 필수소비재 ETF들과 비슷하다. 다만 배당을 주는 시기가 같은 분기 배당주여도 달랐다. 2024년 기준 배당을 주는 달은 1월, 4월, 7월, 10월이다. VDC와 XLP의 경우는 3월, 6월, 9월, 12월이다.

중복 투자라는 것을 감수하고라도 미국 필수소비재 기업으로부터 지속적인 배당 흐름을 만들고자 한다면 VDC 혹은 XLP를 선택하고 KODEX 미국S&P500필수소비재 ETF를 함께 매치하면 된다. 다만 두 ETF를 모두 매수해도 2월, 5월, 8월, 11월에는 배당이 나오지 않는다. 매월 현금흐름을 만들고 싶으면 이 네 달에 배당을 주는 ETF나 개별종목을 매수해 매월 배당금을 받는 월급의 구조로 만들 수도 있다.

국가별 분산으로 안전한 투자, 독일·이탈리아 ETF

제조업 강한 두 나라에 투자

다양한 정보기술IT 부품을 삼성 등 대기업에 납품하는 중소기업 오너 최모 씨(52), 그는 사업뿐만 아니라 주식 투자 포트폴리오도 늘 꼼꼼하게 관리한다. 안정적인 포트폴리오를 구축한 비결은 복잡하지 않다. 특정 국가의 어느 한 종목이 아니라 독일·이탈리아·미국·한국 등 4개국 지수를 추종하는 ETF를 사 모았다. 그는 네 국가의 지수 ETF를 25%씩 담았다. 2025년 들어 미국 시장이 안 좋을 때 유달리 힘을 내준 유럽 국가 두 곳 때문에 그는 행복했다.

미국 IT 주식을 중심으로 조정 장세가 펼쳐지자 '올웨더 포트폴리오' 전략이 각광받았다. 올웨더(사계절) 전략은 주식·채권·금·원자재 등 서로 다른 자산을 자신의 성향과 경기 국면에 맞게 분산투자하는

독일·이탈리아·미국·한국 ETF 비교

국가 지수 추종 ETF 연간 수익률

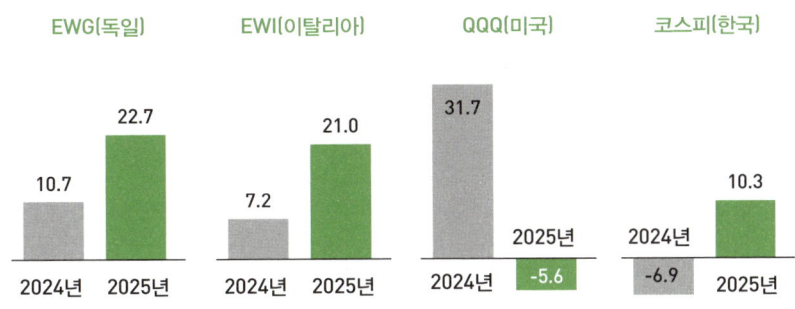

EWG(독일)	EWI(이탈리아)	QQQ(미국)	코스피(한국)
2024년: 10.7 / 2025년: 22.7	2024년: 7.2 / 2025년: 21.0	2024년: 31.7 / 2025년: -5.6	2024년: -6.9 / 2025년: 10.3

출처: 구글파이낸스

ETF 업종별 비중

산업재	22.5	금융	42.2	IT	51.1	IT	39.5
금융	21.3	경기소비재	16.3	통신	16.1	금융	10.7
기술(IT)	18.6	유틸리티	15.4	경기소비재	13.1	운수장비	9.4
경기소비재	10.5	산업재	10.7	헬스케어	5.8	헬스케어	6.7
기타	27.1	기타	15.4	기타	13.9	기타	33.7

※ 코스피는 KODEX코스피 기준. 2025년 3월 18일 기준.

출처: 삼성증권

것이다. 세계적인 헤지펀드인 브리지워터 어소시에이츠의 창립자 레이 달리오가 주창한 투자 이론이기도 하다. 최씨의 투자 전략은 올웨더의 국가별 분산 버전이다. 이는 도널드 트럼프 미국 행정부의 고강도 관세 정책에 따른 스태그플레이션(고물가 속 경기 침체) 위험에 대처하기 위해서 다시 등장했다. 인공지능AI 관련 IT주식이 많은 미국과 달리 금융과 방위산업 비중이 높은 유럽 시장이 '트럼프 피난처'로 주목받고 있다.

2025년 초 JP모건은 독일의 재정완화 계획에 힘입어 2025년 유로존의 성장률을 직전 예상보다 0.1%포인트 높인 0.8%로 예상했다. 2023~2024년 2년 연속 마이너스 성장을 기록하며 신음했던 독일은 향후 10년간 방산과 인프라스트럭처에 약 780조 원을 쏟아붓겠다며 일종의 재정을 통한 '무제한 양적완화'를 선언했다. 벼랑 끝 전술이었는데 주식시장에서는 제대로 먹혔다.

스스로 '환자'라고 판단하고 긴급처방을 시행한 독일과 제조업이 강한 이탈리아가 분산투자를 원하는 사람들에게 매력적인 기회를 제공하고 있다. 세계 최대 자산운용사 블랙록이 1996년 내놓은 '아이셰어스MSCI독일EWG', '아이셰어스MSCI이탈리아EWI'가 그 대답이다.

고평가된 미국 숏, 유럽 롱

2025년 초 기관투자자 등 '큰손'들은 고평가된 미국 주식을 팔고 유럽 주식으로 넘어갔다. 이중 독일은 트럼프가 중요시하는 제조업 비중이 높은 국가다. 대외경제정책연구원에 따르면 독일의 제조업 비중(부가가치 기준)은 2021년 기준 20.4%다. 미국은 11.1%로 독일의 절반 수준이다. 수년간 이뤄진 제조업 분야에서의 집중적 구조조정도 독일 기업들의 실적을 살아나게 했다.

독일 지수를 추종하는 EWG에서 산업재 비중은 22.5%에 달한다.

산업재는 최종 제품을 생산하기 위해 직간접적으로 필요한 각종 설비를 뜻한다. 건설·기계·방산 기업처럼 제조업 기반 주식들이다. EWG 보유종목 비중이 서열 2위인 지멘스Siemens(10.7%)가 산업재로 분류된다.

지멘스는 일찌감치 구조조정과 사업 전환을 단행했다. 글로벌 공장 자동화의 선두주자로 알려져 있으나 최근에는 소프트웨어 사업을 키우고 있다. 블룸버그에 따르면 지멘스는 2024년 10월 말 미국 소프트웨어 기업 '알테어'를 약 14조 6,000억 원에 인수했다. 이 작업은 2025년 주당순이익EPS에 포함된다. 독일 산업재에는 '방산 공룡'인 라인메탈Rheinmetall도 EWG에 포함되어 있다. 트럼프발 '각자도생' 정책에 독일 등 유럽이 재무장에 나서면서 방산이 최대 수혜 업종의 하나로 떠올랐다. 이를 증명하듯 라인메탈 주가는 2025년 들어 1분기 만에 2배 수준으로 급등했다.

EWG에서 산업재 다음으로 비중이 높은 업종은 금융(21.3%)이다. 보유종목 비중이 서열 3위인 알리안츠Allianz(8.41%)가 이 업종 대표주다. 알리안츠의 배당수익률은 5%대로 개별종목 그 자체로 좋은 주식이다. 국내 시중은행 예금 금리의 2배가 넘는다. 전 세계 70개국에서 보험사업을 하면서 주주들에게 안정적 배당을 지급하고 있다.

독일은 IT 비중도 높다

독일 EWG에서 IT 비중은 18.6%다. 대표 종목은 세계적 기업용

소프트웨어를 만드는 회사인 SAP다. 독일 내 시가총액 1위인 기업이라는 존재감으로 국내에서는 '독일의 삼성전자'로 통한다. 작년 독일 증시를 '멱살캐리'한 SAP은 투자자들이 유럽 주식을 찾을 때 항상 제일 먼저 언급되는 주식이다.

이탈리아를 ETF 형태로 소유할 수 있는 EWI도 미국을 대체할 분산투자처로 지목된다. EWI의 양 날개는 은행과 방위산업(방산)이다. 유니크레디트UCG 등 유럽 주요 은행들은 미국식 주주환원에 열을 올리면서 투자자들의 호평을 받았다. UCG는 2023년 전체 순이익에 버금가는 86억 유로를 주주배당으로 풀었다.

초대형 인수·합병M&A에 대한 기대감도 작용하고 있다. UCG는 자국 내 경쟁 은행인 '방코 BPMBanco BPM'을 인수해 이탈리아 최대 은행은 물론 유럽 '톱6' 은행으로 도약하려는 계획을 내놨다. 이 계획에는 M&A 이후 2년 내에 연간 12억 유로의 매출 시너지와 EPS 10% 상향이 포함되어 있다. 은행 통합으로 비용이 줄어 EPS가 올라가면 자연스럽게 주주환원도 늘게 된다.

독일 라인메탈처럼 이탈리아 레오나르도 역시 항상 인기 있는 방산주다. 1948년 자동차 국영기업에서 출범한 이 상장사는 2016년에 자국의 예술가이자 과학자 레오나르도 다빈치의 이름으로 새출발하게 된다. 전투기와 헬리콥터는 물론 방위시스템과 우주사업까지 방산 분야를 아우르고 있다. 이 상장사는 자동차 기반 회사에서 방산으로 빠르게 전환한 사례다.

이들 유럽 방산주는 록히드마틴과 같은 미국 방산주 대비 고평가

상태인 경우가 많다. 고평가 여부는 향후 1년 순익 기준 주가수익비율 PER로 비교하면 된다. 관련 사이트는 야후파이낸스다. 지난 1년간 PER는 TTL이라고 표시되어 있는데 참고만 하면 된다. 주가는 과거 데이터보다는 향후 실적 기대감에 따라 움직이기 때문이다.

유럽 방산주에 간접투자 효과

유럽 방산주가 실적 대비 고평가됐더라도 국가 ETF 내에 포함되어 있으면 그 투자 리스크는 미미해진다. 또 이런 유럽 개별 주식에 대해 일부 국내 증권사는 '직투(직접투자)'를 지원하지 않는다. 또 유로화 환전수수료와 각종 이벤트를 감안한 실제 거래 비용이 미국 주식보다 높은 편이다. 그래서 유럽 주식으로 분산투자할 때에는 이렇듯 ETF로 간접투자하는 것이 유리하다.

또 유럽 지수를 추종하는 미국 내 ETF의 경우 익숙한 미국 거래 시간에 맞춰 매매할 수 있다. 다만 환율 여건에 따라 달러가 강세로 돌아서면 유럽 지수를 추종하는 미국 ETF 수익률이 지수 수익률을 밑돌 수 있다.

두 유럽 ETF의 실부담비용률은 모두 0.5%로 싸지도 비싸지도 않은 중간 수준이다. 독일은 60종목, 이탈리아는 38종목으로 각국의 대표 우량 대기업으로 구성되어 있다. EWG의 배당률은 1.86%, 5년 평균 배당성장률은 0.55%다. EWI의 경우 각각 3.25%, 5.5%다. 배당으로 보면 이탈리아가 매력적이다. 최근 5년 주가 상승률도 이탈리아가 독일을 압도하고 있다. 이탈리아는 이 기간에 2배 이상 급등했다. 다만 두 국가의 차이는 결국에는 좁혀질 것이란 예상이다.

일단 어디 투자할지 모르겠다면
파킹형 ETF

내 돈 잠깐 주차하기 좋다

2025년 들어 금융권에 '파킹' 상품이 유행하고 있다. 내 돈을 자동차라고 했을 때 잠시 주차해 놓을 만한 공간(금융상품)에 대한 수요가 커지고 있기 때문이다. 이는 트럼프 재집권으로 인해 글로벌 투자 시장에서 불확실성이 커졌고, 이러한 투자 리스크를 맞닥뜨리기 전에 잠시 돈을 모아두고자 하는 심리 탓이다. 인플레이션 상황에서 잠시도 돈을 놀려서는 안 되기 때문이다.

자금 피신처로는 은행권의 파킹통장이 눈에 띈다. 영어 대신 우리나라 말로 하면 수시입출금식 통장이다. 입금과 출금이 자유롭게 수시로 이뤄진다. 이런 예금은 은행입장에서 높은 금리를 줄 수 없다. 곧바로 떠날 사람이라면 붙잡지 않는 사람의 심리와 똑같다. 다만 은행권이 마케팅 차원에서 파킹통장을 띄우기 위해 각종 조건을 붙여 고금리를 주는 상품이 생겨났다. 사전신청을 통해 당첨자를 발표하거나 200만 원이라는 상한선을 붙이고, 급여이체 실적 등의 조건 대신 추가 금리를 주는 식이다.

이런 조건이 피곤하고 좀 더 높은 이자를 추구하기 위해 파킹형 ETF로 돈이 몰리고 있다. 국내 대표적 상품은 'KODEX 머니마켓 액티브 ETF'다. 2024년 8월 상장 이후 9개월여 만에 순자산이 6조 원을 넘길 정도로 큰 인기를 모았다.

이 ETF는 초단기채권, 기업어음CP 등 신용도 높은 유동성 자산에 투자한다. 기존의 머니마켓펀드MMF의 운용방식을 따르고 있다. MMF는 안정성과 수익성을 동시에 겸비한 대표적 안전자산이다. 2025년 들어 투자 대기자금 성격으로 돈이 몰린 것이다.

2025년 4월 말 기준 국내 기준금리가 연 2.75%로 예금금리 역시 3%대 초반이 대부분이었다. 그러나 이 ETF는 상장 이후 연 환산 수익률이 3.61%를 기록했다. 투자자 입장에서 느낌상 잠시 내 돈을 주차했더니 세차가 되어 있는 느낌이랄까? 단기자금 운용에 고심하던 기관 투자자들 사이에서도 이 ETF는 인기다. 기관 투자자들도 거래가 가능할 만큼 유동성이 좋아서다.

MMF는 운용자산 규모가 클수록 유동성과 안정성이 높아진다. 실부담비용률 역시 0.06%로 저렴한 편이다. 내 돈을 잠깐 주차하기에는 안성맞춤의 금융상품이다.

PART4

ETF로 평생 현금흐름 만들려면 이 ETF에 주목하라

알 만한 사람들은
다 담은 JEPI

중위험 중수익 투자자에게 높은 인기

'투자를 좀 해본 서학개미'는 JEPI(제피)를 알고 있다. ETF의 정식 명칭은 'JPMorgan Equity Premium Income'이다. 제피로 재미를 보려는 사람에게 2025년 5월 배당금은 희소식이었다. 지난 1년 기준으로 최고치인 주당 0.488달러였다. 평균 배당은 0.41달러다. 12개월의 평균인데 매월 배당한다. 최근 1년 기준 배당수익률은 8.07%로 ETF 이름처럼 프리미엄 인컴을 제공한다.

기초지수는 S&P500이다. 이 우량지수를 따라가면서 연 8%의 배당률이니 인기가 높을 수밖에 없다. 다만 이러한 배당을 챙겨줘야 하는 운용사 입장에서는 선물옵션 투자 기술이 들어가야 한다. 2020년 5월 상장 이후 커버드콜 전략을 써서 주주들에게 배당금을 챙겨준다.

옵션 매도로 꼬박꼬박 돈을 챙겨서 시장 하락장에서는 손실을 방어한다. 다만 주가 상승기에는 이미 옵션을 매도했기 때문에 주가 상승분 전체를 ETF 수익으로 가져올 수 없다는 약점도 있다.

배당금 지급일은 매월 3~6일이다. 배당락일은 그 달의 첫 영업일이다. 배당을 받으려면 첫 영업일 전날까지 매수해야 한다. 2022~2023년에는 한때 배당률이 10%를 넘곤 했다. 그러나 그 이후 주가와 배당이 동시에 하락하면서 경쟁 ETF에게 손님들을 뺏기기도 했다.

제피의 최근 3년 배당금은 1.9%씩 감소한 것으로 나온다. 옵션 매매 실력이 높은 배당금을 좌우하므로 어쩔 수 없이 배당이 들쭉날쭉한 것이다. 이처럼 운용사의 기술이 들어간 ETF는 주가보다는 배당의 변동성에 노출된다. 그래도 매월 배당금을 지급하고 연 8%의 배당률은 시중은행 예금금리의 2배 이상이 되므로 중위험 중수익 투자자에게 높은 인기를 누리고 있다.

한국판 제피, 커버드콜도 대세

제피의 순자산AUM은 391억 달러 수준으로 규모가 큰 편이다. 실비용부담률은 0.35%로 투자자에게 중간 수준의 부담이다. 기술주로 대표되는 성장주가 주춤할 때는 이렇듯 고배당 자산들에 대한 관심이 커진다. 또한 제피를 따라하는 국내 상장 동일 복제품이 나오기 마련이다. 한화자산운용은 'PLUS 고배당주위클리고정커버드콜 ETF'를 내놓으면서 '한국판 제피'라고 홍보했다. 이 ETF는 기존에 있던 최상의 상품 2개를 섞어서 연 10%가 넘는 고배당을 추구한다. 국내 주식에 투자하는 최대 규모 배당 ETF인 'PLUS 고배당주'를 기초자산으로 한다. 여기에 '코스피 200' 주간 콜옵션 매도를 통해 나오는 분배 재원을 활용한다. 매월 1.25%의 배당률을 달성하기 위해서는 연간 기준으로는 15%라는 숫자가 나온다.

제피는 콜옵션 매도 비중이 약 20%다. 주로 이 비중이 배당률과 비례한다. 비중이 높을수록 고배당이 가능하다는 뜻이다. PLUS고배당주위클리고정커버드콜은 코스피200 콜옵션 매도 비중을 전체 자산의 30%로 고정한다. 제피보다 고배당을 추구할 수 있는 이유이지만 그만큼 투자 위험도 역시 높아진다. 따라서 매니저의 콜옵션 매도 실력이 중요하다.

다만 이렇게 옵션 매도 비중이 높아지면 주가 상승분을 더 많이 가져올 수 있어 ETF 주주들에게 배당금을 인상해줄 수 있는 것이다. 국내 상장 ETF인 만큼 절세계좌에서 매수할 수 있다. 특히 2025년 4월 기준으로는 선물옵션 매매를 통한 분배금은 비과세 혜택이 있다. DC나 IRP 등 퇴직연금이나 ISA(개인종합자산관리계좌) 등 절세계좌를 활용할 경우 옵션 프리미엄 비과세 혜택과 함께 분배금도 과세 없이 재투자할 수 있다. 장기투자에 필요한 '과세 이연'을 극대화할 수 있다.

주가 상승도 기대할 수 있다. 이 ETF가 기초 자산으로 삼고 있는 국내 고배당주의 주가순자산비율$_{PBR}$이 평균 0.5배에 불과하다. 절대적인 저평가 구간으로 볼 수 있다. 주가 상승 여력이 크다고 풀이된다.

제2의 월급통장 되어줄
DIVO

두 마리 토끼를 잡다

대박과 분산은 함께 갈 수 없다는 것은 재테크의 기본 철학이다. 그러나 이 절대 원칙에 도전하는 ETF가 있다. DIVO, 즉 'Amplify CWP Enhanced Dividend Income ETF'다. DIVO는 분산투자 원칙을 따르는 ETF이면서, 고수익 고배당을 동시에 추구한다. '꿈의 ETF'에 도전한 지 9년째다. 역시 DIVO를 따라하는 국내 상장 ETF도 등장했다.

DIVO는 "설마 두 마리 토끼(안정성과 수익성)를 잡겠어?"라는 내 의심을 불식시켜왔다. 오랫동안 지켜본 '최애 ETF' 중 하나다. 최근 5년(2020년 4월 17일-2025년 4월 18일) 동안 주가수익률 40%를 달성했다. 최근 1년 기준으로 5%의 배당수익률(ETF체크 기준)을 기록 중이다. 연 5%의 배당률과 연 7%(연평균복합성장률 기준)의 주가수익률로, 매년 평

DIVO 개요표

ETF명	DIVO
자산운용사	앰플리파이
상장일	2016년 12월 13일
기본전략	배당성장+커버드콜
구성종목 수	31곳
총비용	0.56%
순자산(백만 달러)	4,291
연 배당수익률	4.78%
배당주기	월배당

균 12%라는 총수익률을 나타냈다.

같은 기간 그 유명한 SCHD(슈드)는 7% 떨어졌다. 슈드는 미국의 배당성장주(배당을 꾸준히 올려주는 상장사) 묶음으로, 주가 하락기에 손실을 줄여주는 ETF 성격이 짙다. 그런데 DIVO가 이번 하락장에서 슈드보다 높은 방어력을 보여준 것이다. 게다가 슈드는 3월, 6월, 9월, 12월에 분배금(배당)을 주는 분기배당 ETF다. 반면 DIVO는 매달 배당을 주니 현금흐름 차원에서도 더 낫다.

ETF업계는 진화에 진화를 거듭해왔다. 1세대 ETF는 S&P500이나 나스닥을 좇아가는 지수 추종의 시대였다. 이후 반도체나 자율주행 등 각종 콘셉트(테마)형 ETF가 쏟아졌다. 3세대의 경우 높은 배당을 주는 고배당 ETF가 주류였고, 이제 DIVO처럼 기본 월배당, 높은 주가수익률, 높은 배당률, 주가안정성까지 네 박자를 갖춘 4세대 ETF 시대가 도래했다.

DIVO는 독립 ETF 운용사 앰플리파이Amplify의 히트작이다. 그 이름처럼 배당 수익을 한 단계 향상시켰다. ETF 구성종목을 고르는 신중함과 개별종목에 콜옵션 매도 전략을 펴는 과감함 덕분이다. 앰플리파이가 DIVO 종목을 고르는 지표는 시가총액, 자기자본이익률ROE, 배당성장성으로 크게 세 가지로 볼 수 있다. 대형주 중에서 ROE지표가 우수할 정도로 경영 실력을 갖추고, 배당금을 꾸준히 올려줄 정도로 주주환원 의지가 있는 곳을 주로 담는다.

절대적인 기준은 투자 지표의 성적이 아니다. 업종 비중을 먼저 정하고 거기에 맞춰서 투자 지표 성적순으로 종목을 담는다. 이 모든 것이 앰플리파이 매니저들의 실력에 의존한다. 2025년 4월 기준으로 DIVO 내에서 주식 최대 비중 업종은 금융이다. 금융은 배당을 많이 주고 꾸준히 이익 성장이 이뤄지는 대표적인 업종이다. 이런 이유로 DIVO는 S&P500 추종 ETF와 합이 잘 맞는다. S&P500은 IT 업종 비중이 높아 함께 투자해도 종목이 중복되지 않는다.

DIVO는 ETF를 구성하고 운영할 때는 '배당성장이 뛰어난 대형주 선정 → 업종 비중 결정 → 20~25종목 선별(종목별 5% 이내로 제한) → 개별종목 옵션 매도' 등의 네 단계를 따른다. 이것이 연 10%가 넘는 수익률의 비결이다. 마지막 단계인 개별종목 옵션 매도가 가장 중요하고 위험한 단계임을 직감할 수 있다. 이는 4세대 ETF의 핵심이기도 하다.

커버드콜에 대한 이해가 필요

운용사 매니저가 파생상품 거래를 통해 초과 수익을 추구하는 전략을 커버드콜이라고 한다. DIVO와 같은 커버드콜 ETF는 개별 주식을 보유하면서 콜옵션을 매도해 추가적인 수익(프리미엄)을 얻는다. 이것이 월배당의 원천이 된다.

그렇다면 콜옵션을 알아야 한다. 콜옵션은 특정 자산을 살 수 있는 권리다. 사과 가격이 100원이고, 지금 110원에 살 수 있는 권리(옵

커버드콜 전략의 수익구조

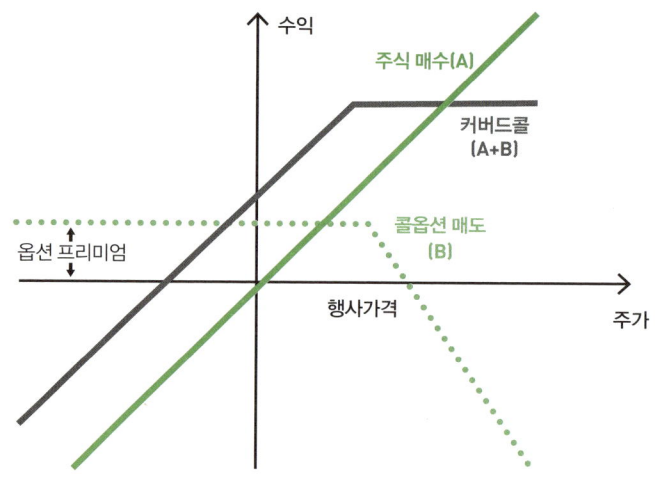

커버드콜 전략 = 주식 매수 + 콜옵션 매도

출처: 삼성자산운용

션)가 있다고 해보자. 사과농장 주인(운용사)은 110원에 옵션을 팔고(매도) 10원의 프리미엄을 챙긴다. 그런데 사과값이 150원이 됐다. 그대로 사과를 보유했다면 50원의 차익이 생겼을 텐데 운용사는 주주들에게 배당을 챙겨줘야 하니 미리 옵션을 매도했다. 50원의 차익이 10원으로 제한됐다. 이 때문에 커버드콜 전략이 주가 상승기에는 잘 통하지 않는다는 것이다.

반대로 사과값이 80원으로 하락했다고 해보자. 가만히 있었으면 20원 손해인데 운용사는 10원을 이미 확보한 상태다. 주가 하락기나 횡보장에서는 꼬박꼬박 프리미엄을 챙기는 전략이 유리하다. 2025년 DIVO의 주가방어력이 좋은 이유다.

일반적인 커버드콜 ETF는 S&P500과 같은 지수 콜옵션 매도 전략을 펴는데, DIVO는 개별종목에 대해 콜옵션 매매를 하기 때문에 더 높은 수익이 생긴다. 주식투자 전략에서도 향후 전망이 높은 업종 내 종목들을 더 많이 배치한다. 2025년 들어 4월까지 DIVO는 비교지수(벤치마크)인 S&P500보다 더 높은 성과를 보였다. 이 시기는 도널드 트럼프 미국 대통령이 전 세계를 상대로 관세전쟁을 펼치던 불확실성의 시기라고 볼 수 있다. DIVO에 투자하면 매월 배당을 받는다. 1억 원 투자 시 연간 배당은 500만 원 정도다. 배당률 5%다.

청출어람
KODEX 미국배당커버드콜액티브

한국판 DIVO의 탄생

'원조 맛집'을 잘 따라해 더 나은 요리사를 배치한다면 더 유명한 '인기 맛집'이 탄생한다. 삼성자산운용은 DIVO의 전략에 매료된다. 2022년 4월에 앰플리파이 지분 20%를 사들이며 이 독립 ETF 운용사의 노하우를 전수받는다. 그래서 탄생한 ETF 중 하나가 'KODEX 미국배당커버드콜액티브(441640)'다. 원조 DIVO보다 더 적극적으로 사람이 개입해 높은 수익률을 추구한다.

'액티브'라는 이름을 마지막에 붙인 이유도 매니저가 콜옵션과 같은 매매와 주식종목 배치에서 더 실력 발휘를 하겠다는 뜻이다. 인간이 개입하는 것을 투자 리스크로 따진다면 DIVO보다 더 위험한 상품이다. 이 국내 상장 ETF는 2022년 9월에 출발했다. 이후 2024년 6월

27일까지는 DIVO를 똑같이 복제했다.

그러나 이날 이후로는 삼성이 DIVO의 기본 아이디어만 차용했을 뿐 다양한 추가 전략을 펴기 시작했다. 최근 S&P500 관련 ETF를 포트폴리오 안에 추가한 것이 대표적이다. 최근 주가가 하락한 지수 추종 ETF를 넣은 것은 주가 안정성이나 향후 상승 여력을 고려한 조치로 분석된다. 최근 1년 기준 배당률은 9.9%에 달한다. 적극적인 콜옵션 매도와 공격적인 종목 선정 등이 작용한 것으로 보인다.

다른 ETF와 섞었을 때 더 매력적

DIVO를 따라한 국내 ETF가 매력적인 것은 우선 세금을 아껴준다는 것이다. 국내 상장 ETF라는 점에서 연금저축펀드나 ISA와 같은 절세계좌에서 매수가 가능하다. 당연히 DIVO는 이들 계좌에서는 매수할 수 없다.

KODEX 미국배당커버드콜액티브가 이 조합에 들어온 최종 이유를 밝힌다. 어쩌면 이 정보 때문에 이런 조합이 탄생했는지도 모른다. KODEX 미국배당커버드콜액티브의 배당금 지급일은 지난 2025년 2월 기준으로 18일이었다. 매달 중순에 배당을 준다. 두 ETF를 동시에 보유한다면 매달 두 번의 월급이 나온다고 볼 수 있다. 이미 직장에서 돈을 벌고 있는 월급쟁이라면 매월 세 번의 월급을 받을 수 있다. 상상만 해도 든든하지 않은가?

1억 원으로 KODEX 미국배당커버드콜액티브를 산다면 9,200주를 살 수 있다. 이 ETF는 DIVO처럼 월배당 상품이다. 1년(2024년 4-2025년 4월) 기준 월배당을 연간으로 환산하면 주당 1,072원. 연간 총 배당금은 986만 2,000원. 배당률은 9.9%다. KODEX 미국배당커버드콜액티브를 연 10% 배당상품이라고 부르는 이유도 여기에 있다.

그러면서 동시에 높은 주가수익률에도 도전한다. DIVO처럼 말이다. DIVO는 미국산이어서 절세계좌에 담을 수 없지만, KODEX 미국배당커버드콜액티브는 한국산이어서 세금 혜택을 받는다. 똑같은 콘셉트의 ETF를 한쪽에서는 절세계좌에서 한쪽에서는 직구 계좌에서 담아 주가 상승분과 꾸준한 월배당을 동시에 추구할 수 있다.

SPLG는 지수 ETF로서 중심을 잡아준다. 가장 안정적인 ETF다. 트럼프 2.0 시대를 맞아 지수가 크게 하락함에 따라 지금부터 매수할 투자자들은 이들 ETF를 모두 할인된 가격에 살 수 있는 기회를 맞고 있다. 중장기적으로 볼 때 더할 나위 없이 좋은 시기이기도 하다. 개별종목이라면 주가 폭락에 겁이 날 만도 하지만 모든 주식이 떨어지는 하락장에서는 ETF의 주가 하락이 저가로 분산매수할 기회가 되기도 한다. 개별종목이라면 망해서 주식시장에서 사라질 수도 있지만 500개의 종목이 동시에 사라지는 것은 확률적으로 불가능하다.

하나의 착시는 주의해야 한다. SPLG가 1%대, DIVO 5%, KODEX 미국배당커버드콜액티브가 10%로 이들 ETF 배당률을 합산해 16%짜리 조합이라고 현혹하는 경우가 있다. 실제로 많은 유튜브 영상에서 이를 보고 진짜라고 믿는 사람들도 있다. 그러나 지금 이 순간 엑셀을 통해 투자금 대비 배당금 총액을 비교해보면 3대 ETF의 종합 배당률은 5.4%다. 3억 원을 세 곳에 투자해 받을 수 있는 총 배당금은 1,630만 원이기 때문이다.

    단순히 3개 ETF 배당률을 합해서 16%라고 하는 것은 수학적인 사고가 아니다. 세 과목을 각각 100점, 50점, 60점을 받은 학생은 평균 70점 수준의 학생이다. 세 과목의 점수를 합한 210점짜리가 아니다. SPLG는 안정적인 지수 추종형 ETF로, 이로 인해 평균 배당률을 많이 깎아 먹는다. 대신 안정성을 취했으니 그것으로 충분하다. 또 그렇게 느끼는 사람이 투자해야 하는 상품이다.

뭣 좀 아는
샐러리맨들에게는 DGRW

잘 나가는 배당 신입생도 받아준다

서학개미 중 ETF에 밝은 사람들에게 SCHD(슈드)는 일종의 교과서였다. 대기업에서 이제 막 임원 직함을 단 친구에게도 슈드는 재테크를 위해 무조건 있어야 하는 ETF였다. 그러던 그가 변심했다. 그는 절세계좌가 아닌 직투 계좌로 슈드를 모아갔는데 2025년 들어 주가가 신통치 않았던 것이다. "이 정도면 원금을 쪼개서 내 계좌에 배당으로 넣어주는 것 아니냐"라는 말을 한 적도 있다. 실제 슈드는 2025년 들어 5월까지 미국 시장이 하락할 때 더 빠지고, 상승할 때는 찔끔 올랐다. 배당은 1년에 4번 들어오는데, 배당률이 3~4% 수준이라 배당금 면에서도 그리 매력적이지도 않다는 것이 그의 말이다.

슈드가 투자자들의 기대에 부응하지 못한 것은 그 보수성 때문이

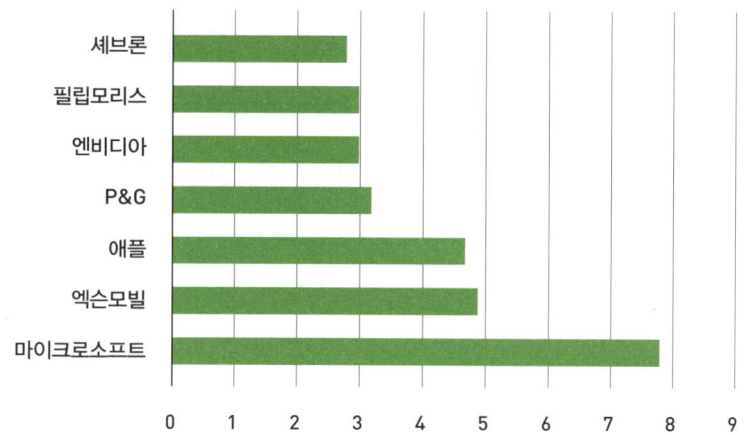

마이크로소프트	엑슨모빌	애플	P&G	엔비디아	필립모리스	셰브론
7.8	4.9	4.7	3.2	3	3	2.8

다. 슈드가 인정받았던 것은 엄격한 종목 편입 기준 덕분이었다. 슈드라는 ETF에 진입하기 위해서는 10년 이상의 배당인상 기록이 필요하다. 이 기준은 배당의 지속 가능성을 나타내는 데 매우 중요한 역할을 한다. 그러나 바로 이 기준 때문에 슈드의 매력이 반감되고 있다.

구글이나 메타와 같은 빅테크들은 그동안의 성장세를 바탕으로 최근에서야 배당을 주기 시작했다. 슈드에 편입되려면 앞으로 8~9년은 기다려야 한다. 신생 배당 성장주를 담을 수 있도록 기준을 낮추면서 1년에 4번이 아닌 12번을 주는 월배당 ETF가 우리나라 직장인들의 마음을 사로잡았다. 이 ETF가 바로 DGRW다. 짭짤한 현금흐름뿐 아니라 미국 성장주의 이점까지 챙기고 싶은 사람들에게 주저 없이 추천할 수 있는 배당 ETF다.

정식 명칭은 'WisdomTree U.S. Quality Dividend Growth Fund ETF'다. 명칭 첫 머리의 위즈덤트리는 1988년 설립된 ETF 전문 자산운용사를 말한다. 이 회사는 스스로도 뉴욕거래소에 상장된 주식이기도 하다. 가상자산 중 이더리움 현물 ETF를 런던증권거래소에 상장시켜 유명세를 탔다. 위즈덤트리의 주식 ETF 중에서는 DGRW가 대표작이다.

2013년 출시된 DGRW는 그 주가 상승률에서 미국 시장 지수만큼의 성과와 월배당이라는 현금흐름을 모두 가져가는 것을 추구한다. 앞서 살펴본 대로 이제 막 배당을 주기 시작한 빅테크들을 품을 수 있어 주가상승과 배당수익을 동시에 노릴 수 있게 된 것이다. 슈드가 보수성이라면 DGRW는 유연성으로 묘사된다.

DGRW가 유연한 ETF가 된 이유는 이 ETF의 편입 조건 덕분이다. 먼저 최근 12개월간 배당금을 지급한 기업이라는 조건에 부합해야 한다. 그리고 시가총액 1억 달러 이상, 월평균 거래대금 100만 달러 이상의 조건을 충족해야 한다. 또 자기자본이익률$_{ROE}$이나 총자산순이익률$_{ROA}$ 등과 같은 장기수익 성장 지표를 토대로 상위 300개 기업을 선정한다. 매년 한 번씩 이 기준으로 종목들을 솎아내고, 이 기준에 미달하면 가차 없이 ETF 내에서 탈락시킨다.

이 같은 조건은 중장기 주가수익률에서 우량한 지표를 나타내고 있다. DGRW는 슈드보다 높은 성과를 보인다. 슈드는 높은 배당을 이유로 지수 대비 수익률 성과가 절반에 그치고 있다. 슈드는 10년 배당 기록이라는 다소 까다로운 기준 탓에 보유종목 수가 100곳에 불과하다. 그러나 DGRW는 300곳에 달한다. 분산효과는 DGRW가 더 뛰어나다고 볼 수 있다. 보유종목 비중 1위도 2025년 4월 말 기준으로 마이크로소프트이며, 그 비중이 7%대다.

슈드의 경우 종목 자체는 더 분산되어 있다. 톱10 기준으로 종목당 3~4%씩 보유하며 그 차이가 미미하다. DGRW는 보유종목 비중 톱10 기준으로 1위와 10위의 격차가 3배가 날 정도로 유망 배당성장주에 가중치를 두고 있다. 결국 '잘될 놈'에게 더 많은 비중을 싣는 구조다. 이러한 보유종목 비중을 선택하는 것 역시 운용사의 역량이며 더 오랜 기간 검증을 받아야 할 필요도 있다. 특정 업종이 동시에 위기에 처할 때 투자수익률은 역전될 수도 있다.

IT 비중 높아 주가 상승기에 유리

마이크로소프트 등 성장주 비중이 높은 DGRW의 IT 비중은 23~24%다. 슈드는 IT 비중이 10% 수준이다. 결국 성과의 차이를 결정짓는 주요 변수 중 하나는 빅테크 등 성장주가 대거 들어간 IT의 차이였다. 슈드는 필수소비재의 비중이 거의 20%로 필수소비재가 최대 업종이다. 필수소비재는 말 그대로 경기 상황과 상관없이 사람들이 꼭 소비하는 상품을 생산하는 회사들 묶음이다. 따라서 미국이 금리를 가파르게 내릴 정도로 경기 상황이 안 좋을 때는 슈드의 성과가 DGRW를 앞지를 수 있다.

ETF 투자비용을 따지면 슈드는 실부담비용률이 0.06%, DGRW는 0.28%로 액면 숫자로는 4배 차이가 난다. 그러나 0.5%부터 비용 부담이 가중된다고 가정할 때 두 ETF 모두 비용이 부담스러운 수준은 아니다. 두 ETF 모두 배당률이 중요하다. DGRW의 경우 배당률은 1.65%, 배당성장률은 5년 평균 3.6%다. 슈드의 경우 배당률은 4.05%, 배당성장률은 5년 평균 11.44%다. 배당 수치는 슈드가 월등하게 좋다. 2025년 들어 변동성이 확대되고, 주가수익률이 기대에 못 미치면서 일부 투자자들이 슈드를 떠나 DGRW와 같은 상품으로 옮겨탄 셈이다.

그러나 배당을 계속해서 재투자해 은퇴 이후 월 현금흐름을 노린다면 여전히 슈드는 DGRW보다 매력적이다. 1억 원을 기본 투자금으로 하고 매월 50만 원씩 DGRW에 투자한다고 해보자. 샐러리맨들이 은퇴 이후 기본 월 300만 원을 추구한다고 가정하면 이 목표를 이루기 위해 DGRW에 앞으로 74년을 투자해야 한다. DGRW의 주가가 매년 10%씩 오른다고 가정했다.

반면 같은 조건으로 슈드(연 상승률 8%)에 투자한다면 월 300만 원이라는 목표를 이룰 수 있는 기간은 16년으로 짧아진다. 16년 후 슈드는 월 335만 원씩 제공할 수 있다. 분기배당금을 3으로 나눴을 때의 수치다. 물론 투자금이 불어나는 차이는 엄청나다. 따라서 주가냐 배당이냐를 놓고 결정해야 한다. 은퇴 이후 따박따박 월급식 배당이 필요하다면 슈드가 DGRW보다 나은 선택이다. 그러나 일단 자산을 키우는 것이 급선무이고 배당이 후순위라면 DGRW를 진지하게 고려해 할 필요가 있다.

연 12% 배당 추구하는
고배당률 JEPQ

　미국 금융그룹 JP모건이 서학개미들이 군침을 흘릴 만한 고배당 ETF를 내놨다. 이 ETF의 정식 명칭은 'JP모건 나스닥 주식 프리미엄 인컴 ETF$_{JEPQ}$'다. 그 특징은 네 가지다. 첫째, 매월 배당을 주는 월배당 상품이다. 둘째, 세금을 내기 전 기준이지만 연 11~12%의 배당률을 추구한다. 셋째, 전 세계에서 가장 빠르게 성장하는 미국 나스닥 상장사들을 대상으로 한다. 넷째, 커버드콜 전략을 쓴다.

　원래 비슷한 이름의 JEPI(S&P500 대상으로 한 ETF)가 더 유명했지만 배당률에서 JEPQ가 높다 보니 자연스럽게 머니무브가 이어지고 있다. 아무래도 S&P500 기업들이 보다 안정적이지만 다소 천천히 성장하는 반면 나스닥 기업들은 빠르게 성장하는 고성장 기업이 많고 일부는 아예 시장에서 사라지는 고위험 기업이라는 특성을 갖고 있다. 따라서 수익률 자체로는 JEPI보다 JEPQ가 더 높게 나온다. 다만 하락

JEPQ 개요표

ETF명	JEPQ
자산운용사	JP모건
상장일	2022년 05월 03일
기본전략	나스닥+커버드콜
구성종목 수	109곳
총비용	0.35%
순자산(백만 달러)	25,589
연 배당수익률	11.4%
배당주기	월배당

장에서는 JEPI보다 약한 모습을 보인다.

미국 시장 하락기였던 2025년 들어 4월 23일까지 JEPI는 5.8% 하락했다. 같은 기간 JEPQ의 경우 주가가 12%나 떨어졌다. 주가변동성보다는 높은 배당률에 집중할 수 있는 투자자들에게 허락된 ETF가 바로 JEPQ다. 주식시장에서 높은 수익률은 곧 높은 변동성과 리스크를 의미한다. 주가 하락기에 낮은 방어력에도 JEPQ를 포트폴리오에 담아야 하는 이유는 역시 배당률 때문이다. 연 12%의 배당률을 누가 마다하겠는가?

JEPQ가 이처럼 높은 배당을 쥐어줄 수 있는 원천은 커버드콜 옵션 매도, 주가지수연계채권ELN, 보유한 주식에서 나오는 배당 등 크게 세 가지다. 콜옵션 매도는 나스닥100 지수에 대한 것으로, 이 지수가 옆으로 기는 횡보장일 때나 하락장에서 짭짤한 수익이 가능하다. 다만 미국 시장이 좋아져 나스닥 상장사들 주가가 크게 오를 때는 이미 매도한 콜옵션 탓에 수익이 제한된다. ELN의 경우 주가 급락만 나오지 않는다면 안정적인 배당원이 된다.

PART5

리스크를 뛰어넘을 투자자에게 드리는 ETF

시장 지수가 심심하다면
레버리지 효과 누릴 MAGS

할리우드 영화에서 출발

할리우드 영화 〈매그니피센트7〉은 작품의 제목 그대로 감명 깊었다. 서너 번 봤는데 볼 때마다 새로웠다. 7명의 무법자(outlaw)가 절대 악으로부터 마을을 지킨다는 단순한 이야기다. 1960년에 나온 원작(오리지널)을 새롭게 해석한 작품이다. 7명의 주인공 중 한국인 배우 이병헌이 칼을, 인디언 전사가 활을 주로 사용하기는 하지만 기본적으로 모두가 총을 잘 다룬다. 신체적으로는 매우 빠르고 기민하다. 무법천지 속에서 오로지 총과 신체적 능력만으로 세상을 구원한다.

할리우드 배우 덴젤 워싱턴이 영화에서 샘 치좀이라는 인물을 맡아 현상범 전문 헌터로 나온다. 샘 치좀이 7명을 모아 특공대를 만드는데 이들을 미국 빅테크 기업으로 빗대면 샘 치좀은 엔비디아와 같다. 엔비디아가 AI시대를 맞아 자신들의 우군을 모으고 세상에 효율성이란 선물을 안겨준 셈이다. 엔비디아는 그래픽처리GPU 장치를 만들었다. GPU라는 값비싸고 효율적인 하드웨어에 마음이 뺏긴 마이크로소프트, 메타, 테슬라 등의 다른 특공대원들이 AI전쟁에 뛰어들어 초기 승리자가 된 것이다.

월스트리트는 각각의 장점으로 주식시장 상승기에 뛰어난 성과를 보인 빅테크 기업 7종목을 이 영화 제목으로 묶었다. 애플, 마이크로소프트MS, 아마존, 엔비디아, 메타, 테슬라, 알파벳(구글)이 그 7종목이다. 원래도 이들은 실적이 좋고 주가도 강했지만, AI시대를 맞아 더 세졌다. 그런 만큼 AI시장에 대한 의구심이 들 때면 이들 7종목의 주가는 더 많이 하락할 수밖에 없다. 이들이 선봉장이기 때문이다. 월스트리트가 이들을 ETF로 엮는 데에는 그리 오랜 시간이 필요하지 않았다.

2023년 4월 라운드힐은 MAGS ETF를 출시한다. 정식 명칭은 '라운드힐 매그니피센트 세븐 ETFRoundhill Magnificent Seven ETF'다. 라운드힐은 2018년 설립된 자산운용사다. 블랙록과 뱅가드처럼 다양한 자산을 다루는 글로벌 운용사는 아니다. 투자자들의 기호에 맞춰 빠르게 매력적인 상품을 내놓는 테마 ETF 전문회사다. 이 ETF는 기초지수가 없다. 운용사가 자신의 재량으로 상품을 운영하고 있으며, 순자산AUM은 약 1조 원이다. 모든 비용을 포함한 실부담비용률은 0.29%로 테마형 ETF 치고는 저렴한 편이다. 배당은 연 1회이며 배당률은 0.3% 수준이다. 주가 상승률만 시장 지수와 비교해 투자자 성향에 맞는지 판단하면 되는 것이다.

2025년 5월 2일 기준으로 최근 1년 수익률은 24%다. 같은 기간 S&P500(12%)보다 2배 더 올랐다. 나스닥종합지수(13%)와 나스닥100(14%)보다 나았다. S&P500 종목 중 기술주로만 구성된 업종 ETF인 XLK는 1년간 9.7% 상승했다. 이렇게 비교해볼 때 MAGS는 1년 성과로는 무적이었다.

다만 2025년 들어 AI사업을 하는 빅테크 기업들이 고전했고 이것이 유달리 MAGS의 주가에 부정적 영향을 미쳤다. 미국 시장 지수들과 이를 추종하는 인덱스 ETF들은 2025년 들어 4월 말까지 수익률이 한 자릿수 하락했는데, MAGS는 12% 넘게 하락했다. 배당주가 아닌 성장주 위주의 ETF가 갖고 있는 장점과 단점이다.

매수 종목 1위가 채권이라고?

MAGS 구성종목을 보면 다소 이상하다. 당연히 엔비디아나 애플을 많이 담고 있을 것 같았는데 채권의 비중이 단연 1위다. 라운드힐은 ETF의 안정적 운용을 위해 미국 재무부 채권을 ETF 자산 중 절반 가까이 담고 있다. 만기 1년 이하이므로 안전하다. 다만 이런 구성을 보면 과연 이 ETF가 MAGS이라는 이름을 달 만한지 의문이 든다.

또 특이한 점은 보유종목 2~8위까지가 모두 종목 스와프 상품이라는 것이다. 1위가 채권이고, 2위는 테슬라 스와프다. 스와프 계약은 실제 ETF 운용사가 그 종목을 사지 않고도 수익률을 보장한다는 뜻이다. 라운드힐이 은행 등 특정 금융사와 종목 관련 스와프 계약을 맺는다. 은행은 라운드힐로부터 돈을 받고, 이 돈으로 주식을 거래하든 채권으로 수익을 내든 선물 옵션을 하든 마음대로 한다. 그러나 특정 기간 테슬라의 수익률을 계약에 따라 돌려줘야 한다. 만약 은행이 수익을 많이 냈는데 테슬라의 주가가 그 기간에 하락했다면 은행은 수익금을 주지 않고 자신의 이익으로 챙긴다. 반대로 은행이 스와프 계약금으로 자체 사업을 하다가 돈을 말아 먹었다 해도, 계약기간 중 테슬라 주가가 폭등했다면 그래도 계약에 따라 라운드힐에게 돈을 줘야 한다. 라운드힐은 MAGS의 그 돈을 자산으로 편입해 ETF 주가에 반영한다. 이것이 스와프 계약의 묘미다. 은행 등 계약 주체가 망하지만 않는다면 겁나는 상품은 아니다.

MAGS ETF 종목 내 스와프 상품을 따라 내려가다 보면 비중 9, 10위만 개별종목임을 알 수 있다. 테슬라와 애플이 종목 이름으로 들어가 있는데 이는 라운드힐이 해당 종목을 보유하고 있다는 뜻이다.

한국 연금계좌로 미국 빅테크 투자

한국에서 돈을 벌면서 미국 기업의 주식을 사고 이들 주식이 오르면서 나의 노후를 책임진다면 얼마나 좋을까? 이는 현 시점 직장인들에게 숙명과도 같은 과제다. 원화로 달러 자산을 사는 것은 그 자체로

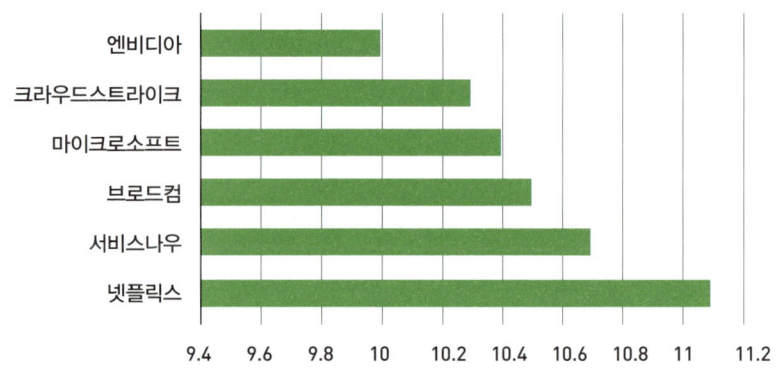

넷플릭스	서비스나우	브로드컴	마이크로소프트	크라우드스트라이크	엔비디아
11.1	10.7	10.5	10.4	10.3	10

분산투자다. 국내 기업에서 받은 돈을 국내 상장사로 재투자하는 것은 원화 자산 그대로이기 때문에 되레 위험하다.

연금저축펀드나 ISA로 미국 빅테크 기업 ETF를 사면 자본 성장과 주가 안정성, 절세효과까지 세 마리 토끼를 잡을 수 있다. 이미 수많은 샐러리맨들이 이런 전략을 짜고 있다. 이런 흐름에는 동참하는 것이 좋다. 이들은 물가 상승을 이기면서 가장 기본적인 글로벌 분산투자 전략을 실행하는 사람들로, 이들의 노후는 상대적으로 따뜻할 수밖에 없다.

앞서 살펴본 대로 빅테크 ETF의 원조격은 MAGS이다. 국내 투자자들은 중국보다는 미국 빅테크 기업에 우호적이다. 자산운용사들이 재빨리 관련 ETF들을 만들었다. 미국보다 다양한 빅테크 기업 중심의 ETF들이 있으니 이런 ETF를 연금계좌에 담아 부자가 되어 보자.

실제 매매를 해본 ETF를 중심으로 세 가지를 제시해본다. ACE 미국빅테크TOP7 Plus(465580)과 KODEX 미국빅테크10(H)(314250), TIGER 미국AI빅테크10(490090)이다. 이 세 개의 ETF에 각종 파생상품 전략을 가미해 월배당으로 만든 상품이 쏟아졌다. 이런 흐름은 일단 이들 세 ETF에서 출발했다고 보면 된다.

이들은 빅테크 속성상 배당보다는 주가 상승이 주목적이다. 세 ETF 중 TIGER 미국AI빅테크10이 가장 막내다. 2024년 8월 27일에 출시됐다. 이날부터 2025년 4월 말까지 NAV 기준(분배금 재투자) 수익률에서는 KODEX 미국빅테크10(H)가 가장 앞선 9%로 1위였고, ACE 미국빅테크TOP7 Plus가 8.4%로 2위, TIGER 미국AI빅테크10이 1.6%로 가장 부진했다.

이들 ETF의 성적을 가른 것은 구성종목과 그 비중이다. ACE의 보유종목은 2025년 4월 말 기준 마이크로소프트MS, 애플, 아마존, 알파벳, 엔비디아, 메타, 테슬라, 넷플릭스, T모바일, 브로드컴 등의 순서다. TIGER 미국AI빅테크10의 보유종목은 애플, MS, 엔비디아, 아마존, 알파벳, 메타, 브로드컴, 테슬라, TSMC, ASML 등의 순서다. KODEX 미국빅테크10(H)의 보유종목은 넷플릭스, 크라우드스트라이크, 서비스나우, MS, 애플, 알파벳, 브로드컴, 아마존, 메타, 엔비디아 등의 순서다.

KODEX 미국빅테크10(H)는 1년 성적표가 유달리 좋았던 것은 넷플릭스를 가장 많이 담고 있어서다. 애플과 MS처럼 전통의 강자들은 2025년 들어 4월까지 다소 주춤했다. 트럼프의 관세전쟁 리스크로 애플은 주가가 크게 흔들렸다. 반면 넷플릭스는 관세와 무관하고 전 세계 콘텐츠를 담고 있어 글로벌 지위가 튼튼했다. 해당 기간 중에 좋은 실적을 발표하고 향후 목표도 기세 좋게 내놓은 것도 주가 상승의 이유가 됐다. 넷플릭스 주가는 2025년 들어 4월 말까지 25%가량 상승했다.

KODEX 미국빅테크10(H)는 국내에서 넷플릭스 비중이 가장 높았다. 4월 말 기준 11.5%로, 비중 1위다. 이 ETF는 넷플릭스의 실적에 대해 강한 확신을 갖고 있는 투자자에게 적합하다.

빅테크 ETF의 희망, 넷플릭스

1965년부터 1980년대생까지를 X세대라고 부른다. X세대 중 금융투자업계에 있는 사람에게 블룸버그 단말기는 요즘 말하는 챗GPT급이다. 전 세계 주식 관련 데이터가 총집합해 있는 블룸버그를 우리들은 '블대리'라고 불렀다. 블대리의 몸값은 회사에서 가장 뛰어난 대리급 몸값보다도 비쌌다. 인간 대리는 휴일에는 만날 수 없지만 블대리는 365일 언제나 그 자리에서 사용자들을 만나준다. 그리고 월스트리트의 실시간 정보를 제공한다. 특히 미국 주식 관련 지표는 타의 추종을 불허한다. 그래서 매우 비싸다. 회사에서 주요 비용으로 따로 관리

넷플릭스 실적 추정치

할 만큼 말이다. 단말기 한 대당 1억 원은 넘게 구독료를 내야 한다.

블대리를 이용해 빅테크 종목들(2025년 4월 기준)의 미래 실적 추정치를 알아보자. 전 세계 애널리스트들이 특정 종목에 대한 보고서를 쓰고 목표주가를 정한다. 이때 올해 이후의 실적을 예상하는데, 블대리는 이런 예상 실적을 실시간으로 제공하고 있다. 시시각각 바뀌는 것이 장점이자 단점이기도 하다. 특정 애널리스트라는 사람은 때때로 틀린 분석을 내놓을 수 있다. 그래서 블대리는 수많은 정보의 평균값을 제공하고 있는 것이다.

2025년에 빅테크 기업 중 뜻밖의 승자로 떠오른 넷플릭스의 실적 추정치는 그야말로 상승세를 타고 있다. 넷플릭스는 콘텐츠 맞춤형 정보 제공에 있어서 AI기술을 활용한다. 보통 기업의 상품에 대한 소비자가 증가하면 비용도 그만큼 증가하기 마련인데, 넷플릭스는 미래로 갈수록 비용이 제로(0)에 수렴하는 경향을 보인다. 넷플릭스 애플리케이션 구축에는 많은 비용이 필요했지만 일정 단계를 지난 이후에는 그다지 많은 비용이 필요하지 않다. 게다가 미국과 중국 간의 갈등이 아무리 고조되어도 넷플릭스는 무풍지대에 있다. 전 세계 190여 개국에서 영화와 게임을 이용할 수 있지만 중국에서는 애초부터 서비스가 제공되지 않았다. 물론 공식적으로는 말이다. 그 외에도 크림반도, 북한, 러시아, 시리아에서도 공식적으로는 넷플릭스 서비스가 제공되지 않는다.

이들 국가 이외에 전 세계를 제패한 넷플릭스의 2024년 매출은 390억 달러였다. 2025년 4월 말 환율 기준 54조 8,000억 원에 달한다. 블대리는 2025년 예상 매출이 444억 3,670만 달러라고 한다. 1년 사이 매출이 14% 증가할 것이라는 예상이다.

ETF 투자자들이 종목 EPS를 체크해야 하는 이유

투자자들이 블대리를 통해 두 번째로 알아봐야 할 것은 주당순이익$_{EPS}$이다. EPS는 연간 순이익을 주식 수로 나눈 값이다. EPS는 회사가 돈을 잘 벌면 이익(분자)이 커져 자동으로 증가한다. 이익이 멈춰버렸다면 주식 수가 줄어도 EPS는 상승한다. 월스트리트에서는 EPS가

상승하면 주가가 급등한다고 본다. 넷플릭스처럼 두 자릿수 성장이 어려울 경우 이익보다는 주식을 줄이게 되는데 이를 자사주 소각이라고 한다.

자사주는 회사가 보유한 자기 주식이다. 자사주가 줄어드는 이유는 크게 두 가지다. 먼저 자사주를 직원들에게 성과급 식으로 나눠줄 때다. 또 자사주를 보유하지 않고 그 자리에서 없애버리는 것이다. 명품 기업들이 스스로 생산한 가방이나 가죽제품을 태워 없애는 행위와 비슷하다. 유통 시장에 돌아다니는 상품이 적을수록 그 상품의 가치는 오른다. 이를 희소가치라고 한다. 미국 상장사들은 이처럼 자사의 희소가치를 유지하고 기존 주주들에게 잘 보이기 위해 자사주를 소각한다.

넷플릭스의 EPS는 2024년 19.61달러에서 2025년 25.33달러로 나와 있다. 1년 상승률이 29.2%다. 매출은 14% 정도 증가할 것으로 보이는데 EPS는 매출 증가율의 2배 이상이다. 이는 회사의 비용 부담이 적다는 뜻이다. 매출이 조금만 늘어도 이익이 급증하는 구조는 무형의 소프트웨어 기업이 누릴 수 있는 최대 장점이다. 넷플릭스 주가가 상승세인 이유다.

넷플릭스처럼 주가 상승으로 보답할 경우 주주들에게 굳이 배당을 주지 않아도 된다. 물론 둘 다 하는 기업도 있지만 넷플릭스는 성장주의 전형으로 보면 된다. 이런 넷플릭스를 10% 넘게 보유하고 있는 KODEX 미국빅테크10(H)의 성과는 탁월할 수밖에 없다.

넷플릭스에서 뻗어나온 ETF 제국

KODEX 미국빅테크10(H)가 넷플릭스를 10~11%대로 들고 있다는 것은 어느 정도일까? 미국과 중국의 관세전쟁을 지나면서 빅테크 기업 사이에서 가장 약자로 치부되던 넷플릭스가 의외의 승자가 됐다. 소프트웨어 성격의 플랫폼 기업의 위력 덕분이다. 이런 주식을 많이 들고 있는 ETF에 돈이 쏠릴 수밖에 없다. 국내에서는 KODEX 미국빅테크10(H) 상품에 넷플릭스 비중이 높은 편이다.

해외에서는 XLC, FDN, CARK가 넷플릭스를 의미 있게 보유 중이다. 넷플릭스의 성장성을 믿으면서 관련 업종에 분산투자하고자 하는 투자자에게 적합하다.

먼저 XLC_{Communication Services Select Sector SPDR Fund}는 통신과 미디어 업종 ETF다. 2025년 4월 말 기준 넷플릭스를 7.5% 보유하고 있다. 2018년 6월 18일 출시됐으며 스테이트 스트리트의 작품이다. 미디어 관련 26개 종목에 투자한다. 4월 말 기준 최근 1년 수익률 21.5%, 5년 수익률 96.5%을 기록했다. 3월, 6월, 9월, 12월에 배당을 주는 분기 배당 ETF다. 5년 CAGR 기준으로 배당금이 17.3% 증가했다. 배당률은 4월 말 기준으로 1.06%였다.

XLC는 넷플릭스 관련 ETF로 소개되지만 사실은 메타 관련 ETF다. 보유종목 1위 메타의 비중이 14.6%로, 넷플릭스의 2배에 가깝다. 메타와 넷플릭스가 주식 분류상 같은 업종으로 묶일 수는 있어도 사업 형태는 엄연히 다르다. 따라서 메타에 대한 분석없이 넷플릭스만 좋다고 이 ETF를 매수하는 것은 무모하다.

메타는 이 회사 CEO인 마크 저커버그를 논하지 않고는 시작할 수 없다. 저커버그는 여학생들 입장에서는 매우 '무례한' 페이스북Facebook의 창립자이기도 하다. 미국에서 페이스북은 학생들의 사진을 실어 배포하는 책자라는 뜻이었다. 페이스북은 저커버그가 자신이 다니던 하버드대학교의 데이터를 해킹해 여학생들 사진을 다운받으면서 시작되었다. 저커버그는 자신의 친구들에게 여학생 '품평회'를 할 심산이었다. 요즘 같으면 해킹 사태가 연상되지만 당시에는 대학생의 치기 어린 장난 정도로 치부됐다.

저커버그의 페이스북이 메타플랫폼(메타)으로 이름을 바꾼 것에는 가상세계의 제왕이 되고자 하는 야심이 담겨 있다. 그러나 그의 이런 선택은 메타를 한때 휘청거리게 하는 빌미를 제공했다. 투자자들은 인스타그램으로 벌어들인 엄청난 돈을 가상세계 기기를 만드는 데 쏟아붓는 저커버그의 행보가 불만이었다. 결국 저커버그는 투자자들을 달래기 위해 가상세계 사업을 담당하는 '리얼리티 랩스' 사업부에 대한 투자를 크게 줄이고, 대신 주주 배당을 시작했다. 이마저도 부족해 전격적인 인력 구조조정을 단행했다. 메타는 실리콘밸리에서 가장 공격적인 직원 감축에 나섰다. 고비를 넘긴 메타의 실적은 회복되고, 주가도 반등한다. 월스트리트의 투자자들은 꿈과 같은 장밋빛 사업을 위해 돈을 낭비하는 기업보다는 지금 당장 수익을 내는 기업에 투자하고 싶어 한다.

항상 저평가받는 메타, 무시해서는 안 된다

이런 기조가 당분간 계속되는 한 빅테크 기업 중에서 가장 알짜라는 메타에 대한 찬사는 계속될 것이다. 메타가 많이 포함된 ETF의 성과도 우수할 것으로 보인다. 인스타그램으로 대표되는 메타의 광고 수익은 매년 10% 이상은 될 것이라는 분석이다. 블룸버그에서 바라본 2024년 이후 2028년까지의 연평균 매출과 EPS 성장률은 각각 10%와 10.7%로 나타났다. 2024년부터 시작된 배당은 2025년에도 지속될 것으로 보인다.

이런 추정이 나오는 것은 2025년 1분기(1~3월)에 놀랄 만한 실적을 내놨기 때문이다. 당시 매출은 423억 1,000만 달러였다. 원화로 환산하면 60조 원가량 된다. EPS는 6.43달러였는데, 메타의 실적 발표 직전에 월스트리트가 예상한 수치보다 20%나 높게 나왔다.

메타는 2025년 예상 자본 지출로 640억~720억 달러를 제시했다. 당초 예상치(600-650억 달러)보다 상향 조정했다. AI와 관련해 데이터센터와 GPU를 더 사모으려 하다 보니 돈이 더 많이 들 것으로 본 것이다. 이는 경기 침체 위기에도 메타가 AI사업 투자는 계속하겠다는 것으로, 월스트리트는 이를 상당히 긍정적으로 바라보고 있다.

기존 신사업인 가상세계 등 메타버스 사업은 실제 얼마나 돈이 될지를 가늠하기 어렵다. 그러나 메타의 AI사업은 광고 수입과 직접 연결된다. AI를 통해 메타의 각종 SNS를 사용하는 이용자들에게 최적의 콘텐츠와 상품들을 보여줄 수 있다. 이런 이용자 만족도는 메타가 기업 고객들에게 더 많은 광고비를 내라고 할 수 있는 강력한 동력이 된다.

실제 2025년 1분기 광고 수익은 413억 9,000만 달러로 월스트리트 예상치 404억 4,000만 달러를 크게 뛰어넘기도 했다. 강력한 광고 실적으로 메타는 전 세계 경기 불황과 상관없이 꾸준히 회사를 키우고, 주주들을 만족시키고 있다. 1분기 페이스북 등 메타의 SNS 플랫폼 일일 활성 사용자 수는 34억 3,000만 명이다. 3개월 사이 8,000만 명 가까이 늘어났다.

애플도 그렇듯 누구나 약점은 있다. 메타는 여전히 리얼리티 랩스에 대한 투자를 진행하고 있고, 이 사업부가 생긴 이래로 적자 규모는 2025년 3월 말까지 600억 달러를 넘겼다. 인스타그램 등 SNS에서 막대한 돈을 벌지 못했다면 일찌감치 망했을 적자 규모다. 그러나 여전히 저커버그는 이 사업을 밀어부치고 있다. AI안경과 메타AI 개발을 완전히 포기하지는 못했다.

정작 메타에 투자하는 데 위험이 되는 요인은 유럽에서의 규제다. 특히 미국의 트럼프 대통령이 유럽 등 전 세계를 상대로 관세 장벽을 높이겠다고 하면서 유럽과도 사이가 좋지 않아졌다. 미국 기업인 메타에 대해 유럽연합EU 집행위원회는 빅테크 규제법인 '디지털시장법'으로 3,000억 원이 넘는 과징금을 부과하기도 했다. 부과 이유는 메타가 무료 이용자들에게 광고 목적의 개인 정보를 강제로 제공하게 했다는 것이다. 메타는 EU의 규제로 인해 유럽 쪽의 실적이 2025년 9월부터 심각하게 타격을 받을 것으로 예상된다.

또 다른 ETF의 핵심, 엔비디아

이런 성장주 위주의 ETF에 투자할 때는 중장기 실적 성장을 연평균 성장률로 환산해서 살펴봐야 한다. 넷플릭스의 5년(2024-2028년) 연평균복합성장률CAGR은 17.3%다. 애플이 2025년 들어 4월까지 주춤한 것은 미국과 중국의 관세 갈등도 있지만, 성장세가 다른 종목보다 떨어지기 때문이다. 투자업계에서는 항상 고성장 기업에게 높은 주가 상승률을 안겨준다. 애플의 5년 CAGR은 7.5%에 그쳤다. 애플은 2024년 정점에 도달했던 자사주 매입과 소각 규모를 2025년 들어 다소 줄였다. 회사 입장에서 비용을 줄여 이익을 방어하려는 모습이다.

향후 EPS성장률에서 넷플릭스를 뛰어넘는 곳으로 엔비디아(21.1%)가 눈에 띈다. 2020~2024년처럼 연평균 50% 이상의 성장을 기록할 수는 없지만 그래도 이 정도면 고성장이다. 엔비디아가 다른 빅테크 기업들에 GPU를 계속해서 판매할 수 있다는 것이 월스트리트의 예상이다. 중국에서 엔비디아 GPU를 덜 사용하거나 다른 값싼 하드웨어로 대체해 AI사업을 할 수 있다는 확실한 증거가 나오지 않는 한 엔비디아의 성장률은 유지될 것으로 보인다.

엔비디아도 넷플릭스처럼 AI시장에서 하나의 플랫폼이 되고자 한다. GPU라는 하드웨어뿐만 아니라 블랙웰Blackwell이라는 소프트웨어까지 내놓으며 AI생태계를 스스로 조성했다. 개발자들은 이 생태계 안에서 AI관련 프로젝트를 수행한다. 일반인들은 다양한 AI사업에서 엔비디아를 대체할 회사가 있을 것이라고 어림짐작하지만 개발자들에게는 엔비디아가 절대적이다. AI학습용 GPU 시장에서 엔비디아의 점유율은 80% 이상이다. 이외에도 AI가속기와 반도체(칩) 설계를 통해 계속해서 많은 돈을 벌고 있고, 순익 일부를 주주에게 배당하고 있어 배당 성장주로서의 면모도 갖추고 있다.

모든 실적의 기본이 되는 연평균복합성장률CAGR 기준으로 1, 2위는 엔비디아와 브로드컴인 것으로 나타났다. 브로드컴의 매출은 2028년까지 매년 16.6%씩 늘어날 것으로 예상된다. 엔비디아의 경우는 18%다. 결국 AI시장을 두 회사가 양분할 것으로 보는 셈이다. 브로드컴은 맞춤형 칩 제작 회사다. 엔비디아가 GPU라는 상품을 깔아놓고 빅테크 기업을 손님으로 받는다면 브로드컴은 그들을 찾아가서 그들이 원하는 제품을 만들어준다. 이를 '커스텀 칩'이라고 한다. 다양한 AI사업을 하고자 하는 수요자 입장에서는 안성맞춤이다. 그래서 월스트리트는 브로드컴을 '제2의 엔비디아'나 '제2의 테슬라'라고도 부른다. 소비자들의 눈높이에 맞추려는 노력은 항상 큰 보상을 받아왔다.

브로드컴이 더 매력적인 이유는 이 상장사가 은근히 배당을 많이 올려주고 있기 때문이다. 삼성전자처럼 막대한 반도체 설비 투자가 필요하지 않기 때문에 그 몫을 주주 환원으로 돌리고 있다. 브로드컴은 반도체 설계회사여서 상대적으로 설비 투자에 큰돈을 쓰지 않는다. 2020년 이후 2025년까지 브로드컴의 예상 주당배당금 인상률은 연평균 10.5%다. 반도체 분야에는 인텔과 같은 레거시 회사들이 있다. 레거시는 전통 기업이란 뜻으로, 신규 경쟁자에 밀려 실적 성장률이 정체된 곳들이다. 브로드컴의 경우 실적 성장 속도와 함께 배당도 많이 인상해주고 있어, 주주들의 호평을 받고 있다.

국내 상장 ETF에 10이라는 숫자가 붙는 것은 미국에서 지속적으로 성장할 기업을 10곳으로 압축했기 때문이다. 필자는 배당주 위주의 포트폴리오를 짜놓았기 때문에 ISA에 성장주 ETF가 필요했다. 이런 사람이라면 KODEX 미국빅테크10(H) ETF가 딱 맞는다. 보유종목 2, 3위가 크라우드스트라이크와 서비스나우이기 때문에 더 그렇다. 두 종목은 아직 매출 자체가 작고 적자에서 벗어난 시기도 다른 빅테크 기업보다 최근이다. 덩치가 큰 사람이 더 커지는 것보다 상대적으로 덩치가 작은 사람이 더 커질 여력이 많다.

글로벌 사이버 보안회사도 담았다

크라우드스트라이크는 글로벌 사이버 보안업체다. 기업들이 자신의 자산을 보호할 때 사이버 방패를 제공하는 상장사다. 특히 이 회사는 실시간으로 AI기술을 이용해 외부로부터의 사이트 해킹 공격을 탐지하고 대응까지 한다. 2011년 설립 이후 민간기업은 물론 정부기관이 신뢰하는 회사로 거듭나고 있다. 이런 신뢰를 쌓는 데는 막대한 비용이 든다. 눈에 보이지 않는 사이버 공격 대비 수비 전술을 팔아야 하니 초기에는 거의 공짜로 주고 체험하라고 할 수밖에 없다. 그러나 이런 경력이 차곡차곡 쌓이면서 흑자 전환 성공을 눈앞에 두고 있다.

2024년 크라우드스트라이크의 EPS는 −0.06달러다. 순익이 적자이기 때문에 나오는 마이너스 수치다. 2025년 예상은 주당 3.43달러다. 2026년 4.59달러, 2027년 6.19달러, 2028년에는 주당 8달러가 넘을 것으로 추정된다. 이는 모두 블대리의 데이터다.

일각에서는 너무 낙관적인 데이터라는 의견도 있다. 크라우드스트라이크는 2024년 7월에 제대로 사고를 친 전력이 있다. 자신의 보안 플랫폼 '팔콘'을 업데이트하다가 이를 사용하던 고객사 전산이 마비되는 초대형 사고가 난 것이다. 외부 침입자가 마음껏 활개를 칠 수 있었던 시기다. 사고 관련 비용도 눈덩이였다. 그러나 이런 사고를 치고도 괜찮을 수 있었던 것은 사이버 보안 업계에서의 독점적 위치 덕분이었다. 이 회사는 재빨리 고객사들에게 다양한 혜택과 신규 서비스를 제공해 성난 민심을 달랬다. 오히려 보안을 강화하라면서 더 많은 돈을 내도록 은근히 강요하고 있다.

서비스나우는 주식명(티커명)이 NOW로 지금 소프트웨어로 뜨는 기업이다. 여러 기업들의 업무 비서 역할을 하는 미국 상장사다. 기업들은 저마다 인사 관리나 IT업무를 자동으로 하고 싶어 한다. 사람이 신경 쓸수록 가성비가 떨어지는 업무들이다. 기업 고객들이 서비스나우의 구독 모델을 사용할 경우 이런 귀찮은 업무를 전산화할 수 있다.

2024년 연간 매출 100억 달러를 넘긴 서비스나우는 2028년 연간 매출이 218억 달러에 도달할 전망이다. 5년 평균 매출이 14.8%씩 늘어난다는 뜻이다. 같은 기간 EPS 성장률은 무려 32.2%다. 이처럼 고성장이 예상되니 배당은 아직 지급하지 않는다. 이런 종목들이 포함된 ETF의 배당률은 낮을 수밖에 없다. 그 보상을 주가 상승으로 보답하겠다는 의지다.

크라우드스트라이크나 서비스나우는 기존 빅테크보다는 검증이 덜 된 곳들이다. 이들의 주가 변동성은 전체 ETF를 크게 흔들 수도 있다. 주가 상승보다 안정적인 주가 흐름을 원한다면 애플, MS, 아마존 위주의 ACE 미국빅테크TOP7 Plus나 TIGER 미국AI빅테크10이 더 마음 편한 자산이 될 수 있다. 이런 빅테크 ETF야말로 취향에 많이 의존하는 상품들이다. 다만 절세계좌에서의 매수는 선택이 아닌 필수다.

ETF도 애플이 원조

TIGER 미국AI빅테크10과 ACE 미국빅테크TOP7 Plus의 보유종목 비중 1, 2위는 애플과 MS인데 그 순서만 다르다. 어쨌든 두 ETF를 투자하려는 사람들은 애플 분석을 필수적으로 해야 한다. 지금 투자를 시작하려는 사람들에게 애플의 2분기 실적은 중요하다. 애플은 9월 결산 법인이다. 연간 회계 장부를 10월에 시작해서 그 다음해 9월에 마감한다는 뜻이다. 그래서 1분기가 10~12월, 2분기가 1~3월이 된다. 2025년 들어 애플의 2분기 매출은 953억 6,000만 달러였다. EPS는 1.65달러였다. 매출과 EPS 모두 월스트리트의 당시 예상보다는 좋았다. 관세전쟁으로 최악을 걱정했지만 예상보다는 나았다는 뜻이다.

통상 실적 비교는 전년도 같은 기간 기준으로 이루어진다. 2분기 매출은 전년 대비 5%, 순이익은 4.8% 늘었다. 매출만큼 돈을 벌었으니 레거시로서 안착하는 모습이다. 매출의 절반을 차지하는 아이폰 매출이 예상보다 좋았다. 이는 관세전쟁으로 아이폰 가격이 인상될까 봐 미리 구매한 수요가 있었다는 뜻으로도 해석된다.

그러나 애플 제국을 이끄는 팀 쿡의 설명은 달랐다. 이런 환경 변화를 예상하여 저렴한 아이폰을 내놨고, 아이폰16e와 같은 가성비 모델이 많이 팔렸다는 것이다. 관세전쟁으로 애플은 많은 타격을 받을 것으로 예상됐고, 실제 주가도 크게 휘청거렸다. 그러나 중국 리스크가 과도하게 부각된 면도 있다. 미국 내 아이폰 판매량의 절반 이상이 인도에서 생산된다. 아이폰 판매가 부진할 때 실적을 잡아주는 맥북 아이패드, 에어팟, 애플워치 등 다른 제품의 원산지는 베트남이다.

그리고 각종 반도체 역시 미국 내에서 생산되어 아이폰에 탑재된다. 애플은 그리 호락호락한 회사가 아니다. 2020년 코로나 사태를 겪으면서 중국처럼 특정 국가에 너무 많이 의존했다가는 실적과 주가가 나락을 간다는 사실을 몸소 체험했다. 계속해서 아이폰 부품 공급처를 중국 이외의 지역으로 다변화해왔다. 물론 중국이나 베트남도 추가 관세 부과 지역인 만큼 비용 부담은 어쩔 수 없이 올라갈 것이다. 그래도 중국만큼은 아니다.

투자자들이 주목한 것은 자사주 매입 규모다. 애플은 2분기에 1,000억 달러의 자사주 매입을 승인했다. 이는 1년 전보다 100억 달러 줄어든 규모다. 여기에 애플이 AI관련 주식으로서의 매력이 떨어졌다는 이야기가 꾸준히 나오고 있다. 애플은 2024년 6월에 획기적인 AI기능을 아이폰에 탑재한다고 발표했으나 이는 2026년으로 연기되었다.

애플의 미래는 기존 기기를 통해 유입된 소비자들이 애플 생태계에서 얼마나 지속적으로 돈을 얼마나 쓰는지에 달렸다. 이 같은 애플 서비스 매출은 이제 전체 매출의 25%에 달하고 있다. 2024회계연도(2023년 10월-2024년 9월) 매출에서 서비스 부문은 24%를 차지했다. 직전년도 2023회계연도 매출인 22%보다 2%포인트 증가했다. 아이폰과 아이패드처럼 기존 애플을 상징하는 하드웨어의 시대는 이미 과거의 일이 되었다. 현재 광고나 클라우드서비스, 디지털콘텐츠(애플TV플러스) 등을 포함하는 서비스 사업부가 안정적이고 마진(수익성)이 높다.

그러나 이 같은 서비스 매출 증가가 자동적으로 이뤄지는 것은 아니다. 국내 SK텔레콤 해킹 사태로 수많은 가입자가 다른 통신사로 이동했듯이 개인정보에 대한 강력한 보호와 안정적 시스템이 기본적으로 깔려 있어야 한다. 여기에 기기 자체에 대한 만족도도 높아야 소비자들이 다른 업체로 넘어가지 않는다. 애플은 이 분야에서 세계 최고 수준이다. 소프트웨어와 하드웨어 모두 강점이 있는 애플은 독보적 존재라고 볼 수 있다.

ETF 운용사가 축구 감독이라고 해보자. 가장 믿음직한 선수(종목)인 애플을 먼저 선발 라인업에 올려놓을 것이다. 빅테크7이나 AI관련 ETF라는 팀에서도 애플은 주장이 될 만하다. 소프트웨어 ETF가 나와도 하드웨어 ETF가 나와도 마찬가지다. 이런 든든한 수급력은 애플의 성장성이 정체되어도 애플의 주가를 떠받치는 또 다른 원동력이다. 지수 추종 ETF라고 하더라도 가장 몸집이 큰 애플은 명단에 끼워 넣을 수밖에 없다.

트럼프 리스크 넘는
신상 ETF

소프트웨어 산업을 담다

트럼프 대통령이 전 세계 상품에 대해 엄청난 관세를 붙여 자국 산업을 보호하고, 감소한 세수를 관세로 보충하겠다고 선언하자 전 세계 주식시장이 큰 변동성에 흔들렸다. 수출 위주로 먹고사는 한국도 마찬가지였다. 그러나 한국 금융권은 즉시 투자자들에게 안전한 투자가 가능한 도피처를 제공한다. 'KODEX 미국AI소프트웨어TOP10 ETF(0041D0)'가 바로 그 대답이다.

이 ETF는 AI소프트웨어 산업의 핵심 기업에 집중 투자하는 신제품이다. 2025년 4월 22일 출시되어 거래되고 있다. ETF 맨 처음에 나오는 KODEX(코덱스)라는 단어에서 알 수 있듯 삼성자산운용의 작품이다. 트럼프가 자동차, 철강 등 눈에 보이고 딱딱한 '하드웨어'에는

KODEX 미국AI소프트웨어TOP10 ETF 개요표

자산운용사	삼성자산운용
상장일	2025년 04월 22일
기초자산	주식
기초지수	iSelect US AI Software TOP10 Index
시가총액	227억 원(521위)
순자산(AUM)	224억 원(525위)
상장주식 수	2,000,000주
구성종목 수	11종목
레버리지	1배

KODEX 미국AI소프트웨어TOP10 ETF 보유종목

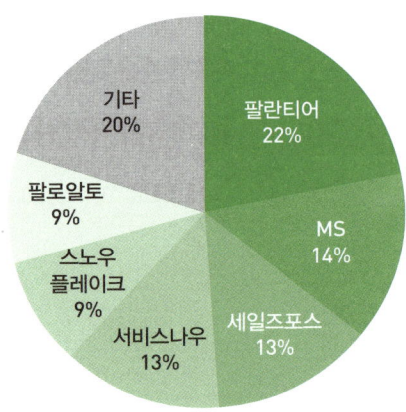

출처: ETF체크

178　ETF 투자의 모든 것

관세 딱지를 붙여 가격을 높일 수 있더라도 콘텐츠 관련 정기구독 상품과 같은 소프트웨어에는 관세 '장난'을 칠 수 없을 것이라는 아이디어에서 출발했다.

결국 KODEX 미국AI소프트웨어TOP10 ETF는 트럼프 리스크를 극복하면서 인공지능AI 시장의 미래를 밝게 보는 투자자들에게 적합한 ETF다. 글로벌 데이터 관련 기업 스태티스타Statista의 전망에 따르면 미국 생성형 AI시장 규모는 2025년 약 620억 달러이고 2031년에는 약 3,560억 달러로 추정된다. AI시장이 6년 사이에 6배 커진다는 것이다. 당연히 관련 상장사들의 실적과 주가 역시 상승할 것으로 보인다.

KODEX 미국AI소프트웨어TOP10 ETF는 AI소프트웨어 관련주 10곳에 집중 투자한다. 지수형 ETF가 대부분 100곳이 넘는 곳에 투자하는 것을 감안하면 알짜 기업을 선별해 높은 주가수익률을 추구한다고 보면 된다. 기초지수는 'iSelect 미국AI소프트웨어 TOP10 지수'인데 AI소프트웨어와 관련된 미국 주식으로 구성된 지수다.

팔란티어의 테크놀로지스는 20%를 넘을 정도로 보유종목 중 비중이 1위다. 비중 2위인 마이크로소프트가 14%대다. 결국 이 팔란티어에 따라 수익률이 좌우되는 구조다. 팔란티어를 '제2의 테슬라'나 '제2의 엔비디아'로 보는 투자자이면서 분산투자를 하고 싶어 하는 심리를 가진 사람에게 적합하다.

팔란티어라는 그럴 듯한 기업 이름은 할리우드 영화 〈반지의 제왕〉에서 따온 말이다. 영화 속 마법구슬 '팔란티르'에서 나왔다. 팔란티어는 9·11 테러의 충격 속에서 미국을 테러에서 보호하기 위해 마법구슬로 미리 공격 위협을 감지하겠다는 의미에서 출발했다. 팔란티어는 피터 틸 등 5명의 창업자가 2003년에 만든 회사다. 피터 틸은 현 테슬라 CEO인 일론 머스크와 페이팔을 창업한 인물이기도 하다. '미국', '피터 틸', '빅데이터'가 팔란티어의 핵심 키워드다.

팔란티어는 2020년 9월 말에 직상장했다. 증권사들이 주식 가격을 예측하고 기관투자자들이 초기 물량을 부담하는 일반적인 기업공개IPO가 아니라, 주주들이 자신의 주식을 직접 거래소에서 매매하는 직상장, 즉 직접 상장 방식을 택한 것이다. 최근 국내 부동산 거래에서 중개업자를 끼지 않고 직접 거래하는 것과 비슷하다. 주가 거품을 피하고자 하는 의도다.

팔란티어 담은
마법구슬 ETF

ETF가 사랑하는 방산주 팔란티어

팔란티어의 초기 주가가 급등한 것은 이 회사의 분석 능력 덕분에 오사마 빈 라덴을 사살했다든지, 캐시우드가 미래성을 보고 주식을 대량 매수했고, 피터 틸이 일론 머스크와 친구라는 등 각종 호재가 뒤섞인 탓이다. 결국 지금과 같이 인기 주식이 된 것은 실적이 받쳐주면서부터다. 팔란티어는 2021년 4분기까지만 해도 분기 1억 달러 이상의 적자를 냈는데, 점차 줄여나가더니 2022년 4분기에는 700만 달러 흑자를 달성했다.

월스트리트와 많은 서학개미들이 팔란티어를 좋게 보는 이유는 이익률이 높아서다. 많은 실비투자와 인건비를 동원하지 않고서도 잘 만든 소프트웨어로 수익이 쌓이고 있다. 팔란티어의 간판은 '고담'이다. 테러 등의 범죄를 예방하는 프로젝트이며 영화 〈배트맨〉에서 항상 범죄가 일어나는 도시 이름이 고담이다. 이런 플랫폼을 만들어놓고 미국 FBI, CIA나 영국, 프랑스의 국방부 등에 판매하고 있다. 초기에 비용이 잔뜩 들고 어느 순간부터는 인건비 이외에 비용이 거의 들지 않아서 매출총이익률이 2023년 기준 80%를 육박했다.

통상 추가 매출을 유지하기 위해 연구개발R&D 비용을 늘리곤 하는데 팔란티어는 딱히 R&D가 필요하지는 않다. 정부용 프로그램 '팔란티어 고담'과 민간용 프로그램 '팔란티어 파운드리'를 통해 사업 구조가 어느 정도 완성되었다. 인플레이션 시대에는 높은 R&D 비율 역시 악재인데 팔란티어의 R&D 비용은 되레 감소하고 있다. 매출 대비 R&D가 차지하는 비율은 10%대로 비용 부담이 낮은 편이다.

국방 예산 따먹기용 매출은 현 주가 수준을 설명할 수 있으며 향후 민간용 '파운드리'의 매출 확대는 팔란티어의 주가 방향성을 결정할 것이다. 일단 트럼프는 미국의 제조업을 강화하기 위해 관세를 올리는 정책을 내세우고 있다. 이는 애플처럼 제조 기반이 큰 상장사에 특히 타격을 줄 수 있다. 중국이나 베트남 등에서 부품을 조달하는 사업 구조에도 영향을 미친다. 그러나 팔란티어의 제품은 무형의 소프트웨어이기 때문에 관세를 부과하기 어렵다. 게다가 전 세계에서 국지전이 계속되고 있는 상황도 팔란티어 실적에는 긍정적인 영향을 미치고 있다.

비밀이 많은 게 약점

팔란티어 투자 리스크는 크게 두 가지로 나눌 수 있다. 첫 번째는 이 회사의 비밀스러운 국방용 매출과 베일에 싸여 있는 빅데이터 활용이 정말로 범죄나 테러 예방에 효과적인지에 대한 의문이다. 이를 입증해줄 사람은 미국, 프랑스, 영국의 국방부 관계자들이겠지만 이런 언급조차 '기밀'로 분류되어 있다. 두 번째는 고평가 문제다. 이제 순익이 발생하기 시작했으니 아직 주가수익비율PER로 평가하기에는 이르다. 주가매출비율PSR 투자 창시자 켄 피셔는 PSR이 1배 미만일 때 저평가된 주식이라고 간주했다. 팔란티어의 PSR은 2025년 4월 말 기준으로 92배에 달한다. 표현할 수 없을 정도로 고평가 성장주다.

팔란티어에 대한 투자 리스크는 크지만 나머지 종목들은 팔란티어보다 저평가된 종목들이다. KODEX 미국AI소프트웨어TOP10 ETF는 관세를 부과하기 어려운 무궁무진한 가치를 지닌 소프트웨어를 판매하는 상장사들로 구성되어 있다. 분기 배당 ETF이지만 배당에 대해 언급할 것은 별로 없다. ETF 구성 자체가 AI관련 소프트웨어 기업들로 되어 있다 보니 배당률이 1%를 넘기 어렵다. 이들은 배당을 지급하기보다는 성장을 위한 소프트웨어 개발에 집중하는 경향이 있다.

이 ETF 수수료는 0.45%로, 다소 높은 편이다. 문제는 여기에 매매나 중개수수료, 지수 사용료와 같은 추가 비용은 포함되지도 않았다. 실부담비율은 더 높아질 것으로 보여 비용 통제가 중요하다. 아마도 이 ETF 주가수익률이 높게 유지된다면 비슷한 콘셉트의 ETF가 나올 것이고 분명 이 ETF보다 낮은 비용률을 책정해 경쟁 구도를 형성하게 될 것이다. 투자자들은 탁월한 콘셉트의 ETF끼리 경쟁하게 되면 수수료율이 낮아질 테니 이러한 경쟁을 즐기면 된다. KODEX 미국AI소프트웨어TOP10의 배당금(분배금)은 분기배당으로 받게 된다. 배당 기준일은 1월, 4월, 7월, 10월의 마지막 영업 기준일로 고시되어 있다.

글로벌 비만치료제 투톱 ETF

위고비를 아세요?

가족 중 의류 사업을 하는 분이 있다. 어느 날 대뜸 "위고비라는 약을 아느냐"라고 물었다. "안다"고 답했더니 그 약이 그렇게 대단한 약이냐고 또 다시 물었다. 그의 손님 중 원래 빅사이즈를 입던 사람이 어느 날 찾아와서 스몰(S) 사이즈의 옷 2개를 사갔다는 것이다. 그것도 불과 3개월 만에 말이다. 그 사이에 그 손님은 위고비를 복용하고 16kg을 감량했다고 한다.

이런 천지개벽할 일이 요즘 일어나고 있다. 그 손님에 따르면 위고비 복용 후 부작용은 딱 두 번 토했다는 것 정도였다. 이 정도면 감당할 수 있는 부작용이라고 한다. 주위 사람들이 몰라볼 만큼 날씬해진 몸매를 얻었기 때문이다. 투자에 관심 있는 사람이라면 이런 얘기를

글로벌 비만치료제 ETF 비교

TIGER 글로벌비만치료제TOP2 Plus	ETF명	KODEX 글로벌비만치료제TOP2 Plus
미래에셋	운용사	삼성자산
0.73%	총비용부담률	0.71%
24.70%	일라이릴리 비중	22.70%
24.50%	노보노디스크 비중	22.30%

들을 때 그런 제품을 만든 상장사부터 찾기 마련이다.

위고비는 덴마크 국적의 노보노디스크라는 회사가 만들었다. 부작용이 덜하면서 효과가 직방인 비만치료제의 원조 격이다. 여성들이 날씬한 몸매를 원하는 한 위고비 매출이 줄어들 일은 없을 것이다. 위고비의 국내 가격은 2025년 4월 기준으로 1펜(주사 1개)당 37만 원이다. 건강보험이 적용되지 않는 비급여라 약값에 진료비, 처방비 등을 따로 더하면 병원에 따라 가격 차이가 많이 난다. 또 점점 투약 용량을 늘려야 해서 월평균 환자 부담금은 80만 원 수준에 달한다. 여기에 전 세계적으로 청소년들까지 위고비와 같은 비만치료제를 허용하는 분위기여서 투약 대상도 넓어지고 있다.

미국 헬스케어 업계는 노보노디스크의 독주를 가만히 지켜보지는 않았다. 일라이릴리가 '젭바운드'로 대응했다. 위고비와 젭바운드는 모두 주사제다. 이들이 전 세계 비만치료제 시장을 석권했다. 주사를 맞기만 했는데 살이 쭉쭉 빠졌다는 성공담이 전 세계를 돌고 돌면서 투자자들도 이 두 기업에 투자하기 시작한다.

국내 ETF 업계도 발 빠르게 움직였다. 두 종목이 비만 시장을 양분하고 있는 만큼 두 회사 중심의 ETF를 내놨다. 'TIGER 글로벌비만치료제TOP2 Plus(476690)'와 'KODEX 글로벌비만치료제TOP2 Plus(476070)'가 양대 ETF다. 두 ETF 모두 노보노디스크와 일라이릴리를 가장 많이 담고 있다.

이 ETF에 투자할 때는 일라이릴리에 대한 종목이 급선무다. 일라이릴리(주식명 LLY)는 1876년 설립된 미국의 글로벌 제약회사다. 당뇨병, 암, 면역 질환 등 다양한 분야에서 글로벌 히트를 쳤다. 대표작으로는 항우울제 프로작, 당뇨병 치료제 마운자로, 최근 주목받고 있는 글로벌 비만치료제 젭바운드로 요약된다.

비만치료제 원조 노보노디스크에 간접투자

젭바운드는 2023년 11월 미국 식품의약품국FDA으로부터 승인을 받은 이후 전 세계에서 판매되고 있다. 노보노디스크의 위고비와 경쟁하는 일라이릴리 측은 자신들의 젭바운드가 위고비보다 훨씬 더 뛰어난 체중 감소 효과를 가지고 있다고 주장하고 있다. 전 세계적으로 단기간에 부작용 없이 살을 빼는 것이 대유행하면서 젭바운드가 날개 돋친 듯이 판매됐다. 덕분에 일라이릴리의 주가는 2023~2024년 동안 횡보했음에도 불구하고 2020년 5월 이후 2025년 5월까지 무려 476%나 급등했다. 배당률은 0%대이기 때문에 사실상 주가 상승만을 보고 투자해야 하는 성장주다.

오히려 비만치료제의 원조 격인 노보노디스크의 주가는 최근 5년 97% 상승에 그쳤다. 이런 차이를 만든 것은 효능과 가성비다. 2024년 말 일라이릴리는 위고비와 젭바운드를 비교해서 실험해보니 자신들의 젭바운드가 훨씬 나은 성과를 보였다고 발표했다. 미국과 푸에르토리코에 있는 751명의 환자를 대상으로 위고비와 젭바운드를 투약해 비교 실험을 한 결과다. 젭바운드를 맞은 사람들의 체중은 72주 후 평균 20.2% 줄었지만 위고비를 맞은 사람들은 13.7% 감량에 그쳤다는 것이다.

젭바운드를 사용할 때 체중이 더 빠짐에도 불구하고 가격은 젭바운드가 더 저렴하다. 미국과 한국에서 정도의 차이는 있지만 위고비를 투약하는 데 드는 비용이 더 비싸다. 어떤 제품이든 가성비가 중요한데 일라이릴리 제품의 가성비가 좋으니 투자 성과도 지금까지는 더 좋게 나타나고 있는 셈이다.

주가의 흐름이 앞으로 중요하다. 위고비를 개발한 노보노디스크는 2021년 6월에 해당 제품에 대한 FDA 승인을 받았으며, 이는 일라이릴리보다 2년 이상 앞선 것이다. 이로 인해 테슬라 CEO인 일론 머스크나 킴 카다시안과 같은 할리우드 톱스타가 위고비를 사용하며 체중 감량에 성공하기도 했다. 그러나 이들 매출이 일부 부유층을 넘어 일반인으로 확산되면서 가성비의 중요성이 커졌다. 더 저렴한 젭바운드 제품을 찾는 소비자가 늘었고, 주가 상승 또한 일라이릴리가 누리고 있다.

한쪽이 독식할 때는 ETF 매력 급감

2025년 4월 말 기준으로 일라이릴리의 주가수익비율PER은 39배를 넘겼다. 이는 향후 1년간 예상되는 순이익 대비 비율이다. AI시대 최고의 주식으로 평가되는 엔비디아(24-25배)보다 비싼 주식이 됐다. PER 기준으로 일라이릴리는 비만약 원조 노보노디스크보다 2배가량 고평가된 주식이다. 투자자 입장에서는 이제 일라이릴리의 가성비가 떨어진 시대가 되었다.

이런 복잡한 속내를 달래줄 수 있는 ETF가 바로 두 비만치료제 기업을 담은 상품이다. 두 ETF 모두 2024년 2월에 출시되었기 때문에 최근 1년 주가수익률만 유효하다. TIGER 글로벌비만치료제TOP2 Plus와 KOEX 글로벌비만치료제TOP2 Plus의 1년 수익률은 4월 말 기준 둘 다 마이너스였다.

비만치료제 ETF는 낮은 가격에서 미국 중심의 헬스케어 주식을 매수하고 싶은 사람들에게 적합하다. 헬스케어 주식은 금리에 민감하게 반응하는데, 미국은 2025년 4월까지 금리를 동결해왔다. 이런 주식들은 대규모 투자로 대출이자 부담이 크지만 금리가 하락하면 자연스럽게 실적이 개선된다. 투자 부담이 줄어들어 대형 인수합병M&A에 적극적으로 나설 수 있다. 향후 금리가 하락할 것으로 기대하면서 비만치료 시장이 급성장할 것으로 예상하는 상황에서 일라이릴리와 노보노디스크 중 누가 승자가 될지 가늠하기 어려운 투자자들에게는 이 모두를 담은 ETF가 대안이 된다.

최후의 승자를 알 수만 있다면 개별 주식에 투자하는 것이 더 현명하다. 두 기업 중 비만치료제 시장을 독식하게 되면 승자의 주가만 급등하고 패자의 주가는 급락할 수밖에 없다. 하나의 기업만을 담은 ETF에 투자했다가는 주가상승이나 배당수익 중 그 무엇도 챙길 수 없는 딜레마에 빠진다.

다시 폭발하는 수요에 돈 몰리는 여행 ETF

매년 해외여행을 가는 사람들이 쓰는 플랫폼 기업

매년 해외여행 계획과 함께 여행 플랫폼 주식을 사 모으는 지인이 있다. 그는 2025년 4월부터 6월 유럽여행을 준비하고 있었다. 그가 뭔가를 보여주려 한다. 여행 스케줄이나 관련 사진일 줄 알았다. 놀랍게도 주식창이었고, 그는 자신의 포트폴리오를 보여주며 부킹홀딩스가 사상 최고가를 갔다며 좋아했다. 그리고 일부를 팔아 국내 여행사 하나투어를 샀다고 한다.

하나투어는 5월 초에 1분기(1-3월) 실적을 발표했다. 실적은 좋지 않았다. 2024년 말 무안공항 추락 사고에 더해 탄핵정국, 경기침체 속 강달러까지 영향을 주었다. 해외나 국내나 여행을 갈 만한 분위기가 아니었다. 공무원들도 눈치를 보느라 단체여행을 중단했고, 이러한

여행 관련주 ETF 비교

AWAY	구분	TIGER 여행레저
앰플리파이	자산운용사	미래에셋
2020년 2월	출시	2015년 10월
부킹홀딩스, 익스피디아, 에어비앤비, 하나투어 등 33곳	구성종목	호텔신라, 대한항공, 아시아나, 하나투어 등 16곳
불가능	절세계좌투자	가능
0.75	실부담비용률(연간)	0.57%

분위기는 하나투어처럼 패키지여행 중심의 업체에 직격탄이었다.

그러나 자칭 '여행박사'라는 그는 "중장기투자자에게 단기 실적 악재는 저가 매수 기회"라며 "실적 발표 이후 주가가 7% 이상 하락해 기분 좋게 사고 있다"고 말했다. 매년 해외여행을 가기로 작정한 그는 자신이 여행 계획을 짜거나 현지로 이동한 후 이용하는 플랫폼 주식을 사기로 마음먹었다고 한다. 그래서 유럽 여행에는 부킹홀딩스를 이용하고, 미국 여행에는 익스피디아를 이용하다가 두 주식을 모두 매수하게 됐다는 것이다.

2025년 5월 들어 미·중 관세전쟁 리스크가 줄어들고, 유가와 환율까지 안정되면서 억눌렸던 해외여행 수요가 서서히 살아났다. 여행비용이라는 '수화물'이 가벼워지고 있는 것도 여행주가 주목받았던 이유다. '환율 하락'(원화 강세)의 상황은 해외에서 지갑을 더 자신 있게 열게 하며, '유가 하락'의 상황은 장거리 항공료 부담을 줄여준다는 것이다.

이에 따라 글로벌 온라인 여행사OTA, Online Travel Agency 점유율 1위인 부킹홀딩스는 다른 미국 주식이 고전하는 와중에도 5월 들어 주가가 사상 최고가로 날아올랐다. 부킹홀딩스는 인공지능AI 기술력을 활용해 여행객의 취향을 파악하고 다양한 호텔을 콕 짚어주는 데 일가견이 있다. 여행객들은 'AI알고리즘'에 따라 호텔을 저렴하게 예약했다고 믿어 행복하고, 회사는 적정 마진을 챙겨 실적이 좋다.

특히 부킹홀딩스는 미국보다 가격대가 비싼 유럽 호텔 네트워크를 장악해 경쟁사 대비 마진율이 높다. 월스트리트 일각에서는 '도널드 트럼프의 관세 도발 → 미국 여행 수요 감소 → 풍선효과로 유럽 여행 증가 → 유럽 노출도 높은 부킹홀딩스 실적 증가'로 이 주식의 높은 주가를 정당화한다.

OTA 점유율 2위인 익스피디아 역시 주가가 최고가에 근접하고 있다. 최근 익스피디아는 경영 효율화를 통해 마진을 높이고 있어 월스트리트가 이 상장사 목표주가를 올리고 있다. AI서비스도 강화해 실적이 개선될 것이라는 분석이 나온다. 익스피디아가 부킹홀딩스에 비해 저평가됐다는 의견도 쏟아지고 있다.

하나투어는 2025년 1분기에 '역기저효과'라는 후폭풍을 겪었다. 역기저효과는 과거에 너무 좋은 기록을 세워 현 시점의 실적이 부진해 보이는 현상을 뜻한다. 2024년 1분기가 워낙 좋았고, 2025년 1분기는 비수기에 정치적 불안정도 겹쳤다는 것이다. 이 경우 5%대 배당수익률에 더 주목하라는 의견이다.

OTA 중심으로 전 세계 여행 관련주를 모두 품으려면 AWAY라는 ETF가 대안으로 떠오른다. AWAY는 테마별 ETF를 만드는 데 소질이 있는 미국 독립운용사 앰플리파이가 2020년 출시했다. 부킹홀딩스, 익스피디아, 하나투어 등 33개 종목에 분산투자하고 있다.

올해 여행객 52억 명, 항공여행 사상 최대

국제항공운송협회IATA에 따르면 2025년 전 세계 항공 여객 수는 52억 명으로 추정된다. 2024년보다 6.7% 증가한 수치다. 연간 여행객 50억 명을 돌파하는 것은 사상 최고치다. 여행객들은 2020년 코로나 사태를 5년 만에 완전히 극복하며 전 세계를 누비고 있다. 월스트리트는 이러한 여행 수요 폭발의 '열매'를 OTA 업계의 두 강자인 부킹홀딩스와 익스피디아가 따갈 것이라고 전망한다.

가장 최근에 발표된 공신력 있는 글로벌 OTA 점유율 통계는 2020년(스태티스타 기준) 것이다. 부킹홀딩스가 36%의 점유율로 1위다. 그 뒤로 익스피디아(28%) 에어비앤비(18%) 트립닷컴(15%) 등이 따른다. 익스피디아는 시장 점유율 2위이기는 하지만 실상은 OTA의 시초다.

익스피디아는 1996년 미국 빅테크 기업 마이크로소프트MS에서 항공권 예약 서비스를 제공하는 부서에서 시작됐다. 객실 예약에 손대면서 덩치가 커졌고, 1999년 MS에서 분사했다. 이후 2003년 호텔스닷컴, 2004년 트립어드바이저, 2013년 트리바고 등을 인수하며 거대

여행그룹으로 성장한 것이다.

부킹홀딩스는 1997년 익스피디아보다 1년 늦게 '프라이스라인'이란 이름으로 출발한다. 당시 프라이스라인은 여행 비수기에 호텔 객실이 텅텅 비어 있는 현실에 주목했다. 일부 여객기도 비어 있기는 마찬가지였다. 항공사와 호텔 체인들은 비어 있는 좌석이나 방을 헐값에라도 넘기고 싶어 한다. 주머니 사정이 가벼운 여행객들에게 이를 넘겨 모두를 행복하게 만드는 시스템이다. 프라이스라인의 이러한 방식에 월스트리트는 환호했고, 프라이스라인은 1999년 나스닥 시장에 상장한다.

프라이스라인은 2005년 부킹닷컴과 2007년 아고다를 잇따라 인수하며 사세를 키웠다. 2018년에는 유럽 사업에서 경쟁력이 있어 그룹 내 최대 매출을 기록한 부킹닷컴의 이름을 따서 지금의 부킹홀딩스로 사명을 바꾼다. 2024년에는 국내 K팝 인기를 등에 업고 관련 패키지여행 상품을 만들어 국내에 많은 외국인이 유입되는 데 적잖은 영향을 끼치기도 했다.

2025년 1분기는 전 세계 여행업체들이 고전을 면치 못했다. 관세전쟁과 강달러 등의 악재가 겹쳤기 때문이다. OTA 업체들은 전 세계 통화로 벌어들인 수익을 달러로 환산한다. 이때 달러가 강할 때는 환산 수익이 감소하게 된다. 부킹홀딩스의 2025년 1분기 매출은 47억 6,200만 달러로, 작년 1분기보다 7.9% 증가했다. 그러나 조정 주당순이익EPS은 19.82달러로, 1년 전보다 12.7% 감소했다.

익스피디아는 사정이 더 안 좋았다. 미국에 편중된 사업구조 탓에 같은 기간에 익스피디아는 순이익 기준 4,150만 달러의 적자를 봤다. 2025년 들어 역시 부킹홀딩스의 주가는 상승하고 익스피디아의 주가는 하락세를 탔다. 여기에는 지역별 비중이 큰 영향을 주었다는 분석이다.

블룸버그에 따르면 부킹홀딩스의 2024년 전체 매출에서 미국이 차지하는 비중은 10.5%다. 나머지 89.5%의 매출은 유럽 등 다른 나라에서 나왔다. 이와 달리 익스피디아의 미국 의존도는 61.2%에 달한다. 그런데 인접 국가인 캐나다 국민들조차 미국 여행을 끊을 정도로 갑자기 미국이 '비인기 여행지'가 되었다. 관세 도발로 주변국들이 등을 돌린 것이다.

실제 익스피디아 1분기 실적에서 캐나다발 미국 여행 예약이 30%나 감소하면서 미국에 입국하는 전체 여행 수요가 7% 줄었다. 실적 발표 당시 익스피디아 경영진들은 미국 내 항공과 호텔 예약 수요도 예상보다 부진했다며 여행객 입국 감소가 주된 원인이 아니라고 항변했으나 아무도 믿지 않았다.

미국 숙박업계는 힐튼, 메리어트, 하얏트, IHG라는 4대 브랜드가 장악하고 있다. 이와 달리 유럽에는 중소형 체인이 많아 OTA 입장에서 이들을 설득해 온라인 예약 네트워크로 끌어들이는 데 오랜 시간이 걸린다. 익스피디아가 미국 호텔 체인들과의 손쉬운 결합에 집중할 때 부킹홀딩스는 유럽 골목 구석구석을 누비면서 소규모 부티크 호텔까지 끌어 들여 '유럽 숙박=부킹홀딩스' 공식을 세웠다.

그래서 두 OTA업체 간 마진율 차이는 크다. 2024년 기준으로 익스피디아의 순이익률은 9.1%이며, 부킹홀딩스는 24.3%에 달한다. 2025년에도 여전한 여행 수요와 AI를 접목한 OTA 업체의 진화에 따라 여행 관련주를 포트폴리오에 넣을 필요가 있다. 다만 큰 배당수익을 기대하기는 어렵다. 둘 다 배당수익률 1% 내외이고 불과 얼마 전부터 배당을 주기 시작했다.

이익의 절반 돌려준다… 고배당주 하나투어

국내 여행 시장은 격변기에 있다. 야놀자, 네이버, 여기어때 등의 OTA 업체가 각축전을 벌이는 와중에 전통(레거시) 여행사 1위 기업인 하나투어는 기업 가치를 끌어올리기 위해 안간힘을 쓰고 있다. 어설프게 현실에 안주했다가는 국내 OTA업체들이 헐값에 하나투어를 삼킬 수 있는 환경이다. 야놀자 등 국내 OTA업체들은 아직 비상장사다.

하나투어의 강점인 패키지여행은 여행사가 여행 일정을 짜주는 상품이다. 그러나 OTA를 활용한 자유 여행이 대세가 되면서 하나투어의 최근 실적이 부진하다. 게다가 탄핵 정국으로 국내 단체여행 수요도 급감하면서 고전 중이다. 2025년 1분기 매출은 1년 사이에 8.1% 감소했고, 같은 기간 영업이익은 43.2% 급감했다.

그나마 중국 여행이 증가하면서 분위기 반전을 꾀하고 있다. 중국의 비자면제 정책 덕분에 중국 쪽 여행이 성장세를 보이고 있으며 여름 휴가철과 함께 실적은 하반기로 갈수록 개선될 것으로 기대된다.

하나투어 경영진과 투자자들은 분기 100억 원대 이익을 지켜내고 있는 것에 주목하고 있다. 코로나 사태 여파로 지난 2022년 연간 적자가 1,012억 원에 달했다. 이후 2023~2024년 연속 흑자였고, 2025년에도 이익이 늘어날 전망이다.

하나투어의 주인은 토종 사모펀드PEF운용사인 IMM프라이빗에쿼티IMM PE다. 코로나가 터지기 직전에 하나투어 대주주로 올라섰다가 2024년 하나투어 실적이 정상화된 이후 16.68%인 보유 지분을 매각하려 했다. 2025년 들어 제값을 받기 위해 중장기 주주환원 대책을 내놓으며 주가 방어에 힘쓰고 있다.

투자자들 입장에서는 하나투어의 배당 매력이 커졌다는 분석이다. 2025년 연간 주당 2,700원의 배당이 예상되어 배당률은 2025년 5월 기준으로 5.5%까지 올랐다. 2024년 말(4.7%) 이후 주가가 하락하면서 이 수치가 상승한 것이다. 2025년을 포함해 향후 3년간 누적 순익은 2,475억 원이다. 이중 1,238억 원(50%)을 배당이나 자사주 소각 형태로 주주에게 돌려주겠다고 밝혔다.

AWAY는 이들 여행 관련주에 분산투자하기 좋은 ETF다. 글로벌 분산투자자에게는 AWAY가 제격이다. 차량공유업체 '우버', 글로벌 OTA 1위 '부킹홀딩스', 중국 OTA 1위 '트립닷컴', 공유숙박 플랫폼 '에어비앤비' 등에 각각 3~4%대 비중으로 투자하고 있다. 하나투어 역시 3.09%의 비중으로 담고 있다.

국내 절세계좌로 투자할 수 있는 TIGER 여행레저 ETF의 경우 하나투어의 비중이 8.89%에 달한다. ETF체크 앱에 따르면 비중 1위는 호텔신라(11.21%)다. 이외에도 강원랜드, 대한항공, 파라다이스, 아시아나항공 등 16곳의 국내 여행 관련주에 분산투자하고 있다.

위험천만한 SOXL
그 달콤한 유혹

빨리 부자가 되고 싶은 불나방들

자산 200억 원을 꿈꾸는 선배가 있었다. 은퇴를 앞둔 그와의 저녁이 생각난다. 2025년 5월 12일이었다. 유달리 기분이 좋아보였던 회사 선배는 연신 "인생은 한 방"이라는 말을 했다. 이런 말을 하는 인생 선배 중에서 대부분은 말만 그렇게 하고 실상은 안정적 노후 설계를 하는 사람이 대다수다. 그러나 이 선배가 '쏙쏠SOXL'과 '테슬TSLL'을 얘기하는 순간, 한 방이라는 그의 말이 진심임을 알았다. 이 두 ETF는 서학개미들이 극진한 사랑을 보였던 레버리지 ETF다. 두 ETF를 보유하고 있다는 것은 그야말로 단기간에 부자가 되겠다는 뜻이다.

이날 그 선배의 얼굴에 웃음꽃이 피었던 것은 당시 미국 시장이 열리기 직전에 나왔던 미국과 중국의 관세 타협 때문이었다. 이전까

SOXL 5년 주가 추이

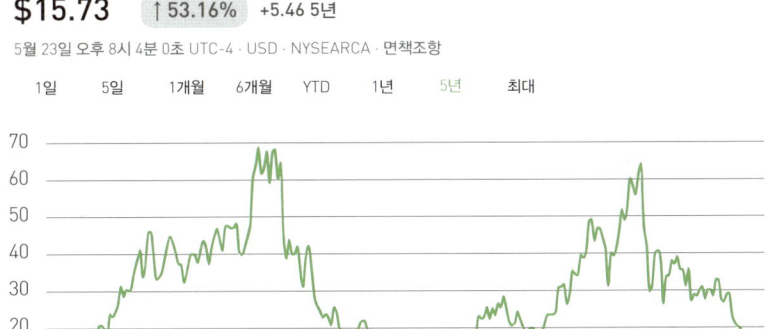

지 서로에게 100%가 넘는 관세를 부여하겠다고 으르렁거렸던 양국은 중립 지역 스위스에서 서로 양보하는 그림을 연출했다. 미국이 중국 상품에 매기는 관세는 145%에서 30%로, 중국이 미국 상품에 매기는 관세 125%에서 10%로 대폭 낮추기로 한 것이다. 앞서 언급한 두 ETF는 각각 반도체와 전기차(테슬라) 관련 금융 상품으로, 중국 의존도가 높아 주가가 그 전까지 약세를 보였다.

그러나 이런 관세 타협 소식에 SOXL 주가는 하루 만에 21%나 급등했다. 테슬라 관련 ETF인 TSLL 역시 13% 올랐다. 그 선배 계좌는 오랜만에 불을 뿜었을 것이다. 그러나 선배는 "SOXL은 5년 전 가격이야. 이제 시작이야" 하고 말했다.

아무리 그래도 하루에 20% 넘게 올랐는데 그럴 리가 없을 거라고 생각했다. 저녁 식사를 마친 후 주식 사이트에 들어가 SOXL의 주가를 살펴봤다. 실제 그랬다. 2020년 8월 말 이 ETF 가격은 17달러대였다. 이날과 비슷했다. 5년 동안 SOXL은 엄청난 변동성을 보였다. 흡사 에버랜드 롤러코스터 레일을 그려놓은 것 같았다. 그도 그럴 것이 기본적인 ETF가 상승하고 하락하는 움직임의 3배를 주가에 옮겨놓다 보니 이런 극심한 변동성을 보이는 것이다. 또한 한번 하락하면 급락하는 행태를 보여 왔다. 단기투기 성향의 투자자들은 이렇게 위험천만한 급락보다는 급등 패턴에 심취해 있다. 실제로 같은 해 4월 트럼프가 관세를 유예할 것이라는 기대감에 하루 사이 주가가 50% 넘게 폭등하는 경우도 있었다. 하루 1억 원을 투자해 5,000만 원을 벌 수 있다는 '희망회로'가 가능한 것이다.

3배짜리 레버리지 상품의 위험성

SOXL은 'Direxion Daily Semiconductor Bull 3X Shares'의 약자다. 디렉시온이라는 운용사가 반도체Semiconductor 관련 회사들의 주가 움직임을 3배로 따라가도록 만든 ETF라는 뜻이다. 주가 상승만 볼 때 ETF의 기초자산(반도체 회사들) 주가가 1% 오르면 ETF 수익률은 3%가 된다. 이런 단기 초고수익률 때문에 SOXL이 큰 인기를 끌었다.

서학개미들의 주식 보유금액 기준으로 보면 2025년 5월 9일 현재

SOXL에 26억 달러가 넘는 금액이 투자되어 있다. 2025년 들어 주가 변동성이 커지자 서학개미들이 이 ETF에 집중 투자했다. 보관금액 기준 7위에 랭크되었다. 미국 월스트리트조차 이러한 초고위험 상품에 한국 투자자들이 대거 투자했다며 혀를 내두르고 있다. 이는 감탄이 아닌 우려다. 상품 설계 구조만 봐도 그렇다.

SOXL의 운용사가 프라임브로커(투자은행)와 총수익스와프TRS, Total Return Swap 계약을 맺었을 때의 주요 내용이 바로 기초지수의 수익률을 3배로 따라가라는 것이었다. 여기서 기초지수는 필라델피아반도체 지수다. 이 기초지수는 글로벌 반도체 회사들을 다수 포함하고 있다. 대부분의 ETF는 이 지수대로 주가가 움직인다. 그러나 SOXL은 TRS를 통해 3배 수익률을 추종하는 것이다.

디렉시온이 투자은행과 체결한 TRS의 핵심은 기초자산에 일부 투자하고 나머지는 대출을 받아 매일 계약을 정산하여 3배짜리 상품을 유지하는 것이다. 여기서 기초자산은 반도체 회사들이다. 이 주식만으로는 3배의 수익률을 창출할 수 없기 때문에 투자은행과 차입 및 파생상품이라는 위험이 큰 계약을 체결하게 된다. 더욱 우려스러운 점은 이게 일일계약이라는 것이다. 매일 정산을 진행하다 보니 수수료도 매일 나간다. 따라서 투자자들은 이러한 레버리지(대출)가 포함된 ETF가 장기적으로 '지는 싸움'이라는 것을 꼭 명심해야 한다.

주식시장에서 악재가 사라지고 순간적인 화려한 장이 오면 레버리지 ETF 투자자들은 '폭등 도파민'에 빠진다. 이 도파민에 중독되면 급락하는 시기가 와도 향후에 다가올 폭등을 기다리며 '비자발적인 장기투자'에 함몰된다.

이날 기준 SOXL이 가장 많이 보유한 반도체 회사는 브로드컴이다. 브로드컴은 글로벌 빅테크 기업들에게 맞춤형 반도체를 설계해주고 큰돈을 벌어왔다. 이날 기준으로 최근 5년간 브로드컴의 주가는 무려 750%나 상승했다. 꾸준한 실적과 지속적인 배당 지급 덕분에 글로벌 투자자들의 사랑을 받고 있다. SOXL의 보유종목 비중 2위는 그 유명한 엔비디아다. 엔비디아의 핵심 기술인 그래픽처리장치GPU는 AI 시대의 기초 재료이자 게임 시장의 인기 아이템이며 비트코인 채굴에도 활용된다.

GPU 생산 회사 엔비디아의 주가는 5년 수익률은 무려 1,349%로 매우 높다. 그렇다면 이런 종목들을 담고 있는 SOXL 역시 엄청나게 올랐을까? SOXL의 5년 수익률은 불과 111%다. 기대에 미치지 못한다. S&P500의 수익률(104%)보다는 높지만 매일매일 위험천만한 급등과 급락의 롤러코스터를 경험한 대가로는 낮은 수익률이다.

레버리지 상품을 사느니 마통 뚫어 투자

좀 더 직접적인 비교가 가능하게 테슬라 수익률 2배를 추구하는 TSLL을 살펴보자. 기초자산인 테슬라의 경우 2025년 들어 5월 12일까지 21% 하락했다. 그러나 TSLL은 같은 기간 53%나 급락했다. 이런 레버리지 ETF들은 각각 2배, 3배씩 '음의 복리효과'를 따르고 있기 때문이다.

자, 살펴보자. 기초자산이 하락할 때 손실이 누적되는 구조이기 때문에 더 그렇다. 기초자산 주가가 100원인 종목이 하루에 30% 떨어진 뒤 이튿날 30% 오른다면 기초자산 주가는 91원이다. 그러나 이를 추종하는 레버리지 상품의 주가는 19원이 된다. 모든 것이 상품설명서대로 되어 있지만 투자자들은 어느 순간 '금융사기'를 당한 것과도 같은 충격을 받는다. 이처럼 충격적인 수익률에는 운용사가 투자은행과 매일매일 정산하느라 들어가는 이자비용과 수수료가 잔뜩 포함되어 있기도 하다.

앞서 살펴본 SOXL과 같은 3배짜리 레버리지 ETF는 앞으로 나오기 힘들다. ETF의 원조국인 미국에서 3배 상품은 금지하기로 했기 때문이다. 그러나 영국 등 유럽에서는 여전히 이러한 초고위험 상품이 거래되고 있다. 특히 영국의 운용사가 만든 '레버리지 셰어즈 3x 테슬라(TSL3) ETF'의 경우 3분의 2 이상을 국내 투자자가 보유하고 있을 정도로 서학개미들 사이에서 입소문이 퍼지기도 했다. 그러나 이를 비판적으로 바라보는 투자업계에서는 "미국에서 (3배 상품이) 규제되니 영국으로 몰려갔다"고 언급하고 있다. 이렇게 위험한 변동성 때문에 투자가 아닌 투기로 간주하는 시각도 많다.

SOXL ETF의 기본 개요를 봐도 중장기투자에 적합하지 않다는 것을 알 수 있다. 이 ETF의 레버리지는 3배를 제공하며, 총비용부담률도 연 0.75%이다. 배당수익률은 약 2% 수준으로 국내 시중은행의 예금금리보다도 낮다. 따라서 이는 배당보다는 주가 상승에 따른 자본

차익을 추구해야 하는 상품이다. 그러므로 중장기 포트폴리오에 포함하기보다는 이러한 상품이 존재함을 인지하고 '주의환기용 투자 교본'으로 활용해야 할 것이다.

분산투자이자 고위험 원자재 ETF

포트폴리오에 구리를 편입해야 하는 이유

주식과 채권으로 나누면 분산투자의 시작이고, 원자재까지 도달하면 분산투자의 끝이다. 원자재는 공업 생산이 원료가 되는 모든 것이다. 원유와 금은 물론이고 구리, 알루미늄, 심지어 쌀, 밀, 설탕 등도 여기에 속한다.

ETF의 장점 중 하나는 굳이 이런 원자재까지 찾아 간접적으로 투자할 수 있다는 점이다. 특히 원유의 경우 미국 주식시장에서 상위권에 위치한 석유 및 천연가스 회사들이 다수 포진되어 있다. 미국 시장지수 ETF나 엑슨모빌, 셰브론과 같은 에너지 회사들이 포함된 XLE에 투자하는 것이 좋은 선택이 될 수 있다.

이제 구리까지 살펴보자. 구리는 2025년 1분기에 사상 최고치를 기록하며 투자자들의 관심을 끌었다. 구리는 제조업과 건설, 전자제품 등 다양한 분야에서 광범위하게 쓰이는 필수 원자재다. 따라서 당연히 세계 경기 상황에 민감하게 반응한다. 경기 침체가 예상되면 제조업 활동이 위축되고, 이로 인해 구리 수요가 감소하여 가격이 하락하게 된다. 특히 중국은 세계 최대의 구리 수요국이다.

중국 경제를 가늠할 수 있는 지표로는 구리의 가격과 유럽 명품 회사의 매출을 들 수 있다. 구리 가격이 상승하면, 이는 중국이 경기 부양을 위해 대규모 투자를 진행하고 있다는 선행 지표로 해석된다. 반면 프랑스 명품 회사의 실적과 주가가 상승하면, 이는 중국 경기가 호조를 보이며 해당 국가 소비자들이 명품을 많이 구입한다는 후행 지표로 해석된다.

투자자들에게는 구리와 같은 선행 지표가 중요하다. 이미 흐름이 끝난 후 투자하면 고점을 잡기 마련이다. 원래 구리와 같은 원자재 투자는 기관투자자의 몫이었다. 그런데 운용 자산이 너무 크다 보니 분산 효과를 극대화하기 위해 구리에도 투자하는 것이다. 그러나 일반 투자자들 역시 똑똑해지고 굴리는 자산 규모가 커지면서 원자재 대표 자산인 구리 관련 투자 역시 늘고 있다.

구리 선물과 구리 실물 ETF

구리와 관련하여 절세계좌 내에서 투자 가능한 ETF상품으로는

KODEX 구리 선물(H)과 TIGER 구리 실물이 있다. 이 두 상품은 비슷해 보이지만, 실제로는 채권의 장기 및 단기 상품처럼 전혀 다른 구조를 가지고 있다. KODEX 구리 선물(H)는 장기적인 구리 수요 전망에 따라 움직이는 반면, TIGER 구리 실물은 단기적인 경기 지표나 뉴스에 큰 영향을 받는다.

실제 2025년 4월에 트럼프 미국 대통령의 관세전쟁 리스크로 인해 KODEX 구리 선물(H)와 TIGER 구리 실물 모두 주가가 하락했다. 곧바로 반등이 시작되었다. 그러나 KODEX 구리 선물(H)는 급반등했지만 TIGER 구리 실물은 주가 상승이 더디게 나타났다. 선물 ETF는 중장기 구리 시장을 반영하며, 실물 시장은 트럼프의 발언에 주목했다. 미국 대통령 집권 이후 트럼프는 매일같이 발언을 바꾸었고, 이로 인해 구리 실물 시장은 상승 흐름을 타기에 힘이 부족했다. 그만큼 단기적인 악재에 시달렸음을 의미한다.

구리 실물은 창고에 보관된 구리 현물에 투자하여 구리가격을 직접 반영한다. 반면 구리 선물은 미국 선물시장COMEX에서 거래되는 구리 선물 추이를 따른다. 선물 투자는 미래의 자산 가격을 예측할 수 없기 때문에 특정 자산(구리)의 가격을 미리 정해놓고 거래하는 방식을 의미한다. 만기가 다가오면 투자자들은 실제 물건(구리)을 받아야 하는 상황이 발생한다. 구리 거래자가 아닌 일반 투자자는 이러한 상황이 번거롭게 느껴질 수 있다. 이러한 상황을 피하면서 거래 포지션을 유지하기 위해 '롤오버'가 필요하다. 구리 선물은 구리 실물과 달리 이와 관련해 수익이 발생할 수도 있지만 손실이 발생할 위험도 존재한다.

ETF 이름의 제일 뒤에 (H)가 붙으면 환헤지가 있다는 뜻이다. TIGER 구리 실물 ETF는 이 표시가 없으므로 구리 가격 상승뿐만 아니라 원달러 환율 상승에 따른 환차익도 얻을 수 있다. 그러나 환율 상황이 반대로 바뀌면 손실이 발생할 수 있다. 이처럼 KODEX 구리 선물(H)는 구리 가격 변동만 반영하고 환율 변동 리스크는 최소화한다.

TIGER 구리 실물 ETF의 실부담비용률은 1.07%이며, KODEX 구리 선물(H)는 0.87%이다. 두 ETF 모두 원자재 투자와 관련된 비용을 고려할 때 상대적으로 높은 편이다. 특히 TIGER 구리 실물 ETF는는 연 1%대의 비용으로 인해 중장기투자 시 예상 수익률을 낮게 설정해야 할 정도로 비용 부담이 크다. 이처럼 복리 효과는 수익을 극대화하지만 비용 또한 급증할 수 있다는 점에 유의해야 한다.

유동성 측면에서도 차이를 보인다. TIGER 구리 실물 ETF의 순자산총액$_{AUM}$은 300억 원에 가까운 반면, KODEX 구리 선물(H)의 AUM은 100억 원에 그친다. 원래는 2배 정도 차이였으나 현재는 3배까지 벌어지고 있다. 그러나 대규모 자산가의 입장에서는 두 ETF 모두 상대적으로 작은 편이다. 큰 금액을 투자하기에는 AUM 자체가 작아 유동성 측면에서는 불리하다고 할 수 있다.

두 ETF의 출시 역사를 살펴보면 이름 그대로 구리 선물이 먼저 출시되었다. 구리 실물 ETF는 2012년 12월 나왔으므로 두 ETF의 비교는 이 시점부터 시작할 수 있다. 두 ETF 모두 배당이 없기 때문에 중장기 수익률이 중요하다. 2012년 12월 이후 2025년 5월 7일까지

NAV~Net Asset Value~ 기준으로 구리 실물 ETF는 32%의 수익률을 기록한 반면, 구리 선물은 오히려 약 7% 가량 떨어졌다.

실물 투자자들은 수익을 올린 반면, 선물 투자자들은 원금 손실을 경험했다. 앞서 위기를 극복하는 과정에서 단기적인 주가 흐름은 선물이 더 나았지만 중장기 수익률에서는 실물 투자가 압도하고 있다. 장기적으로 분산투자 효과를 중시하는 투자자들에게 구리 실물은 좋은 대안이 될 수 있다. 다만, 1%대가 넘는 비용부담률은 감안해야 한다.

PART6

다변화 시대의 향후 기대할 만한 ETF

유럽 정전사태로
몸값 뜬 전력 ETF

에너지 먹는 하마 AI로 인한 후폭풍

2025년 4월 28일, 스페인과 포르투갈에서 단 5초 만에 전기가 사라졌다. 전력망의 60% 이상이 가동 중단되었고, 세계적 관광지인 마드리드에서 바르셀로나까지 도시 전체가 암흑 속에 일시 정지되었다. 집에서 겪는 단순한 정전이 아니었다. 지하철은 멈추었고 공항은 마비되었다. 병원에서 환자들의 아우성이 울려 퍼졌다. 발전기 없이는 어떤 병원 시스템도 작동하지 않았다. 스마트폰도 인터넷도 안 되고 현금인출기에서도 돈을 뽑을 수도 없었다. 깔끔한 옷차림의 사람들조차 길바닥에 앉아서는 사태가 진정되기를 기다릴 수밖에 없었다. 현대 문명은 이처럼 여전히 취약하다. 사랑하는 가족들에게 무슨 일이 없는지 확인할 방법도 없었다. 당시 아무것도 할 수 없었던 사람들은 불평을 쏟아냈다. "우리는 에너지가 너무 부족해"라고.

어느 정도 일리가 있는 이야기였다. 스페인은 태양광과 풍력 등 신재생에너지의 비중이 전체의 70%가 넘었다. 태양이 내리 쬐지 않거나 바람이 적은 날에는 에너지 공백이 발생할 수밖에 없다. 스페인과 포르투갈은 다른 나라로부터 에너지를 공급받을 수 있는 구조도 아니었다. 한마디로 이날 속수무책이었다. 스페인 중앙은행은 하루 경제적 손실이 6조 원에 달했다고 발표했다. 이런 아수라장 속에서 투자자들은 전력 관련 주식이나 ETF를 떠올렸다. 기본적인 에너지 수요도 못 맞추는 상황에서 앞으로는 '전기 먹는 하마'인 AI시대도 대비해야 한다. 전력망을 갖고 있는 국가나 기업이 승자가 될 것이다. 투자자들은 자신의 자산에 관련 ETF를 추가해야 할 것이다.

국제에너지기구IEA는 전 세계에서 운영되고 있는 AI기반 데이터센터의 전력 사용량이 2026년에는 일본과 캐나다의 국가 수준 전력 소비량을 초과할 것으로 전망하고 있다. 이에 따라 일본은 그 위험성을 감안하여 전체 전력공급에서 차지하는 원자력 발전의 비율을 20%까지 늘리기로 결정했다. 2022년 기준으로 원자력 발전 의존도는 5.5%에 불과하다. 일본은 2011년 동일본 대지진으로 인해 후쿠시마 원자력 발전소에서 발생한 최악의 사고로 모든 원자력 발전을 중단한 바 있다.

그러나 계속해서 전력 부족과 AI시대에 따른 폭발적인 수요 증가에 대응하기 위해 원자력 발전의 비중을 늘리고 있다. 이는 신재생 에너지 등 친환경 에너지에 대한 의존도가 줄어들고 있음을 의미한다.

화석에너지와 신재생에너지 중 어느 하나가 중요한 것이 아니라, 지속적이고 안정적인 전력 공급이 중요해졌다. 전 세계의 주요 전력 인프라 회사들은 에너지 포트폴리오의 다변화를 통해 신속하게 에너지 수급의 안정을 도모하고 있다. 트렌드에 민감한 대형 투자자들도 글로벌 전력 회사로 자금을 이동시키고 있다.

국가별 분산까지 가능한 GRID

GRID ETF의 정식 명칭은 'First Trust Nasdaq Clean Edge Smart Grid Infrastructure Index Fund'이다. 앞의 두 글자는 운용사의 이름을 나타낸다. 스마트 그리드 인프라가 핵심 개념이다. 사전에서 정의된 스마트 그리드는 지능형 전력망을 의미한다. 이는 전기를 공급하는 공급자와 소비자가 실시간으로 정보를 교환해 에너지 효율을 높이고 안정적인 전력공급을 가능하게 하는 시스템이다.

이런 회사들만 존재한다면 해당 국가에서 '블랙아웃' 현상은 발생하지 않을 것이다. 이러한 기업들은 탄소배출을 줄일 수 있어 친환경적이다. 이들은 기존 전력망에 IT 기술을 접목하는 투자를 지속하고 있다. 따라서 해당 회사에 대한 평가는 긍정적이며, 정부들도 이러한 기업들을 지원하고 있어 이 회사들의 실적은 계속해서 상승하고 있다.

GRID ETF는 스마트 그리드 관련 상장사뿐만 아니라 송배전 관련 사업을 운영하는 여러 기업들을 포함하고 있다. 전선, 케이블, 에너지

GRID 국가별 비중

단위: %

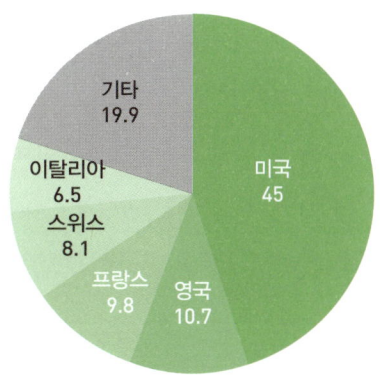

미국	영국	프랑스	스위스	이탈리아	기타
45	10.7	9.8	8.1	6.5	19.9

저장장치ESS 관련 기업도 포함되어 있다. GRID는 111개 종목에 분산투자하고 있으며 영국에서 송배전 사업을 하는 내셔널그리드가 보유 종목 비중 1위를 차지하고 있다. 주식 업종 분류에서 '유틸리티'라는 분야에 속하며 전기와 가스의 송전 및 배전을 제공한다. 또한 액화천연가스LNG 수입 시설을 운영하며 재생에너지 사업도 진행하고 있다. 기존 화석에너지에 친환경 에너지를 추가해 지속적인 에너지 공급을 목표로 하고 있다.

이러한 에너지 기업들은 특정 종목에 집중하기보다는 전 세계 여러 종목에 분산투자할 필요가 있다. 에너지 인프라 기업들은 노후 설비를 교체하는 과정에서 갑작스러운 실적 충격이 자주 발생한다. 이익이 급감할 경우 주주들에게 배당할 자금이 부족해 주가가 단기간에 급락할 수도 있다. 전 세계 에너지 인프라 기업들은 순차적으로 설비 교체에 들어간다. 특정 기업이 대규모 설비 투자로 인해 일부 설비의 가동을 중단할 경우 이익이 감소하게 된다. 반면, 다른 기업들은 정상적인 에너지 공급을 유지하며 실적을 이어간다. 따라서 분산투자 시 특정 기업의 실적 감소에 대한 걱정을 할 필요가 없다

GRID ETF의 보유종목 비중 2위는 슈나이더 일렉트릭이다. 이 상장사는 프랑스 기업으로, 에너지 관리와 자동화 솔루션을 제공한다. 산업 자동화 기술을 다수 보유하고 있어 다양한 ETF에 포함되어 있다. GRID ETF의 보유종목 비중 3위는 미국의 기업인 '이튼'이다. 이 기업은 아일랜드에 본사를 두고 있으며 전력 관리 외에도 자동차 부품 분야에서 잘 알려져 있다.

GRID ETF의 보유종목 비중 4위는 스위스의 ABB사로 주요 사업 분야는 전력망, 로봇 자동화, 전기화 솔루션이다. GRID ETF의 보유종목 비중 5위인 존슨콘트롤즈는 아일랜드의 기업이다. 이 기업은 111개 종목으로 분산되어 있으며 비중 1위가 9%대에 불과하다. 많은 종목으로 분산될수록 전체 ETF의 주가 변동이 낮아져 안정성 측면에서 유리하다.

GRID ETF는 2009년 11월 17일에 출시된 ETF로 실부담비용률이 0.56%로 비싼 편이다. 그러나 유럽과 미국에 걸쳐 다양한 기업들을 포함하고 있다는 점에서는 비용 부담이 그리 크지 않게 느껴질 수도 있다. 이들 종목을 개별적으로 매수하려면 개인 투자자 입장에서

는 환율 차이와 거래 시간이 달라서 발생하는 여러가지 비용이 더 클 수 있다.

배당률은 1.07%이다. 이 ETF는 3월, 6월, 9월, 12월에 분기배당을 지급한다. 배당성장률은 5년 평균 14.98%이다. 5년 평균 주가는 19.8% 상승하여 S&P500 지수를 초과했다. 주가 상승과 일부 현금흐름을 원하는 투자자에게 적합한 상품이다.

1억 원을 초기 투자금으로 설정하고, 매달 50만 원씩 19년 동안 투자하면 총자산은 38억 3,551만 원에 이르게 된다. 이 중 2억 1,400만 원이 투자 원금이며, 19년 후 38배가량이 된다. 묵묵히 투자한 결과 19년 후에 세후 기준으로 매달 116만 원의 배당금이 들어온다. 인류의 지속 가능성을 위해 전력은 필수적이다. 중장기투자에 적합한 마음 편한 ETF로 고려해볼 수 있다.

AI선도시장 미국 전력회사에 투자하는 XLU

유럽 전력 인프라 회사에 주로 투자하는 GRID와 달리, XLU ETF는 미국 상장사 100%로 구성되어 있다. 정식 명칭은 '유틸리티 셀렉트섹터 SPDR 펀드'이며, 미국의 운용사 스테이트 스트리트가 출시했다. XLU는 미국 S&P500 구성종목 중 유틸리티 업종으로 분류된 기업에 투자하는 상품이다. 따라서 보유종목들은 AI관련 투자를 진행하는 사람들에게 익숙한 이름들이 많다.

넥스트에라에너지(주식명 NEE)는 보유 비중이 11%로 1위를 차지하고 있다. 서던 컴퍼니, 듀크에너지, 콘스텔레이션 에너지 등은 보유 비중이 5%를 넘는 상위종목들이다. NEE는 친환경 기업으로 인정받고 있지만 전력을 생산하는 과정에서 불가피하게 대기를 오염시키는 측면이 있다. 이는 테슬라가 전기차 배터리 생산 과정에서 환경을 일부 파괴하기 때문에 완벽한 친환경 기업으로 보기 어렵다는 점과 같은 이치다.

1984년에 설립된 NEE는 두 개의 알짜 자회사를 지배하는 지주사다. 한 곳은 FPL사로, 미국 플로리다주에서 500만 명에게 전력을 제공하는 회사다. 당연히 이쪽에서 상당한 수익을 올리고 있지만, 환경파괴 문제도 존재한다. 또 하나의 자회사는 NEER다. NEER는 태양광과 풍력을 통한 재생에너지를 발전하는 회사다. 2023년 2분기 기준으로 NEE의 매출 중 65.1%는 FPL이 차지하고 있다. 나머지 35%는 NEER의 매출이다. NEER의 매출 비중이 낮은 이유는 태양과 바람을 예측하는 일이 어렵기 때문이다. 2021년에는 바람이 덜 불어 유럽의 풍력사업이 큰 타격을 입은 사례를 보면 거대기업이 신재생에너지 사업을 주력으로 삼기에는 어려움이 많다는 것을 알 수 있다.

NEER 역시 2021년 실적이 급락했다. 신재생에너지가 부진할 때는 FPL이 이를 보완하는 구조다. 지속가능한 방법을 찾아낸 NEE는 주식시장에서 신재생에너지 관련주 중 가장 덩치가 큰 축에 속한다. NEE의 순이익률은 2019년 이후 2022년까지 꾸준히 연간 20%대를 유지하고 있다. 이를 바탕으로 배당금을 지속적으로 늘려왔다. 2017

년 주당 배당금이 0.98달러에서 2022년에는 1.7달러로 5년 연속해서 상승세를 기록했다. 배당성향은 2022년에 무려 81%에 달했다. 이는 100원을 벌면 81원을 배당했다는 의미다. 이러한 성과로 인해 NEE는 '배당왕'으로 불릴 만하다.

다만 이 회사는 유가 상승에 민감하다. 유가가 급상승하면 전력사업FPL 수익성 하락 우려가 커진다. 부모NEE 입장에서는 비가 오면 짚신장수 아들FPL 걱정을, 해가 뜨면 우산장수NEER를 걱정하는 모양새다. 에너지 분야에서 황금비율 포트폴리오로 지속적인 전력 공급을 목표로 하기 때문에 어쩔 수 없는 숙명이다. NEE와 같은 미국 기업만 담다 보니 XLU의 보유종목 수는 34곳이다. GRID보다는 분산 효과가 낮다.

XLU는 실부담비용률이 0.08%로 매우 낮다. 유럽 상장사들을 섞을 필요 없이 미국 내 유틸리티 회사들만 담다 보니 비용 부담이 작다는 것이다. 배당률 역시 GRID보다 낫다. 최근 1년 기준 배당수익률은 2.86%다. 두 ETF 모두 매 분기 배당한다. 다만 XLU의 5년 평균 배당금 인상률이 3.12%에 불과하다.

XLU에 1억 원 투자한 후 매달 50만 원씩 적립식으로 투자할 경우 매달 100만 원의 현금흐름을 만들기까지 27년이나 걸린다. 주가의 상승 강도나 배당 성장에서 모두 GRID에 밀리고 있다.

KODEX 미국 AI전력핵심인프라를 절세계좌로

각국의 대규모 정전사태와 향후 AI발 전력 공급난의 수혜가 예상되는 ETF는 따로 있다. 삼성자산운용이 출시한 'KODEX 미국AI전력핵심인프라 ETF(487230)'가 바로 그것이다. 2024년 7월에 나와 비교적 신상 ETF다. 글로벌 전력 인프라 회사들을 담고 있지만 국내 상장 ETF여서 절세계좌에 투자할 수 있다는 장점이 있다. 출시 이후 기세 좋게 주가가 급등했다가 미국 주식시장의 전반적인 하락으로 함께 떨어졌다. 오히려 저가 매수 기회로 보인다.

미국 시장에서 인기 있는 종목들이 대거 포진해 있다. GE버노바, 콘스텔레이션 에너지, 비스트라 에너지, 트레인 테크놀로지, 아리스타 네트웍스 등이 10% 이상 포함되어 있다. 종목 수가 11종목에 불과해 집중투자 성격을 띠고 있다. 실부담비용률이 0.84%로 소액 투자자 입장에서는 부담스러운 수준이다. 배당률이 0.3%로, 주가 상승에 기대야 하는 ETF다.

이중 콘스텔레이션 에너지는 한때 엔비디아의 폭발적인 주가 상승에 비견되었을 정도로 인기주다. 콘스텔레이션 에너지CEG는 구닥다리 취급을 받았다. 빅테크들이 AI사업을 하느라 전력 공급이 절실해지자 이런 레거시 원자력 발전 회사들을 찾았다. 실적이 급증하고 주가도 폭등했다. CEG는 마이크로소프트의 데이터센터에 20년간 전력을 공급하는 계약을 체결하기도 했다. 이를 위해 콘스텔레이션은 1979년 미국 역사상 최악의 원자력 발전 사고가 발생했던 펜실베이

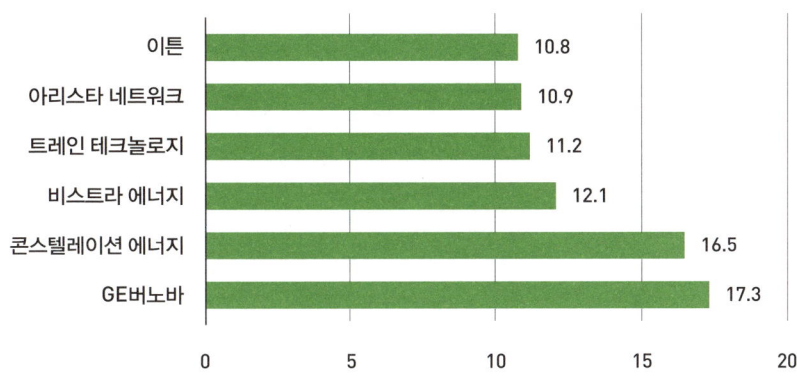

GE버노바	콘스텔레이션 에너지	비스트라 에너지	트레인 테크놀로지	아리스타 네트워크	이튼
17.3	16.5	12.1	11.2	10.9	10.8

니아주의 스리마일섬 원자력 발전을 재가동하는 데 주저하지 않았다. AI시대가 오지 않았더라면 시도조차 못했을 일이다.

　이 ETF에는 뉴스케일 파워와 같은 신생 에너지 기업도 포함되어 있다. 뉴스케일 파워는 첨단 소형 모듈형 원자로$_{SMR}$ 기술을 개발하는 회사다. 대형 원자로보다 안정성이 높고 건설비용이 덜 들며, 탄소배출이 적어 친환경적이라는 장점이 확실하다. 인플레이션 시대에 딱 맞는 콘셉트인 셈이다. 뉴스케일 파워가 투자 친화적이라는 사실은 주식명에서 그대로 드러난다. 바로 SMR이다. '소형 원자력 발전' 그 자체라는 뜻이다. 문제는 이 회사가 2025년 1분기까지도 적자 회사이며 관련 기술도 여전히 '실험실 속 사업'이라는 점이다.

뉴스케일 파워는 세계 최초로 SMR 설계를 미국 원자력위원회로부터 인증을 받아 기술력은 최고다. 그러나 상용화 시기를 2030년으로 미루었을 정도로 아직은 이 기업이 가야 할 길은 멀다. 이런 기대감에 주가가 미리 올랐다가 실망감에 추락하는 경우가 나타나고 있다. 이 종목에만 투자하는 것보다는 관련 ETF로 함께 투자하는 것이 여러모로 속 편한 일이다.

뉴스케일 파워는 원래 미국 중서부 아이다호에 첫 소형 원자력 발전을 짓는 프로젝트를 세웠다. 2023년까지 12기의 모듈형 원자로를 만들고자 했는데 아이러니하게도 비용 문제로 무산됐다. 기존 대형 원자로에 비해 비용이 덜 든다고 해도 완전히 새로운 형태의 프로젝트를 구축하는 초기 비용은 주 정부나 뉴스케일 파워 모두에게 힘겨운 일이었던 것이다. 총비용이 90억 달러까지 늘어나자 이 회사는 이 프로젝트를 중단한다.

뉴스케일 파워는 다른 빅테크 기업들처럼 인력 구조조정을 단행했고 인력의 30%를 줄였다. 보유 현금도 점차 바닥을 드러내며, 유상증자(유증)를 단행했다. 유증은 주식 수가 늘어나는 일이므로, 이 경우 기존 주주들의 주식 가치가 떨어지게 된다. 서로 나눠 먹을 몫이 감소하기 때문이다. 이들 원자력 발전 회사의 주가는 빅테크와 동행한다. 따라서 빅테크 기업들의 주가가 떨어질 때 같이 하락한다. 뉴스케일 파워는 원자력 발전이 100%이지만 CEG의 원자력 발전 비중은 67%다. 나머지는 풍력 태양광 등 신재생에너지에서 채운다.

'KODEX 미국AI전력핵심인프라'는 출시 이후 2025년 4월 말까지 16% 올랐다. 나온 지 1년도 되지 않아 주가 상승세가 꾸준할지 배당금은 얼마나 올려줄지 가늠이 되지 않는다. 업력이 길고 배당성장률도 높은 GRID가 관련 투자에서는 유일한 대안으로 보인다.

한국의 미래, 선박에 달렸다
K조선 ETF

이제 한국에는 조선밖에 안 남았다

트럼프 대통령 시대에서 K팝만큼이나 대세로 자리잡은 투자처는 '한국 조선'이다. 도널드 트럼프 미국 대통령에게 K조선사들은 자신의 인지도를 높일 효과적인 도구다. 일단 조선업 분야에서 미국의 사정이 급하다.

미국 철강노조는 꾸준히 중국에 대해 자국 정부가 경각심을 가져야 한다고 주장해왔다. 중국은 국가가 개입해 저가로 선박을 만드는 저가 수주 전략으로 시장 점유율을 확대하고 있다. 이어 전 세계적으로 항만과 물류 시설망을 구축한 후 미국 선박과 해운사들을 차별한다는 것이 이들 노조의 의견이다. 미국 역시 정부가 중국산 선박에 대해 별도 요금을 부과하는 등 맞대응해달라고 요청해왔다.

중국은 최근 10년간 조선업을 중심으로 IT와 우주항공 분야에 막대한 돈을 쏟아 부었다. 정부가 주도해서 조선업을 키우고 있다. 이는 미국과 정반대의 행보다. 1970년대까지 미국은 조선업 1등이었다. 로널드 레이건 대통령이 백악관에 입성하면서 판도가 달라졌다. 레이건은 군함 건조만으로도 다른 경쟁국과 차이를 유지할 것이라는 오판을 한다. 그리고 상선 등에 대한 정부 보조금을 중단한다. 이는 중국이 막대한 보조금으로 미국을 추월하는 결정적 계기가 된다.

미국의 조선업 점유율은 이제 고작 1%다. 전 세계 19위로 추락했다. 중국 조선은 2023년 조선업 점유율 60%로, 또 다른 조선 강국인 우리나라(24%)와 비교해도 크게 앞섰다. 그래도 가격이 비싸고 기술력이 들어가는 고부가가치 선박은 한국이 최강자다. 이에 따라 중국과 끊임없이 패권 다툼을 벌이고 있는 미국이 한국에 SOS를 보내고 있는 셈이다.

일단 함정 건조와 유지 보수 쪽에서 미국의 사정은 급하다. 미 해군은 앞으로 30년간 364척 구매에 1,600조 원을 투입할 것으로 보인다. 군함 건조를 한국 등의 동맹국에 맡길 수 있도록 관련법도 60년 만에 개정한다. 이에 따라 국내 조선사와 미국의 협력 관련 뉴스가 쏟아지고 있다.

주식시장에서는 이러한 협력이 호재로 반영된다. 조선업은 방위산업에서 중요한 비중을 차지한다. 바다는 물론 하늘 위에서도 전쟁이 이루어지기 때문에 조선업이 커버하는 범위가 넓다. 주식시장에서 조선업과 방산업종은 같은 방향으로 움직인다. 유럽에서의 전쟁과 중

동발 국지전 등으로 방산주는 중장기투자 포트폴리오에 꼭 넣어야 하는 업종으로 여겨진다.

'조선'으로 검색하면 운용사별 ETF 나온다

관련 ETF로는 'TIGER K방산&우주', 'SOL K방산', 'PLUS K방산', 'PLUS 한화그룹주', 'KODEX K-친환경조선해운액티브', 'TIGER 조선TOP10', 'SOL 조선TOP3플러스', 'HANARO Fn조선해운' 등이 있다.

증권가에서는 한국에서 미래 먹거리는 반도체 이후에는 조선업이라는 소리가 들린다. 그만큼 아직까지는 국내의 조선업 경쟁력이 중국 대비 '살아 있다'는 뜻이다. 이는 국내 조선사들이 미국뿐만 아니

TIGER K방산&우주 ETF 개요표

ETF 개요

운용사	미래에셋자산운용
상장일	2023.07.25
기초자산	주식
기초지수	iSelect K방산&우주 지수
시가총액	1,202억 원(249위)
순자산(AUM)	1,202억 원(248위)

라 캐나다, 페루, 폴란드 등 전 세계 여러 국가에서 일감을 따내면서 스스로 증명하고 있다.

아직까지 투자자들이 K조선이 완전히 달라졌다는 것을 인정하는 데는 시간이 더 걸린다. 조선업은 대표적인 경기 순환 산업으로, 관련 회사 주가의 부침이 심했다. 2000년대 중반에는 해운 수요 급증과 원자재 호황으로 주가가 급등했다. 해운사들이 선박의 주요 수요처인 데다 선박을 만드는 데 쓰는 원자재 비용이 증가하면 이는 조선사들이 선박 가격을 올릴 수 있는 좋은 기회가 되기 때문이다.

그러나 2008년 금융위기 이후 상당 기간 조선사들의 주가는 폭락하기도 했다. 해운사들이 미리 너무 많은 선박을 발주했다가 포기하면서 실적 하락이 예상되었기 때문이다. 여기에 보조금을 받는 중국 업체들이 저가로 선박 수주에 나서면서 가격 경쟁력에서 밀린 K조선사들이 고사상태에 빠지기도 했다.

한편 트럼프 대통령이 강조하는 액화천연가스LNG 선박이 K조선을 살려내고 있다. 일반 상선에 비해 훨씬 가격이 비싸니 당연히 이 선박을 만드는 기업은 돈을 많이 번다. 영하 163도의 초저온 액화가스를 운반하는 선박이니 그럴 만하다. 특히 2027년부터, 5,000톤 이상의 대형 선박에 1톤당 최대 380달러의 탄소세가 부과된다. LNG선은 이런 비용 부담에서 자유로워 LNG선에 대한 수요가 급증하고 있다.

우리가 주식투자를 하는 것은 일단 돈을 벌기 위해서이지만 이렇듯 국가의 핵심 사업에 대해 내 돈으로 '보조금'을 지원하는 행위가 되기도 한다. 실제 어떤 투자자는 한미 동맹에 대한 '나의 진심'이라며 K조선 관련 ETF에 투자한다고 말하기도 한다.

유동성 걱정 없는 TIGER K방산&우주

이중 TIGER K방산&우주는 이름처럼 미래에셋자산운용이 2023년 7월에 출시한 ETF다. 2025년 4월 말 현재 시가총액과 순자산총액 AUM이 모두 1,000억 원을 넘어 유동성 문제는 없다. 언제든지 사고팔 수 있다는 뜻이다.

배당률은 0.06%이며 최근 1년 딱 한번만 배당했을 정도로 배당 매력은 사실상 없다. 분산효과를 어느 정도 누리면서 주가 상승에 집중하는 투자자들이 좋아할 만한 ETF다. 구성종목은 LIG넥스원, 한화에어로스페이스, 현대로템, 한국항공우주, 한화시스템의 비중이 각각 10% 이상이다. 이들 5종목 비중이 전체의 90%이므로 사실상 5대 종목에 집중 투자하는 구조다.

이 ETF의 보유종목 비중 1위인 LIG넥스원은 이제 분기마다 1,000억 원 이상의 영업이익을 기록하는 회사가 됐다. 2025년 1분기에 1,136억 원의 이익을 보고했는데, 증권가 전망치보다 74% 높게 나와 화제를 모았다.

이 상장사의 주력 제품은 지대공미사일인 천궁Ⅱ다. 사우디아라비아 이라크 아랍에미리트UAE 등 중동 쪽에 수출이 많다. 중동 쪽 수주잔고가 2025년 1분기 기준 10조 원이 넘는다. 국내 수주잔고 역시 4

조 원에 가까울 정도로 미래 실적이 탄탄하다. 수주잔고는 미리 계약해놓은 일감으로, 실적이 수년간에 걸쳐 나눠 잡힌다.

LIG넥스원의 또 다른 무기는 천무(다연장로켓)와 현무(탄도미사일)다. 국가전략무기로 분류됨에 따라 관련 실적이 비공개가 많다. 이러한 방위산업 업종에서는 통상 매년 1분기는 비수기다. 실적이 많이 나오는 경우가 없는데 2025년 들어 깜짝 실적이 나왔다. 이는 LIG넥스원만의 호재는 아니다.

이 ETF의 보유종목 비중 2위인 한화에어로스페이스(19.14%)는 그야말로 2024~2025년 최고 히트 주식이다. 한화에어로스페이스의 2025년 1분기 영업이익은 5,600억 원에 달했는데 1년 사이 3,068%나 급증한 수치다. 이 회사는 자주포 K9으로 유명하다. 다른 나라 자주포보다 가격은 저렴한데 명중률이 좋고, 사용 편의성도 뛰어나다. 폴란드 등 유럽에서 일단 주문을 한 후 재구매가 중요한데 거의 대부분 추가 주문으로 이어지고 있다. 한화에어로스페이스의 실적이 당분간 좋을 것으로 추정되는 이유다.

국내 방산 대표주가 된 한화에어로스페이스의 실적은 지상 방산과 항공, 자회사(한화시스템, 한화오션)로 구성된다. K9과 천무가 지상 방산의 핵심이다. 한화에어로스페이스는 한화오션 지분을 추가로 매입하면서 회계상 자회사 실적이 늘어났다.

이런 좋은 분위기 속에서 한화에어로스페이스는 추가 주식을 발행해 주주들에게 돈을 빌리는 '유상증자'를 단행했다. 유증은 당연히 주가에는 악재다. 그러나 이런 악재를 넘을 만큼 유럽에서 일감이 몰리면서 주가는 유증 고비를 넘어섰다. 현대차 시가총액을 넘을 정도로 주가가 올랐으니 말이다. 80만 원대 주가인 시절에도 증권가 목표주가 100만 원이 나올 만큼 미래 실적은 '따놓은 당상'이란 평가를 받기도 했다.

이 ETF의 보유종목 비중 3위인 현대로템은 철도 차량, 방산 장비, 플랜트 설비 등을 생산한다. 1999년 7월에 설립되었고 주식시장 상장은 지난 2013년이었다. 방산 관련 주요 제품은 K2 전차와 차륜형 장갑차다. 고속철도 차량도 잘 만든다.

한화에어로스페이스의 주가가 K9에 의지하듯 현대로템은 K2 전차 수출에 의존한다. 폴란드와 루마니아로 대표되는 유럽 재무장 분위기와 중동 추가 수출이 실적을 좌우한다. 철도 부문은 평상시에 실적을 책임진다. 국내외 철도 사업 수주가 증가하고 있어 현대로템의 성장 동력은 전차와 철도로 움직이는 셈이다. 방산 수출 비중 증가와 환율 효과가 겹치며 2024년에 좋은 실적을 발표했고, 이에 따른 배당 등 주주환원도 신경 쓰고 있다.

말도 많고 탈도 많지만 유망한 한화에어로

한화에어로스페이스는 유가증가로 주가의 변동성이 컸지만 현대로템 주가는 2025년 들어 4월까지 꾸준하게 강세였다. 현대로템은 방산 이외에도 철도 부문이 있고 배당도 더 많이 주며, 유가증가와 같은 악재가 없었다. 개별종목에 대한 리스크를 지우려면 역시 ETF가 대안이 될 수 있음을 알 수 있다.

TIGER K방산&우주 ETF의 보유종목 비중 4위인 한국항공우주는 항공기 제조업체다. FA-50 경공격기와 KF-21 전투기를 주로 만든다. 다른 방산업체처럼 전 세계에서 전쟁 위기와 실제 국지전에 따른 실적 수혜를 보고 있다. 주된 시장은 중동 등 아시아다. 이 시장을 미국이나 유럽 등 전 세계로 넓히는 것이 관건이다. 또 항공기 이외에 신규 사업도 중요한데, 한국전자통신연구원과 손잡고 글로벌 통신 서비스 시장 진출도 노리고 있다.

다만 전통적으로 다른 방산주에 비해 주가 상승률이 낮은 편이다. 이는 과거 분식회계와 같은 회계 부정 사건으로 투자자들이 아직 한국항공우주 주식에 대한 신뢰도가 높지 않은 탓이다. 분식회계는 실제보다 실적을 부풀려 더 좋게 보이게 회계 수치를 조작하는 것이다. 이런 회계 악재 역시 개별기업 이슈다. 여러 종목에 분산투자할 경우 이런 리스크를 낮출 수 있다.

이 ETF의 보유종목 비중 5위는 한화시스템이다. 한화시스템은 국내 방산 관련 ETF에 대부분 포함되어 있다. 이 회사가 이렇게 인기가 있는 이유는 전투기와 함정, 지상기지의 '눈'과 '귀', '두뇌' 역할을 하는 핵심 전자 장비를 생산하고 있기 때문이다. 한화그룹 내 다른 관련사들인 한화에어로스페이스와 조선사 한화오션과 손잡고 '육해공'을 아우르는 통합 방산 솔루션 회사라는 확고부동한 지위를 차지하고 있다. 이러한 방산 매출은 전체 매출의 75%를 차지하고 있다.

이처럼 TIGER K방산&우주 ETF는 조선을 포함해 다양한 방산 관련 회사들로 구성되어 있다. 선박은 물론 자주포, 미사일, 항공기 등 다양한 무기에 분산투자하는 효과를 얻을 수 있다. 다만 상위 5개 종목에 90%를 올인한 ETF여서 의외로 분산효과가 떨어질 수 있다. 상위 5개 종목에 대한 면밀한 분석 후 이들 종목에 대해 확신을 가질 경우 투자해보는 것이 좋다. 다만 배당은 거의 없으므로 현금흐름보다 자산 축적의 도구로 사용해야 한다.

한화에어로스페이스와 한화시스템을 의미 있게 담고 있는데 사실상 두 회사는 회계상 한 회사로도 볼 수 있다. 한화에어로스페이스의 자회사가 한화시스템이기 때문이다. 2024년 말 기준으로 한화에어로스페이스는 한화시스템의 지분 약 47%를 보유하고 있는 최대주주다. 이러한 점에서 분산이라는 본연의 ETF 성격과는 어울리지 않는 중복투자로 볼 수 있다. 또한 보수율이 연 0.45%인 반면, 총비용부담률이 0.63%로 나타난다. 단순히 관련 종목을 묶어 놓은 ETF에 비해 비용부담이 크다고 여겨진다.

조선에 집중한 TIGER 조선TOP10

좀 더 조선에 집중된 ETF로는 'TIGER 조선TOP10 ETF'가 첫눈에 들어온다. 2024년 10월에 출시된 비교적 신상 ETF로, 비용부담률이 0.39%로 저렴하다. 배당률이 최근 1년 기준 0.27%다. TIGER K

TIGER 조선TOP10 ETF 보유종목

단위: %

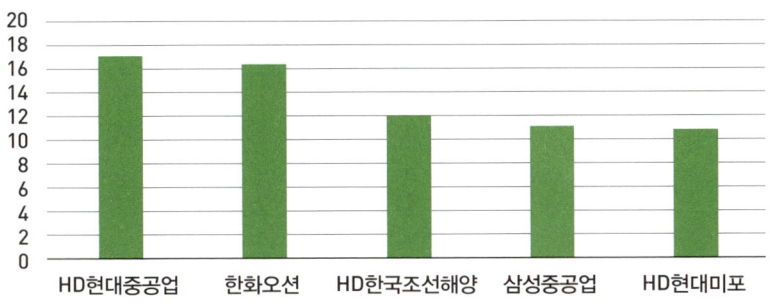

HD현대중공업	한화오션	HD한국조선해양	삼성중공업	HD현대미포
17.3	16.5	12.1	11.2	10.9

※ 2025년 5월 23일 기준.

방산&우주 ETF보다는 전체 수익률에서 배당 기여도가 높긴 하지만 역시 1%가 넘지 않아 무시해도 되는 수준이다.

결국, 종목 주가 상승에 따른 ETF 수익률을 따져봐야 한다는 의미다. 세계적으로 경쟁력이 있는 조선사는 손에 꼽을 정도로 적으며 TIGER K방산&우주 ETF보다 더 특정 종목에 더 집중되어 있다. HD현대중공업, 한화오션, HD한국조선해양, 삼성중공업이 ETF 내 비중이 각각 10%가 넘는 주요 네 종목이다. 특히 HD현대중공업의 비중은 27%에 이를 정도로 의존도가 높다. 이 조선사는 1972년 정주영 회장이 현대그룹 내 조선 사업부에서 출발했다. 2019년 물적 분할을 통해 한국조선해양의 자회사가 됐다. 2023년에 HD라는 새 브랜드 이름을 덧입었다. HD현대중공업은 국내 최고는 물론 세계 최대 규모의 조선 회사로 분류된다.

HD현대중공업은 조선, 해양플랜트, 엔진기계, 특수선 사업을 주로 한다. 만드는 배의 종류는 가스선, 유조선, 컨테이너선 등 다양하다. 해양플랜트 사업으로는 해양유전 및 가스전 생산 설비를 생산한다. 또 해상풍력발전설비, 탄소포집저장 장치 등 신재생에너지 사업도 한다.

엔진기계 사업에서는 선박용 대형 엔진 생산 분야로 세계 시장 점유율 1위다. 힘센HiMSEN엔진, 추진시스템 등도 만든다. 방산 분야인 특수선 사업으로는 해군 군함 및 해경 경비정을 생산한다. 이 사업 부문이 HD현대중공업을 조선업으로 혹은 방산업으로 분류하는 기준이 된다. HD현대중공업이 만드는 고부가가치 선박으로는 VLCCVery Large Crude Carrier와 같은 원유 운반선과 LNG(액화천연가스) 운반선, FPSO(부유식 원유 생산·저장·하역 설비) 등이 있다. 또 이지스 구축함, 호위함, 잠수함 등 해군 함정도 책임진다.

이제 향후 HD현대중공업에게 좋을 호재를 생각해보자. 크게 두 가지다. 먼저 첫 번째 호재는 미국과 중국의 갈등이다. 미국이 패권을 유지하는 것은 군사력이다. 항공모함과 잠수정에서 압도적인 우위를 보이긴 하지만 이 두 핵심사업을 보호해야 하는 함정에서는 중국이 미국을 앞서고 있다. 이에 따라 미국이 자체 선박제조기술이나 인프라를 확보하기 전까지 한국은 중국을 대체할 가능성이 높다. 이에 따라 일반 상선과 함정을 모두 건조할 수 있는 HD현대중공업이 증권가에서 '톱픽'으로 꼽힌다. 톱픽은 투자자들에게 추천할 만한 최선호 주식을 의미한다.

두 번째 호재는 가스선이다. 해양 환경 규제는 이미 다가온 현실이다. 선박 운송업계는 저탄소 배출 선박을 도입해야 한다. 석탄 등 기존 화석연료를 대체할 연료로는 액화천연가스$_{LNG}$와 액화석유가스$_{LPG}$가 제시되고 있다. LNG와 LPG로 움직이는 선박 수요는 꾸준히 늘고 있다. 2024년 상반기 기준으로 전 세계에서 LNG선박은 80척, LPG선은 30척이 발주됐다. 이는 1년 전보다 각각 50%, 30% 급증한 것이다.

이런 선박은 환경에는 좋지만 비싸고 기술력이 필요하다. 중국도 이 분야에서는 세계적 경쟁력을 갖췄으나 앞서 미국과의 갈등이 걸림돌이다. 중국에게 갈 발주 물량이 주요 대체자인 한국 조선사들로 옮겨갈 것이란 예상이 지배적이다.

증권가에서 HD현대중공업의 목표주가를 산정할 때 국내 조선업종 평균 주가수익비율$_{PER}$에 20%를 덧붙여 추정한다. 그만큼 1등주로서의 프리미엄을 인정한다는 뜻이다. 게다가 미국이 먼저 손을 내밀어 K조선사들을 끌어당기는 한 HD현대중공업의 실적과 주가는 좋을 전망이다. HD현대중공업에 직접 투자해도 되지만 이 경우 투자 리스크가 크다. 특정 ETF가 이 종목을 27% 담고 있긴 하나 발상의 전환을 하자면 73%는 다른 종목을 담고 있으니 그만큼 투자 위험을 낮췄다고도 볼 수 있다.

한화오션, 미국 해군의 러브콜을 받다

TIGER 조선TOP10의 보유종목 비중 2위는 한화오션이다. 한화오션은 특수선 분야가 강점이다. 지난 2025년 1분기에 깜짝 실적으로 또 다시 주목받고 있다. 이런 실적 호조와 주가 강세가 이어지고 있는 것은 이 조선사가 미국 특수선 시장을 확장하기 위해 미 해군 함정 정비 보수 사업MRO에 박차를 가하고 있기 때문이다.

한화오션은 2024년 말 필리조선소 인수로 미국에 선제적으로 진출했다. 당시 기준으로 국내 기업 중 미 조선소를 인수한 것은 한화오션이 처음이었다. 이 조선사는 전투함과 잠수함 분야에서도 수십 년간 역량을 키워왔다. 미국의 부족한 선박 건조량을 채우고도 남는다는 평가다. 미국 현지 생산능력의 확대로 인해 트럼프 대통령의 제조업 내재화에도 딱 맞는 국내 상장사다.

미국과 중국 갈등 속에 트럼프 행정부는 한국 등 동맹국의 기술력에 의존하겠다고 대놓고 선언했다. 한화오션 입장에서는 MRO를 '빙산의 일각'으로 보고 있다. 방산 관련 조선 사업을 시작으로 어마어마한 미국 전체 선박시장으로 뻗어나갈 수 있는 절호의 기회로 보고 있다. 이런 시장은 미국 현지에서의 선박 제조 기록(레코드)이 무엇보다 중요한데, 현대중공업이나 한화오션의 경우 그야말로 미국이 문을 열고 환영하고 있는 모양새다. 자동차나 선박, 심지어 IT기기조차도 그 상품 자체에 이어 따라오는 보수 정비 관련 매출도 무시할 수 없는 수준이다. 선박과 같은 거대 프로젝트는 굳이 설명할 필요가 없을 정도다.

TIGER 조선TOP10 ETF의 보유종목 비중 4위인 삼성중공업은 선박과 해양플랫폼의 조선해양 부문과 건축 등 E&L 사업으로 구분된다. 2024년 기준 매출의 97%가 조선해양 사업에서 나왔으니 그냥 조선업으로 분류하면 된다. 이 조선사도 트럼프 대통령의 수혜주다. 특히 삼성중공업이 강점을 갖고 있는 부유식 액화천연가스 생산·저장·하역설비FLNG 분야에서 중국 조선사들을 대체할 것이다. 이 설비는 해상에서 천연가스를 채굴한 후 정제하고 LNG로 바꿔서 저장 하역하는 해양플랜트 장치다. 한 척당 가격은 최소 2조 원이 넘는다. 로열 더치 쉘과 같은 글로벌 에너지 기업에게 이 설비를 인도한 레코드가 있어 이 시장이 커질수록 수주와 실적이 급성장할 수 있는 구조다. 2024년에 수주 73억 달러를 기록했고, 2025년에는 90억 달러에 다다를 것으로 전망된다.

SOL 조선TOP3플러스 ETF는 2023년 10월에 나왔다. 보유 비중으로 따진 구성종목 순서는 한화오션, HD한국조선해양, 삼성중공업, HD현대미포, HD현대중공업 순이다. 이들 5종목을 10% 이상 담고 있다. 앞서 소개한 TIGER 조선TOP10보다 더 분산되어 쪼개져 있다. 이름으로 봐서는 톱10이 더 분산되어 있는 것 같지만 구성종목 비중을 들여다 보면 그렇지 않다.

한화오션과 HD한국조선해양(한조양)이 보유종목 비중 1, 2위를 다투고 있다. 국내 조선그룹 중 HD가 붙어 있는 곳은 이 그룹 소속이다. 특히 한조양은 HD현대중공업, HD현대미포, HD현대삼호 등의 그룹 내 주요 조선사들을 지배하고 있는 중간지주사다. 초대형 컨테이너선을 기본으로 LNG 운반선, VLCC 등 각종 고부가가치 선박을 제조한다. 이외에도 암모니아 수소 추진 선박과 탄소포집설비 등 각종 친환경 기술 개발에도 집중하고 있다.

이러한 자회사들의 실적을 연결해서 전체 실적으로 발표하는데 2024년 기준으로 매출 29조 원, 영업이익 1조 2,000억 원대를 기록했다. 수주잔고는 약 80조 원이다.

특정 그룹에 집중된 ETF는 변동성 유의

ETF 내에 HD라는 글자가 많이 보인다. 보유종목 13곳 중 5곳이 HD그룹 계열사다. HD현대중공업, HD한국조선해양, HD현대미포, HD현대마린솔루션, HD현대마린엔진 등이 모두 HD를 회사 이름 앞에 붙이고 있다. 수주와 함께 일사분란하게 움직이지만 주식시장에서는 이들에 대해 "오너 그룹이 쪼개기 상장을 했다"고 말한다. 좋을 때는 한없이 좋지만 HD그룹 실적이나 주가가 흔들리면 ETF 역시 변동성이 커진다. 이는 분산투자 효과가 없는 것과 다름없다. 미국 주식시장에서는 '쪼개기 상장'이 사실상 금지되어 있다. 미국 기준이라면 이 ETF 구성종목은 9종목에 그칠 것이다.

이 ETF 투자의 약점은 이처럼 중복 투자가 심하다는 것과 비용률이 크다는 것이다. 보수율은 연 0.45%인데 총비용부담률은 0.54%로 더 올라간다. 국내 자산운용사 NH아문디가 2022년 출시한 'HANARO Fn조선해운 ETF'는 15종목을 보유 중이다. 상대적으로 가장 분산되어 있는 구조다. 조선사들뿐만 아니라 HMM과 같은 해운사도 포함하고 있다. 총비용부담률은 연 0.52%로 저렴한 ETF는 아니다. 배당수익률은 0.55%로 상대적으로 어느 정도 배당 수익은 나온다. 다만 연 1회 배당이어서 트렌디하지 않다. 한화오션이 보유 종목 비중 1위라는 점에서 SOL ETF와 유사하다. 보유종목 상위 톱5가 모두 조선사라는 점은 다른 조선 관련 ETF와 비슷하다. 보유종목 비중 6위인 HMM에 대해 어느 정도 알아야 이 ETF에 투자할 마음이 생길 것이다.

HMM은 1976년 탄생한 국내의 대표적인 해운사다. 예전 이름인 현대상선이 더 익숙한 투자자들도 있을 것이다. 수출 관련 뉴스가 나올 때 수많은 컨테이너 박스를 싣고 운항하는 대형 선박의 모습을 봤을 것이다. 국내에서 이러한 컨테이너 선박을 운영하는 해운사 중 최대 업체가 바로 HMM이다. 컨테이너 안에는 각종 화물이 가득 실려 있다. 전 세계 경기 상황과 민감할 수밖에 없다. 미국과 중국 등 주요 국가들이 자유 무역의 기치에 따라 자유롭게 물건을 사고 팔 때 HMM과 같은 기업의 실적은 좋아진다.

트럼프 대통령의 재집권 이후 관세 부과를 중심으로 미국과 전 세계가 갈등을 빚으면서 HMM 주가도 한동안 정체되어 있었다. 통상 이런 경우에는 주가가 급락하는데, 미국이 중국과 주로 싸우면서 HMM이 반사이익을 볼 것이라는 예상에 주가는 트럼프 대통령 집권 전후 1년간 횡보했다.

트럼프 대통령이 미국 조선업 재건을 도모하고 중국의 해양 패권을 저지하기 위한 행정명령에 서명했다. 이 명령에는 중국 해운사 및 중국산 선박에 대해 국제 해상운송 서비스 관련 수수료를 부과하는 방안이 포함되어 있다. 이 방안이 시행될 경우 태평양에서 운항하는 중국 해운사의 원가가 최대 17% 상승할 것이라는 관측도 제기되었다. 이는 HMM과 같은 글로벌 해운사들의 비용 증가와 관련된 소식이다. 그렇다면 HMM의 주가가 급락해야 할 텐데, 왜 옆으로 기는 정도로 그쳤을까? 이는 HMM의 중국 선박 비중이 6%에 불과하기 때문이다. 이는 글로벌 해운사 중 가장 낮은 수준이다. 대부분의 해운사들은 중국 비중이 10%를 넘는다. 이에 따라 해운업 투자자들은 HMM 주식을 상대적으로 덜 매도하고 있는 상황이다.

HMM은 중국 조선소에 선박을 만들어달라고 하는 발주도 없다. 미중 갈등에 대한 실적 하락 정도가 작다. 문제는 인플레이션 상황에서 소비가 줄면서 컨테이너가 왔다 갔다 하는 물동량 자체가 줄고 있다는 것이다. 국제 유가에도 민감하다. 해운사의 비용(매출 원가)에서 연료비가 차지하는 비중은 최대 25% 수준이다. HMM과 같은 글로벌 해운사들은 선박 연료 구매 비용만 한해 1조 4,000억 원이 넘는다. 이렇게 업종 최대 주식의 경우에도 주가를 예측하기 어렵게 만드는 각종 변수가 많다. 이는 투자자들이 ETF로 장기 분산투자하는 이유가 된다.

HANARO Fn조선해운 ETF는 물길을 오고가는 경제 상황에 간접 투자하면서 절세 효과를 누릴 수 있는 좋은 대안 중 하나다. 이 ETF

는 한화오션을 20% 이상 포함하고 있어 2025년 상반기 주가 흐름을 이어가면서 배당금도 다른 관련 ETF보다 높게 확보할 수 있다. 2022년에 출시했다는 점도 주목할 만하다. 다른 ETF보다 오랜 기간 동안 검증의 시간을 거쳤다. 이 시기 이후에는 조선사들이 저가 수주의 악순환을 어느 정도 해소했고, 해운사들도 구조조정을 통해 안정세를 찾았다. 이에 따라 장기투자자들이 2024년 하반기 이후 기다림에 대한 보상을 받는 구간을 맛보고 있다.

다만, 이들 조선과 해운 관련 ETF의 경우 특정 오너 그룹에 대한 의존도가 높아 이들이 흔들릴 경우 ETF 특유의 분산효과를 기대하기 어려워질 수 있다. 2024년 하반기 이후 급등한 ETF 수익률이 어느 순간 정반대로 전환될 가능성도 있다. 이런 투자 리스크를 극복하기 위해 ETF 운용사들은 지속적인 종목 리밸런싱으로 투자자의 높아진 눈높이를 충족시켜야 할 것이다.

특히 해운과 조선업종이 전형적인 경기순환산업이기 때문에 이들 소속 회사들이 꾸준히 배당을 주기 어려운 점도 일부 투자자들이 이들 ETF를 꺼리는 이유가 된다. 꾸준한 배당금이나 분배금이 중요한 투자자들이나 주가 안정성을 중시하는 투자자들은 방산을 비롯해 조선해운 관련 ETF에 투자할 때는 전체 포트폴리오에서 그 비중을 지나치게 높게 잡아서는 안 된다.

K팝,
대박 잠재력 충만한 ETF

아이돌 덕질이 투자로 이어지다

투자 세미나에서 만난 김모 씨를 보면 굳이 AI와 같은 어려운 분야에 투자할 필요가 없다는 생각이 든다. 김 씨는 K팝 '덕질'(열정적으로 좋아함)을 그만두고 K팝 '투자자'로 나선 사례다. 그의 말에 따르면 K팝도 AI만큼이나 복잡하고 매력적인 세계라고 한다. 그는 2020년 10월 코스피에 상장한 엔터테인먼트 주식 하이브에 2023년까지 여윳돈을 쏟아부었다. 이 회사 소속 그룹 방탄소년단BTS과 미국 팝 가수 저스틴 비버에 대한 '팬심'이 작용했다고 한다. 저스틴 비버는 이타카 홀딩스 소속이다. 이타카 홀딩스는 2021년 하이브가 1조 원을 투자해 인수한 미국 엔터테인먼트 회사다. 그런데 저스틴 비버가 건강상의 이유로 콘서트를 취소하기 시작하면서 김 씨의 근심이 커지기 시작했다.

이타카 홀딩스의 또 다른 주력 '캐시 카우(현금 창출원)'인 아리아나 그란데는 배우로 활동하기 위해 가수 활동이 줄어들었다. BTS 멤버들 역시 국방의 의무를 수행하느라 바쁘다. 물론 BTS는 2025년에 완전체로 돌아올 예정이다. 자의든 타의든 소속 가수들이 활동을 하지 않으면서 2024년 하이브의 영업이익은 2023년 대비 38% 급감했다. 김 씨의 지난 3년간 수익률은 5%에 불과했다고 한다. 김 씨는 한 종목에 올인하는 것이 위험하다고 판단하여 SM엔터테인먼트, JYP엔터테인먼트, YG엔터테인먼트 등 'K엔터주'를 모두 매집했다.

미국의 공연기획사 '라이브네이션Live Nation'의 주식도 사 들이고 있다고 한다. 라이브네이션은 전 세계 373곳의 공연장을 직간접적으로 운영하며, K팝 등 대형 콘서트의 티켓 수익을 쓸어 담고 있는 글로벌 기업이다. K팝과 관련된 주식에 투자하는 이들은 도널드 트럼프 미국 대통령의 관세일정과 세부사항보다는 '코첼라' 일정과 라인업에 주목했다. 코첼라는 미국 최대 음악 페스티벌로, 매년 20만 명 이상이 몰린다. 2025년 블랙핑크의 제니와 리사가 대표 공연자로 나섰다. 블랙핑크는 YG엔터테인먼트 소속이다. 2019년과 2023년에 공개된 블랙핑크의 영상은 누적 조회 수 1억 회를 달성했다.

YG엔터테인먼트의 전략은 '코첼라 효과'를 활용하여 블랙핑크에 대한 기대감을 높인 후, 2025년 하반기에 공연을 집중적으로 진행하는 것이다. 국내를 시작으로 미국, 캐나다, 프랑스, 이탈리아, 스페인, 영국 등 7개국에서 '월드투어'를 통해 수익을 극대화했다.

이는 2024년과는 정반대의 실적 추세를 보이고 있다. 2024년 블랙핑크는 개인 활동에 치중하느라 해외 공연이 거의 없었다. 2023년 전체 연간 매출에서 블랙핑크를 포함한 소속 그룹이나 가수의 공연의 매출 비중은 19.6%였다. 그러나 2024년 공연 '공백기'로 인해 이 비중은 4.7%로 뚝 떨어졌다. 영업이익률은 -5.1%로 엔터테인먼트 4사 중 유일하게 적자를 기록했다.

2023년과 2024년 하이브 내의 공연 매출 비중은 16.5%에서 20%로 증가한 반면, 같은 기간 JYP엔터테인먼트는 11.2%에서 17.2%로 상승한 것과는 대조적이다. SM엔터테인먼트의 경우 이 비중이 소폭 하락했다. 엔터테인먼트 회사들은 주요 그룹의 월드투어 일정이 겹치지 않도록 조정하고 있다. 투자자 입장에서는 국내 4대 엔터테인먼트 주식을 동시에 보유할 이유가 있다. YG엔터테인먼트처럼 공연 '비수기' 종목 주가가 하락할 때 '성수기'에 주가가 올라 수익률을 방어해주는 식이다.

관세피난처 K팝 주식들

'관세전쟁 피난처'라는 대전제하에 적자에서 흑자로의 전환, 블랙핑크의 공연 재개와 그리고 '베이비몬스터(베몬)' 효과까지 4대 호재로 YG엔터테인먼트에 대한 기대감은 크게 높아지고 있다.

SM엔터테인먼트 주가는 2025년 1분기에 강했다. SM엔터테인먼트 주가가 이토록 급등한 이유는 한한령 최대 수혜주라는 평가와 함께 성공적인 세대교체, 연결 이익 확대 등 3대 호재가 작용했기 때문이다. SM엔터테인먼트의 최대주주는 카카오다.

카카오의 주주 중 외국인 최대주주는 맥시모 PTE로 공시되어 있다. 이 회사는 중국 텐센트의 자회사로, 카카오의 의결권 있는 지분 기준으로 6%를 들고 있다. 한한령이 해제되면 중국 자본이 투자된 SM엔터테인먼트 소속가수들에게 기회가 개방될 것이라는 기대감이 작용하고 있다.

SM엔터테인먼트의 2024년 전체 매출에서 공연의 비중은 38.7%에 달했다. 이는 공연이 실적에 직결되는 구조임을 보여준다. 2025년에는 연간 매출이 1조 원을 넘게 된다. 2024년에는 9,897억 원이었다. 2010년대까지 SM엔터테인먼트의 캐시카우는 그룹 NCT였다. 2020년 이후에는 에스파, 라이즈, NCT WISH로 재편되면서 수익원이 다각화되고 있다. 또한 SM엔터테인먼트는 팬 커뮤니티 플랫폼 '디어유DEARU'의 지분 11.4%를 추가로 취득했다.

엔터테인먼트 회사 4곳 중 '마진왕'을 선정할 때는 항상 JYP엔터테인먼트가 손을 든다. 2024년 영업이익률이 21.3%나 달해 한 자릿수나 또는 적자를 기록한 경쟁사 3곳을 압도하고 있다. 높은 마진을 기록하는 이유는 이 상장사의 음반 판매와 콘서트 실적이 모두 꾸준하기 때문이다. 2025년에는 소속 그룹 '스트레이 키즈'가 K팝 사상 최대 규모의 월드투어를 기획하면서 수익을 유지한다.

하이브HYBE의 2025년 예상 매출은 2조 7,162억 원이다. 여기에는 하반기에 완전체로 컴백하는 BTS의 존재감이 크게 작용하고 있다.

하이브 주가의 발목을 잡을 악재는 '위버스'다. 위버스는 가수와 팬 간의 소통, 디지털 코드 기반 앨범, 일명 '굿즈'로 불리는 공식 상품MD 판매를 지원하는 플랫폼이다. 현재 투자하는 비용에 비해 아직까지 수익이 제대로 발생하지 않고 있다. 그러나 장기적으로 봤을 때 유료 플랫폼 사업이 반드시 극복해야 할 부분이다.

관세전쟁이 한창이었던 2025년 4월에, 월스트리트의 투자은행들이 만장일치로 매수 추천을 한 회사는 바로 라이브네이션이다. 매수 추천을 한 투자은행은 총 21곳이었다. 라이브네이션은 향후 콘서트 시장 확장에서 K팝이 필수 요소라고 판단하고 K엔터테인먼트 기업 4곳과 전략적 제휴를 맺었다. 이 회사는 BTS, 블랙핑크, 트와이스 등 K팝 대표 아이돌 그룹의 해외 공연을 독점하고 있다. 이들의 해외 공연 기획과 제작의 대부분을 담당하고 있어 수익 배분 시 늘 '갑'의 위치를 유지하고 있다.

아이돌 공연을 보기 위한 필수, 라이브네이션

라이브네이션은 여기서 그치지 않고 공연장 내 모든 음식료 판매를 자회사들이 장악했다. 그동안 대형 공연장을 임대하여 티켓 판매로 수익을 올렸으나, 앞으로는 직접 초대형 공연장을 건설하여 수익을 극대화하겠다는 전략도 추진하고 있다. 2024년에 231억 5,600만 달러의 매출을 기록한 이 상장사는 2025년에는 13.8% 성장하여 263

억 4,000만 달러의 매출을 달성할 것으로 예상된다. 매출 총이익률은 25%로 추정된다. 다만 지나친 독점은 트럼프의 심기를 불편하게 할 수 있어 주의가 필요하다.

미국과 유럽을 점령한 K팝이 중국 만리장성을 넘을 것이라는 기대는 투자자들 사이에서 이미 확산되고 있다. 관련 국내 ETF에 돈이 몰리는 이유다. 보유종목과 유명세, 일일 거래량을 기준으로 K팝 관련 3대 ETF를 소개한다. 일일 거래량은 10만 주 기준으로, 이 거래량에 미치지 못하는 ETF는 제외했다. 'ACE KPOP포커스 ETF'와 'HANARO Fn K-POP&미디어 ETF', 'TIGER 미디어콘텐츠 ETF'가 3대장이다.

ACE KPOP 포커스는 한국투자신탁운용이 2024년 1월 말에 출시한 ETF다. 이 ETF는 엔터테인먼트 업체 중에서도 매출이 큰 회사들에 중점을 두고 있다. 기초지수는 NH투자증권이 산출·발표하는 'iSelect K-POP포커스 지수'다. SM엔터테인먼트, 하이브, JYP엔터테인먼트, YG엔터테인먼트 등 4대 엔터테인먼트 회사 주식 중심일 수밖에 없다. 이외에도 큐브엔터, 디어유, CJ ENM, YG플러스 등도 담고 있다. 국내 K팝 관련 회사 10곳에 투자하고 있다. 큐브엔터테인먼트부터의 비중은 1%도 안 되는 0%대 비중이기 때문에 ETF 전체에 미치는 영향력은 거의 없다고 보면 된다. 4대 엔터사의 비중이 무려 95%에 달해 사실상 이 네 곳에 집중 투자하고 있는 ETF다. 적은 투자 종목과 0%대 배당률(0.05%)에도 불구하고 실부담비용률은 0.4%로 저렴한 ETF는 아니다.

HANARO Fn K-POP&미디어는 NH아문디자산운용사가 2021년 7월에 출시한 ETF다. 이 ETF는 K팝 포커스보다 5종목 많은 총 15개 종목에 분산투자하고 있다. 4대 엔터테인먼트 회사의 비중은 74%이다. ACE KPOP포커스가 4대 회사에 몰빵 투자하고 있는 반면, HANARO Fn K-POP&미디어는 4대 엔터사 비중이 상대적으로 낮아 다른 회사들의 비중이 높다. ACE KPOP포커스의 경우 5% 이상의 비중을 가진 종목이 4대 엔터사인 반면 HANARO Fn K-POP&미디어의 경우 CJ ENM과 스튜디오드래곤이 포함된다.

CJ ENM은 K콘텐츠 기업의 맏형이다. 음식료 기업인 제일제당이 콘텐츠 사업의 가능성을 인식하고 멀티미디어 사업부를 신설했으며, 이 사업부가 CJ ENM의 전신이다. 1995년 드림웍스에 3억 달러를 투자 및 단행하면서 전수받은 할리우드 시스템을 국내 영화와 드라마 제작, 배급 등에 적용한다. K콘텐츠 관련 주식을 선정할 때 이 회사가 빠질 수 없는 이유다.

K팝에 집중투자 TIGER 미디어콘텐츠 ETF

스튜디오드래곤은 드라마 제작에 집중하고 있는 K콘텐츠 관련기업이다. 연간 30편 정도의 드라마를 만들며, 최근에는 〈더 글로리〉와 〈눈물의 여왕〉 등의 히트작을 냈다. 판매 사업은 CJ ENM이 담당하고 콘텐츠 제작에만 주력하다 보니 웰메이드(잘 만든) 작품이 많은 편

ACE KPOP포커스 개요표

ETF 개요

운용사	한국투자신탁운용
상장일	2024.01.30
기초자산	주식
기초지수	iSelect K-POP 포커스 지수
시가총액	1,253억 원(240위)
순자산(AUM)	1,252억 원(239위)
상장주식 수	10,450,000주
구성종목 수	11종목

이다. 스튜디오드래곤의 지분 50% 이상을 CJ ENM이 보유하고 있다. CJ ENM이 최대주주라는 뜻이다.

미래에셋이 2015년 10월에 출시한 TIGER 미디어콘텐츠 ETF는 HANARO Fn K-POP&미디어와 같은 15개 종목에 투자하고 있다. HANARO Fn K-POP&미디어와 ACE KPOP포커스의 구성종목이 비슷한 것과 달리 TIGER 미디어콘텐츠 ETF는 이들과 다른 종목들을 좀 더 분산해서 갖고 있다. 분산효과로 따지면 3대 ETF 중 가장 낫다. 최대 보유종목은 디어유(10.8%)다. 2~4위까지는 JYP엔터테인먼트, 하이브, SM엔터테인먼트 순서다. 국내 K콘텐츠 관련주 중에서 가장 몸집이 크고 매출도 많은 상장사는 하이브다. 따라서 앞선 두 ETF에서는 하이브의 비중이 20%를 넘는다. 그러나 TIGER 미디어콘텐츠 ETF 내에서 하이브의 비중은 9.9%이다.

　더 많은 종목을 고르게 분산한 TIGER 미디어콘텐츠 ETF에 투자하려면 연 0.6%의 실부담비용률을 감수해야 한다. 이는 3대 ETF 중 투자자에게 가장 큰 부담이 된다. 이 정도 비용을 감수할 수 있으며 분산효과를 중시하는 투자자들에게 적합하다. 2024년에 배당을 한 차례 실시했으나 워낙 미미해 사실상 배당은 없다고 봐야 한다. 다른 두 ETF도 마찬가지다. K팝이나 K콘텐츠에 대한 관심이 높지 않거나 월 현금흐름을 중시하는 투자자들과는 맞지 않는 ETF들이다.

　분산효과를 비교하기는 했으나 일부 종목들에 투자할 경우 중복투자를 피할 수 없다. SM엔터테인먼트가 디어유의 지분을 보유하고 있으며, CJ ENM은 스튜디오드래곤의 최대주주다. 서로의 지분을 보유하며 '꼬리에 꼬리를 무는' 순환 출자 구조는 항상 국내 주식의 아킬레스건이었다. 국내 금융당국은 이를 해소하라며 오너 기업들을 압박해왔고, 많은 진전이 이뤄지고 있다. 초기에 오너 그룹 내 소속 기업들이 K팝이나 K콘텐츠를 키우기 위해 협력해야 하기 때문에 어쩔 수 없이 이루어졌던 지분거래는 향후 글로벌 기업으로 도약할 때에는 약점이 될 수 있다. 엔터테인먼트 회사나 관련 ETF에 투자할 때 어쩔 수 없이 감수해야 하는 투자 리스크다.

그래도 중국,
중국 빅테크 간접투자

절세계좌로 투자하는 중국

국내 상장 ETF는 절세계좌를 통해 투자할 수 있어 인기를 끌고 있다. 주로 투자 대상은 미국 시장이었다. 그러나 2025년 들어 중국 관련 ETF가 쏟아져 나오고 있다. 2025년 1분기에 미국 시장이 퇴조하고 중국 시장이 떴기 때문이다.

중국은 이 기간 동안 자신들이 미국의 유일한 대항마라는 것을 입증했다. 대표적인 브랜드가 '딥시크Deep Seek'다. 딥시크는 2025년 초 중국의 AI스타트업이 출시한 생성형 AI애플리케이션이다. 빅테크의 생성형 AI모델과 비슷한 성능을 보이면서도 개발비용은 10분의 1에 불과하여 '가성비 AI시대'를 열었다는 평가를 받았다. 물론 인건비와 그래픽처리장치GPU 등 주요 지출 항목이 제외되어 개발비용 책정 방식이

과장되었다는 지적도 있었다. 그러나 미국처럼 막대한 비용을 투입하지 않고도 미국 AI와 견줄 만한 성능을 보여주었기에, 중국을 무시해서는 안 된다는 사실을 전 세계에 알렸다.

투자 세계는 빠르게 반응한다. 국내 주요 자산운용사들은 중국 테크 기업에 투자하는 ETF를 잇따라 쏟아내며 이에 대응했다. 투자자들은 중국 관련 ETF를 매수해 미국 시장이 하락세를 타도 중국 시장이 상승세를 타며 이를 보완해줄 포트폴리오를 추구하게 되었다.

삼성자산운용의 'KODEX 차이나휴머노이드로봇 ETF', 미래에셋자산운용의 'TIGER 차이나테크TOP10 ETF', 한화자산운용의 'PLUS 차이나AI테크TOP10 ETF', 타임폴리오자산운용의 'TIMEFOLIO 차이나AI테크액티브 ETF'가 2025년 들어 국내 주식시장에 상장됐다. 불과 2~3년 전만 해도 상상할 수 없었던 일이다. 그만큼 국내 시장에서는 중국 관련 주식이나 ETF가 모두 찬밥 신세였다. 딥시크 이후 월스트리트와 여의도는 정신을 차리고 있다.

그러나 딥시크는 빙산의 일각에 불과하며 이미 눈에 띄는 변화가 일어나고 있었다. 그동안 빅테크 기업들은 마치 미국 실리콘밸리로 도망칠 것처럼 보였던 '반역자'였다. 시진핑 중국 주석의 눈에는 그렇게 비쳤다. 그러나 미국과의 경쟁 속에서 중국도 빅테크 기업의 중요성을 서서히 깨닫고 있다. 이들이 있어야 결국 미국을 압박할 수 있다는 사실을 말이다.

2025년 2월 17일, 시진핑 주석과 알리바바 창업자 마윈은 드디어 공식석상에서 악수를 나눈다. 두 사람의 악수는 'C$_{China}$ 커머스 제왕'

의 귀환을 상징한다. '시'진핑과 '마'윈의 '시마이'(일본어로 하던 일을 끝 낸다는 뜻)는 지난 2020년부터 시작된 중국의 자국 내 빅테크 규제가 종료되었음을 의미한다.

알리바바로 대표되는 중국의 빅테크 기업들의 질주는 지난 2025년 1분기에 매우 두드러졌다. 이 기간 동안 미국의 빅테크 기업들은 정반대로 약세를 보였다. 결국 미국과 중국의 대표 빅테크 기업들은 각국 정부의 직간접적인 지원 속에서 숙명의 대결을 치러야 하는 상황이다.

중학개미 차이나항셍테크에 꽂히다

중학생들 사이에서 'TIGER 차이나항셍테크 ETF'는 매우 유명하다. AI서비스인 코파일럿에게 물어봐도 같은 대답이 돌아왔다. 이 ETF는 2020년 말 미래에셋이 출시한 전통적인 중국 관련 ETF로, 시가총액과 순자산총액 모두 1조 원을 넘어 유동성 문제도 없다. 기초지수는 중국의 항셍테크로, 이를 통해 중국의 기술기업에 간접투자하는 효과를 얻을 수 있다.

구성종목을 봐도 중국에서 가장 가치 있는 3대 빅테크 기업이 가장 많이 포함되어 있다. 이들 기업은 텐센트, 알리바바, 샤오미로 모두 8%대의 비중을 차지하며 1~3위에 해당한다. 이들 외에도 30개의 중국 기술기업에 분산투자하고 있다.

알리바바는 홍콩과 미국 증시(뉴욕증권거래소)에 상장되어 있다. 미국 증시에 상장하기 위한 방법으로는 기업공개IPO를 통해 직접 상장하는 방법과 미국주식예탁증서ADR 형태로 우회상장하는 방법 등 크게 두 가지가 있다. ADR은 미국 현지은행이 중국 등 외국기업으로부터 예탁받은 증권을 담보로 발행한 증서다. 알리바바는 ADR을 붙여 달러로 주가가 표시되어 일반적인 미국 주식처럼 거래된다.

알리바바는 C커머스 플랫폼인 '알리익스프레스'를 포함한 거대그룹이다. 분기 매출은 55조 원을 초과한다. 다양한 AI투자와 홍보 마케팅비용이 투입된 후에는 마진이 크게 상승할 것으로 예상된다. 국내에서도 큰 인기를 끌고 있는 알리익스프레스가 알리바바그룹의 고속 성장을 이끌고 있다. 알리익스프레스의 인기 제품을 초저가로 제공하는 '초이스' 서비스는 글로벌 히트를 기록했다. 또한, 국내에서는 신세계그룹을 통해 입지를 넓히고 있다.

특히 애플과의 협력은 미국 '큰손' 투자자들이 알리바바에 주목하게 되는 계기가 되고 있다. 알리바바는 중국 아이폰에 자신의 AI기술을 탑재하기로 결정했다. 이에 따라 미국 억만장자 라이언 코헨은 알리바바 지분을 10억 달러(약 1조 4,000억 원)로 늘리는 등 미국 내에서 알리바바 주식 '사재기' 현상이 한동안 발생하기도 했다. 실적 대비 주가가 중국 기업이라는 이유로 매우 저평가되어 있다는 점도 부각되었다. 이는 자본의 흐름은 국가를 가리지 않고 냉정하게 이루어진다는 것을 보여준다.

대륙의 실수로 돈 벌어볼까?

TIGER 차이나항셍테크 ETF의 비중 3위인 샤오미는 '대륙의 실수'로 잘 알려져 있다. 이는 어떻게 보면 '이윤을 남길 수 있을지 걱정될 정도로 저렴한 가격에 우수한 제품을 만든다는 칭찬의 의미로' 샤오미에 붙여진 긍정적인 평가다. 트럼프가 일으킨 관세전쟁과 이에 따른 인플레이션은 샤오미와 같은 가성비 제품의 시대가 도래했음을 알리고 있다. 샤오미는 2024년 4분기에 매출 1,090억 520만 위안을 기록하며, 2025년 창립 15주년을 앞두고 '분기 1,000억 위안 시대'를 달성했다.

블룸버그에 따르면 샤오미의 2025년 연간 예상 매출은 4,739억 8,230만 위안으로 이는 약 95조 원에 해당한다. 매출 기준으로는 삼성전자의 3분의 1이며 LG전자(2024년 88조 원)에 다소 앞섰다. LG전자는 스마트폰 사업을 포기했지만, 샤오미의 스마트폰은 글로벌 시장에서 '넘버3'로 올라섰다.

글로벌 스마트폰 시장 점유율 1위와 2위는 각각 애플(2024년 18.5%)과 삼성전자(18.2%)다. 이 양강 체제를 위협하는 기업이 샤오미(13.8%)다. 애플과 삼성이 전기차 사업에 엄두도 내지 못하고 있을 때 샤오미는 전기차 시장에서 존재감을 드러내기 시작했다. 중국이 매월 전기차 시장 점유율을 발표하는 데 어려움을 겪고 있는 반면, 이번에 샤오미가 사상 처음으로 그 목록에 이름을 올렸다.

중국 승용차협회의 2025년 2월 전기차EV 분석 자료에 따르면 샤오미 EV는 2만 3,728대(3.4%, 9위)가 판매되었다. 그 유명한 테슬라 EV의 판매량은 2만 6,777대(3.8%)로 두 회사의 판매량 차이는 3,000여대에 불과했다. 1위는 예상대로 BYD가 차지했다. 중국 시장에서 샤오미가 사상 처음으로 '톱10'에 진입한 것은 중국 내 전기차 회사는 물론 테슬라까지 긴장하게 하는 사건이다.

2024년 매출 기준으로 샤오미의 실적 중 52.6%는 스마트폰이 차지하고 있다. 그 다음으로는 각각 사물인터넷 28.6%과 인터넷 서비스 9.8%가 기록했다. 최근 급성장하고 있는 전기차 사업은 현재 매출 비중이 9%에 달한다. 샤오미가 중국 정부와 EV 관련 업체들의 지원을 받아 이 시장에서의 성장이 확실시되고 있는 점을 고려할 때, 샤오미의 투자가치는 날로 높아지고 있다.

이처럼 샤오미는 전 세계에서 가장 중요한 IT 관련 발명품 중 스마트폰과 전기차를 동시에 제조하는 유일한 글로벌 제조업체다. 이는 애플, 삼성전자, 테슬라 등 3대 글로벌 플레이어들이 꿈꾸는 일을 현재 현실로 만들어낸 기업이라는 뜻이다. 월스트리트는 샤오미에서 '초기 미국 혁신기업'의 향기가 느껴진다고 평가한다.

의외로 비용률 높아 부담

미국의 빅테크 기업들은 경기 불황에 대비하기 위해 인력 구조조정과 연구개발비(R&D)의 효율화에 집중하고 있다. 이들은 혁신이나 성장보다는 생존과 주주환원에 초점을 맞추고 있다. 반면, 샤오미는 지속적인 성장을 이어가고 있다. 그 대표적인 예로는 꾸준히 증가하고 있는 직원 수와 R&D 투자비를 들 수 있다.

2020년 말 2만 2,074명이었던 샤오미 직원 수는 2021년 3만 3,427명, 2024년 4만 3,688명으로 최근 4년 동안 거의 2배(98%) 급증했다. R&D 투자비 역시 최근 4년간 43%나 증가했다. 전체 매출에서 R&D가 차지하는 비중은 2020년까지만 해도 3%대였으나 현재는 7% 수준으로 상승했다. 최근 샤오미의 눈부신 글로벌 시장 점유율은 수년간 지속된 꾸준한 투자에서 비롯된 것임을 알 수 있다. 문제는 샤오미의 주가가 크게 상승하면서 미국의 빅테크 기업들보다 더 비싸졌다는 점이다. 이러한 고평가 리스크는 여러 종목을 섞은 ETF에 투자하는 식으로 해결할 수 있다.

최근 1년 기준 배당수익률은 0.25%로 사실상 무시해도 되는 수준이다. TIGER 차이나항셍테크 ETF의 경우 주가상승률에만 주목해야 한다. 미국의 성장주들도 배당금은 기대하기 어려운 상황에서, 중국의 테크 기업들은 더욱 그러하다. 이 ETF에는 비용 구조 면에서 여러 문제가 숨겨져 있다. 일반적인 보수율은 연 0.09%로 저렴해 보인다. 그러나 각종 비용과 수수료를 모두 포함한 총비용부담률은 0.324%까지 상승해 오히려 비용 부담이 큰 ETF로 바뀐다. 따라서 비용 부담을 감안할 때, 글로벌 분산투자가 필요한 투자자들에게 적합한 상품이다.

PART7

이보다 더 좋을 수 없는 꿀조합 ETF

10년 후 자산 10억에
월 300만 원

SPLG + DIVO + 미국배당커버드콜액티브

레퍼토리는 음악가가 무대에서 공연할 수 있도록 준비한 목록을 의미한다. 일반적으로 레퍼토리는 다소 진부한 전개를 나타내기도 한다. 음악가가 다양한 레퍼토리를 보유하는 것은 결코 쉬운 일이 아니다. 이러한 상황이 변질되어 금융사기꾼들은 안전한 고수익 상품이 있다고 믿게 만드는 것이다. 이들의 레퍼토리에 지친 투자자들은 안전하면서도 높은 수익을 보장하는 상품이 '미끼상품'이거나 '금융사기'라고 인식하기 시작했다.

지수만을 추종하는 ETF의 시대에서 월배당이 안전하면서도 고수익을 내는 ETF가 속속 등장함에 따라, 안전한 고수익 ETF 조합에 대한 연구가 활발히 이뤄지고 있다. 이 분야는 매우 다양하기 때문에 단

하나의 정답만 존재할 수는 없다. 각 투자자마다 자신에게 적합한 전략은 저마다 다를 수 있다.

우선 앞에서 살펴볼 SPLG와 DIVO에 KODEX 미국배당커버드콜액티브를 조합해볼 수 있다. SPLG는 가성비와 주가 상승을, DIVO는 배당과 주가 상승을, KODEX 미국배당커버드콜액티브는 월 중간 배당과 절세를 책임진다. 이러한 강점들이 서로의 약점을 상쇄한다고 믿는 투자자들에게 이 조합은 편안한 밤과 풍족한 노후의 열쇠를 쥐어준다.

이 세 개의 ETF에 각각 3,300만 원씩을 초기 투자금으로 설정한다. 종잣돈 1억 원은 필수라는 의미다. 수많은 시뮬레이션 결과, 1억 원 이하로 투자할 경우 여러 가지 제약이 따르며, 월 100만 원 이상의 현금흐름을 만들기까지 너무 오랜 시간이 소요되는 것으로 나온다. 따라서 1억 원을 초기 투자금으로 설정하기로 했다.

SPLG에 매월 50만 원씩 추가로 투자하고, 매년 추가 투자금을 20%씩 인상한다. 첫 번째 해에는 총 3,300만 원에 투자하는 셈으로, 이는 12개월 동안 투자하는 것이다. 두 번째 해에는 누적 투자금이 4,620만 원에 이를 것이다. 이러한 방식으로 10년간 투자하는 시나리오다. 배당금은 계속해서 재투자한다고 가정할 때, SPLG의 총 자산 가치는 10년 후 3억 원을 조금 넘을 것으로 예상된다. 이는 과거의 주가 상승률과 배당률을 바탕으로 한 추정이므로, 반드시 이렇게 된다는 보장은 없지만 이를 감안하고 시뮬레이션 해보자.

SPLG의 배당수익률 1.24%, 연간 배당성장률 4.8%로 최근 5년간의 평균치를 반영한 것이다. SPLG 주가 자체는 연간 10%씩 복리로 상승할 것이라 가정했다. 주요 수치와 계산은 '샐러리버프' 사이트의 계산기와 챗GPT의 도움을 받았다. 이와 같은 수치는 언제, 어떤 마음가짐으로 계산하느냐에 따라 변동할 수 있다. 이 책을 참고하여 투자자 본인의 상황에 맞게 시점과 투자 규모를 달리 설정하고 직접 계산해 목표 자산을 구성해보기를 추천한다.

자신이 직접 계산해보는 것보다 더 좋은 투자 공부는 없다. 과거의 데이터를 바탕으로 미래를 추정하는 것은 현재 인류가 할 수 있는 최선의 합리적 계산이다. 이러한 꿈도 없이 중장기투자를 하는 것은 불가능하다. 결국, 넉넉한 노후나 부자를 꿈꾸며 현실 속에서 꾸준히 절약하며 투자금을 늘려 나갈 수밖에 없다. 단순히 매달 50만 원씩 투자하기에는 시간이 오래 걸리므로, 연간 투자금의 20%를 조항으로 설정해야 했다.

10년 후 SPLG의 월 현금흐름은 15만 원 수준에 이를 것으로 예상된다. 투자에 비해 상당히 낮은 배당금 수준이지만, 자산이 3억 원 이상 증가한 것에 만족해야 할 것이다.

같은 방식으로 DIVO에 투자한다. DIVO는 SPLG처럼 안정적인 배당성장은 이루지 못했다. 최근 1년 동안 10% 이상 증가했지만 5년 기준으로는 오히려 감소했다. 중간값인 연 8% 성장률을 적용했다. 이에 따라 10년 후 총자산은 3억 2,538만 원. 월배당금 88만 원 달성을 기대한다.

KODEX 미국배당커버드콜액티브는 세 개의 ETF 중 가장 위험한

SPLG 10년 예상 투자표

연차	연초 배당금	연말 보유 자산	누적 투자 원금	누적 재투자 배당금
1년	36만 원	4,401만 원	3,900만 원	36만 원
2년	43만 원	5,254만 원	4,620만 원	79만 원
3년	53만 원	6,912만 원	5,484만 원	132만 원
4년	64만 원	8,987만 원	6,521만 원	196만 원
5년	76만 원	11,575만 원	7,765만 원	273만 원
6년	90만 원	14,791만 원	9,258만 원	363만 원
7년	106만 원	18,774만 원	11,050만 원	469만 원
8년	124만 원	23,694만 원	13,199만 원	592만 원
9년	143만 원	29,758만 원	15,779만 원	735만 원
10년	165만 원	37,215만 원	18,875만 원	901만 원

자산으로 평가되어야 한다. 2022년에 출시된 이 ETF는 가장 최근에 등장한 상품이기 때문에 투자자들에게 충분한 검증을 받지 못했다. 그러나 삼성자산운용사가 S&P500지수를 기본으로 추종하고 있어 신뢰도는 높다고 할 수 있다.

최초 3,300만 원을 투자하고 매월 50만 원씩 추가로 투자하며, 매년 20%씩 투자금액을 증가시켜 10년간 투자한 결과, 월 200만 원의 현금흐름이 발생하는 것으로 시뮬레이션되었다. 배당률이 9.56%로 높고 국내 연금저축펀드 등 절세계좌를 통해 투자할 수 있어 비과세 요건을 충족하기 때문이다. 연평균 배당성장률은 5%로 설정했다. 아직 이 ETF는 출시된 지 5년이 채 되지 않았기 때문에 이러한 가정이 적용되었다.

10년 후 자산은 거의 4억 원에 달할 것으로 예상된다. 월 219만 원의 현금흐름은 최소한의 노후생활을 보장해준다. 이 세 개의 ETF에 10년 동안 장기투자하면 투자자에게 10억 원의 자산과 월 300만 원의 배당금을 제공받으며, 안정적인 현금흐름을 기대할 수 있다.

중위험 중수익 최적의 조합

'SPLG+DIVO+KODEX 미국배당커버드콜액티브(441640)'는 금융업계에서 사라졌던 중위험 중수익 금융상품의 부활을 의미한다. 원래 이 포지션은 시중은행의 주가연계증권ELS이 차지하고 있으나, 대규모 원금 손실 사태가 발생하면서 사실상 국내 시장에서 퇴출되었다. ELS는 기초자산이 특정 구간에서 벗어나지 않을 경우 은행 이자의 3~4배 수준의 수익을 제공했으나 변동성이 커지면서 원금이 감소하게 되었다. 예측할 수 없는 변동성 장세에서는 인위적으로 구간을 설정하는 ELS와 같은 금융상품이 위험하다. 보다 유연하고 분산된 투자 전략이 필요하다. 이런 시기에 ETF 조합만으로도 위험을 낮추고 수익을 극대화할 수 있는 가능성이 열렸다.

환상의 ETF 조합을 구성했다면 먼저 연간 배당소득이 2,000만 원을 초과하는지 확인해보자. 세 개의 ETF에서 10년 후 총 배당금은 3,857만 원에 이를 것으로 예상된다. KODEX 미국배당커버드콜액티

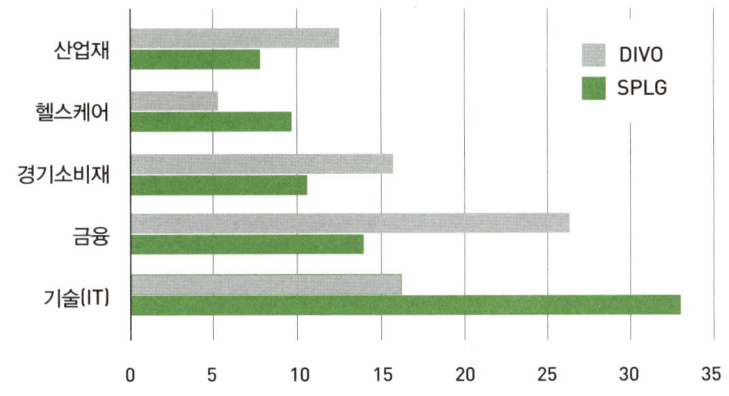

업종	기술(IT)	금융	경기소비재	헬스케어	산업재
SPLG	33	14	10.7	9.7	7.9
DIVO	16.3	26.4	15.8	5.4	12.6

브 ETF에 절세계좌로 투자하더라도, 나머지 두 ETF가 미국산이기 때문에 종합소득과세자 대상이 된다. 이는 파이어족에게는 피할 수 없는 현실이다. 이와 함께 건강보험료도 상승할 것이다. 파이어족이 증가하고 이들을 부러워하는 사람들도 많아지고 있지만, 세금을 이유로 ETF 투자를 망설이는 사람들도 늘어나고 있다.

그러나 실제로 ETF를 통해 자산을 10억 원 이상 만들었고 연간 2,000만 원 이상의 배당소득을 받는 사람들은 이러한 세금 부담이 '새 발의 피'에 불과하다고 말한다. 고배당의 시대에서 세금은 함께 가야 할 동반자다. 버는 소득에 따라 세금을 내는 것은 그리 큰 문제가 아닌, 당연한 일이다.

무적의 3분할로
10억 만들기

S&P500 + 200커버드콜 + 금현물 ETF

　KODEX 미국S&P500과 TIGER 200커버드콜, ACE KRX 금현물로 자산 10억 원 만들기에 도전해보자. 각각의 ETF는 안정적인 자본차익, 높은 월배당금, 대형위기 시 방어막 등으로 각자의 역할을 수행하게 된다.

　역시 각각 3,300만 원씩 투자해보자. KODEX가 추종하는 S&P500은 배당률이 0.3%이며, 매년 13%씩 주가가 상승하는 기초지수다. 배당성장률은 4.79%로 최근의 인플레이션은 방어하는 수준이다. 여기에 매월 100만 원씩 적립식으로 추가 투자한다고 가정해보면 10년 후 총자산은 5억 9,000만 원에 이를 것이다. 이는 미국 성장의 위력을 보여준다. 다만 이 정도의 자산에서 나오는 월배당 수준은 고작 5만 원

1억 원으로 10배 불리는 ETF 포트폴리오

구분	ETF	종잣돈	추가투자 (매월)	10년 후 총자산	10년 후 월 현금흐름
주식	KODEX 미국S&P500	3,300만 원	100만 원	5억 9,000만 원	5만 원
주식+파생	TIGER 200커버드콜	3,300만 원	50만 원	1억 8,823만 원	170만 원
원자재	ACE KRX 금현물	3,300만 원	100만 원	2억 8,507만 원	-
합계				10억 6,330만 원	175만 원

에 불과하다. 자산은 증가했지만 생활비를 감당하려면 결국 이 ETF를 조각조각 팔아야 한다는 결론에 도달하게 된다. 아직 목돈이 필요하지 않은데 현 자산을 팔기는 아깝기 때문에 TIGER 200커버드콜이 필요한 것이다.

미래에셋자산운용이 2018년 2월에 출시한 TIGER 200커버드콜은 기초지수로 코스피 200 커버드콜 ATM을 따른다. 이 상품은 주식과 콜옵션을 결합하여 높은 배당을 제공하기 때문에 인기가 높을 수밖에 없다. 또한 이 조합이 '무적'이 될 수 있는 이유는 그동안 한국 주식시장이 '박스피' 현상을 보였기 때문이다. 박스피란 주가가 일정 수준에서 등락하며 신고가를 기록하지 못하는 현상을 의미한다. 이는 배당 없이 한국 기업의 주가 상승만을 기대하는 투자자들에게는 고통이지만, 이러한 변동성을 활용해 안정적으로 수익을 추구하는 투자자에게는 유리한 구조다.

냉정함이 필요하다. 누군가는 현재의 한국 주식시장을 분노의 대상으로 여길 수 있다. 그러나 주가가 크게 오르지 않고 박스권에서만 등락을 반복하는 구조는 어떤 이에게는 최상의 수익 구조가 될 수 있다. 바로 커버드콜 전략에 적합하다는 것이다.

커버드콜은 앞서 살펴본 바와 같이 기초자산이 상승할 때 콜옵션 매도 프리미엄만을 얻고, 주가 상승에 따른 자본 차익은 포기하는 전략이다. 반면, 추가 하락할 경우 이미 매도한 옵션 프리미엄만큼 주가 하락분을 일부 만회할 수 있다. 지속적인 하락장에서는 주식이나 관련 지수를 기초자산으로 삼는 ETF 모두가 피해를 본다. 따라서 커버드콜 전략에서 가장 이상적인 상황은 점진적으로 우상향하는 박스피라고 할 수 있다. 미국처럼 지속적으로 우상향하는 장에서 커버드콜 전략 ETF가 시장 지수 ETF를 따라잡기 어려운 반면, 한국처럼 10년 넘게 박스피를 형성해온 주식시장에서는 커버드콜이 최적의 환경으로 평가될 수 있다. 이 상황은 왠지 모르게 웃픈 상황이다.

200커버드콜은 코스피200을 매수하면서 동시에 코스피200 콜옵션을 매도하는 전략이다. 이 ETF 끝에 붙은 ATM은 현금인출기가 아니다. At The Money의 약자다. 커버드콜은 옵션 행사가격(Stritke price)에 따라 크게 ATM과 OTM(Out of the money)으로 구분된다. 기초지수가 행사가격과 같으면 ATM이고 기초지수가 행사가격보다 낮으면 OTM이다.

하락장에서도 손실 최소화 전략

코스피200에 포함된 주식을 1만 원에 매수하고, 해당 포트폴리오를 같은 가격에 살 수 있는 콜옵션을 판매한다면 이는 ATM이고 주식 현물을 1만 원보다 높은 1만 500원에 살 수 있는 콜옵션을 판매한다면 이는 5% OTM 옵션이 된다. 일반적으로 ATM 옵션은 실현 가능성이 더 높기 때문에 가격이 더 비싸다. OTM 옵션의 경우 현재 주가보다 높은 가격으로 설정할수록 판매가는 낮아지는데 이는 실현 가능성이 낮기 때문이다. 이러한 이유로 커버드콜은 기초자산(주가)이 횡보할수록 유리하다고 하는 것이다.

TIGER 200커버드콜의 4월 말 현재 배당수익률은 8.55%다. 이 ETF는 매월배당금을 지급하며 국내 운용사가 설계하여 국내에 상장된 ETF이므로 개인투자자와 퇴직연금 투자 모두가 가능하다. 기초지수가 한국 코스피 시장 내 우량기업 200곳에 대한 투자로 상대적으로 투자 위험이 낮다.

문제는 커버드콜의 특성상 주가 상승 시 수익률이 제한된다는 점이다. 이로 인해 주가가 오히려 하락했다는 것이다. 2018년 상장 이후 주가는 2025년 5월 16일까지 14% 하락했다. 물론 7년간 높은 배당을 지속적으로 받아왔기 때문에 누적 총수익률은 마이너스가 아니다. 흥미로운 점은 이 기간 동안 코스피 자체도 거의 상승하지 못했다는 것이다. 차라리 월배당으로 안정적으로 수익을 챙기는 것이 더 나은 투자방법이 될 것이다.

주가상승률이 높으면 배당률은 낮다

실제로 장기투자 시 이러한 효과를 누릴 수 있다. 3,300만 원의 원금을 가지고 매월 50만 원씩 TIGER 200커버드콜에 투자해보자. 배당률을 8.55%로 고정하고, 배당성장률은 보수적으로 5%로 설정하자. 2025년 4월 기준으로 최근 3년 동안 연평균 40% 이상 성장했으나, 최근 1년 기준으로는 배당금이 감소하기도 했다. 그래서 보수적으로 5%를 잡은 것이다. 복리 효과로 인해 10년 후 TIGER 200커버드콜 ETF의 총자산은 1억 8,823만 원이 된다. 이 자금을 통해 매월 받게 되는 배당금은 170만 원이다.

앞서 KODEX 미국S&P500으로 5억 9,000만 원의 자산을 축적했고, 여기에 1억 8,823만 원이 추가된다. 월배당금은 S&P500을 통해 5만 원, TIGER 200커버드콜 전략으로 170만 원을 합쳐 총 175만 원이 된다. 이 정도면 대기업에서 30년 이상 근무한 이후 65세부터 받게 되는 국민연금 수령액과 비슷하다. 두 ETF에 10년 이상 투자할 경우, 국민연금을 포함한 월 현금흐름은 350만 원에 달하게 된다. 이는 특별한 일 없이도 여생을 보낼 수 있는 수준이다. 다만 두 ETF 모두 국내 상장 ETF이므로 세금은 고려하지 않은 수치다.

마지막으로 금 현물에 투자하는 ACE KRX금현물 ETF를 살펴보자. 금은 인플레이션 위험을 방어해주는 유일무이한 자산이다. 원래 금은 달러와 함께 전 세계에서 통용되는 통화였으나 이러한 제도가 폐지된 이후 한동안 정체성을 잃었다. 그러나 미국이 달러를 지나치게 많이 공급하고 미국 채권이 쏟아지면서 그 가치가 하락하자 투자자들은 가치 하락을 방어할 수 있는 자산이 필요하게 되었다. 이에 각국의 정부는 글로벌 위기가 발생할 때마다 외환보유고에 금을 추가하고 있다. 개인 투자자들은 경제적 약자이므로 이들 중앙은행처럼 행동할 필요가 있다. 금은 그 희소가치가 전 세계의 어떤 통화나 자산보다도 높다.

이런 귀한 금을 개인이 보유할 경우에는 여러 가지 곤란한 문제가 발생한다. 우선, 도난의 위험이 크다. 또한 금이 무겁기 때문에 보관이 불편하다. 정부는 개인이 지나치게 많은 금을 보유할 경우에는 일부 제한을 두기도 한다. 실물 금을 거래할 때도 높은 세금이 부과된다. 금을 실물로 인출하면 10%의 부가가치세가 붙는다.

배당은 없지만 금은 가져가자

일반 투자자들은 주로 ETF나 골드뱅킹(금통장)에 투자한다. ETF 투자에 있어서 가장 대표적인 상품은 ACE KRX 금현물이다. 이 상품은 99.99% 순도의 금 현물에 간접투자할 수 있는 기회를 제공한다.

특히 앞선 두 ETF와의 조합이 매우 유리하다. 2025년 4월 말까지 S&P500 지수는 오히려 하락세를 보였고, 코스피는 거의 제자리 걸음을 하고 있다. 반면, 금현물 ETF는 10% 이상 상승하며 두 ETF의 부진을 상쇄해주었다. 주가가 본격적인 상승 추세에 접어들면 S&P500

금현물 ETF 1년 주가 그래프

※ 2025년 5월 23일 기준.

은 자본 차익을 실현할 수 있고, 200커버드콜은 꾸준한 월배당금을 제공할 것이며, 금현물 ETF는 두 ETF에 상승 추세를 넘겨주고 다소 횡보할 가능성이 있다. 이처럼 주가가 서로 다른 방향으로 움직이기 때문에 중장기적으로 마음 편한 투자가 가능하다.

3,300만 원으로 ACE KRX금현물 ETF에 첫 투자금을 넣었다고 가정해보자. 배당은 없기 때문에 배당률과 배당성장률 모두 '제로'(0)다. 연평균 주가상승률은 금 관련 원조 ETF인 GLD의 10년 평균 9.6%를 적용한다. 매월 100만 원씩 적립식으로 투자한다고 가정할 경우, 10년 후 이 금현물 자산은 2억 8,507만 원이 된다. 월 현금흐름은 없다는 점은 단점이지만, 200커버드콜이 이 부분을 보완하는 구조다.

다시 원점으로 돌아가보면, 1억 원을 3분할하여 각각 3,300만 원씩 세 개의 ETF인 KODEX 미국S&P500과 TIGER 200커버드콜, ACE KRX금현물에 투자한다. KODEX 미국 S&P500과 ACE KRX금현물에는 매달 각각 100만 원씩 투자하고, TIGER 200커버드콜은 다소 위험하므로 매월 50만 원을 적립식으로 투자하기 시작한다. 그리고 10년이 지나면 1억 원의 초기 자금은 10억 6,330만 원으로 증가한다. 이른바 '텐배거'(자산이 10배 불어남)다. 이와 동시에 확실한 배당 파이프라인의 커버드콜과 S&P500을 통해 매달 175만 원의 배당금이 발생한다. 여기에 국민연금까지 포함하면, 자산 10억 원을 유지하면서도 생활이 유지된다는 계산이 나온다.

계산과 생각만으로 행복해지는 순간이다. 다만 10년 넘게 매달 250만 원씩 위험자산에 투자하는 것은 보통의 각오와 실행력으로는 이루어지기 어렵다. 특정 ETF의 주가가 한동안 하락하더라도, 다른 ETF의 상승을 보며 견딜 수 있는 자신감과 확신이 있어야 한다. 이를 위해서는 ETF가 추구하는 목표와 구성종목, 배당률, 운용사 및 출시연도, 총비용부담률 등을 면밀히 검토해봐야 한다.

미국만 망하지 않으면
월 250만 원

S&P500 + SGOV 7년만 투자해볼까?

현존하는 주식 투자 레전드인 워런 버핏 버크셔 해서웨이 회장은 '황금비율 포트폴리오'를 자신의 유언장에 미리 기록해두었다. 이 유언장은 아내에게 남기는 그의 투자원칙이기도 하다. 그 내용은 S&P 500 지수 추종 ETF에 90%를 투자하고, 나머지 10%는 미국 단기채권(단기채)에 투자하라는 것이다. 미국 단기채는 대표적인 안전자산 중 하나로 알려져 있다. 이런 자산 조합은 미국이 망하지 않는 한 손실을 보지 않는 투자 방법이다. 1억 원이 있다면 S&P500에 9,000만 원을, 미국 채권에 1,000만 원을 투자하라는 의미다.

이 책을 읽는 사람이라면 굳이 비싼 ETF를 구매할 필요는 없을 것이다. 동일한 지수를 추종하는 ETF 중에서 주가가 저렴하고, 수수료도 낮은 ETF를 선택하면 된다. 이러한 조건을 충족하면서 거래가 가장 많이 되는 ETF는 미국에서는 SPLG다. 국내의 경우 절세계좌로 투자하는 것이 바람직하며, 최근 5년 기준으로 가장 성과가 좋은 ETF는 KODEX 미국S&P500이다.

이 지수 ETF에 채권 ETF를 결합하려면 먼저 채권에 대한 이해가 필요하다. 채권은 금리에 민감하게 반응하며 시장 금리가 상승하면 채권 가격은 하락하는 경향이 있다. 따라서 금리 인하는 채권 투자자들에게 반가운 소식이다. 장기채는 단기채보다 금리의 영향을 더 크게 받는다. 국내 투자자들이 선호하는 채권 ETF 중 하나는 TLT이다. TLT는 만기가 20년 이상인 장기채로 구성된 ETF다. TLT는 주식처럼 변동성이 크기 때문에 단기간에 많은 주가 상승 차익을 얻을 수 있다. 반면, 단기채는 변동성이 낮아 투자 이후 마음을 덜 졸일 수 있다.

변동성을 싫어하고 안정적인 수익을 추구하는 투자자들에게 단기채 ETF는 매력적인 투자 수단이다. 장기채보다 수익률은 낮더라도, 최근과 같은 하락장에서는 주가 방어력이 뛰어나다. 주식처럼 실시간으로 사고 팔 수 있으니 유동성도 우수하다. ETF는 다양한 단기채에 투자하므로 분산투자 효과도 누릴 수 있다. 버핏 또한 경기 침체가 예상될 때 현금과 단기채 보유를 늘리곤 했다.

트럼프 초기 단기채가 유망했던 이유는 '트럼프 2.0 행정부'가 은행들에 대한 규제를 완화하겠다고 약속했기 때문이다. 대표적인 규제로는 2014년에 도입된 eSLR(강화된 보완적 레버리지 비율)이 있다. 2008년 글로벌 금융위기를 겪으면서 당시 미국 정부는 은행 규제를 대폭 강화했다. 이는 지나친 대출로 인해 금융 시스템이 붕괴되는 것을 방지하기 위한 의도에서 비롯되었다. 금융 안정성을 확보하기 위해 eSLR 제도가 시행되었다. 이 규제의 핵심은 은행이 보유한 모든 자산에 대해 최소한의 자기자본(3-5%)을 유지하도록 요구하는 것이다.

채권을 담아 포트폴리오 안전성 강화

이러한 자기자본 규제에는 채권도 포함되어 있다. 그러나 부작용이 발생했다. 코로나19 사태 이후 미국 정부는 국채 발행량을 크게 늘려왔지만, 이에 대한 적절한 수요는 따라오지 않았다. 대형 은행들조차 규제에 얽혀 채권 매수세에 참여하지 못했다. 여기에 관세전쟁에 대한 위기감이 최고조에 달하자 한때 채권 투매가 발생했다. 이로 인해 채권 가격이 급락하고 금리가 급등하는 현상이 나타났다. 금리 급등은 트럼프 정부가 대량으로 발행할 채권의 이자 부담으로 이어지기 때문에 그의 입장에서는 최악의 시나리오였다.

채권 시장의 안정을 위해 트럼프는 자신의 공약 중 하나인 은행 규제 완화에 나서고자 했다. 채권 시장은 '은행 규제 완화→채권 매수 동참→채권 가격 상승→금리 안정'을 기대하고 있다. 이러한 시나리오에 따르면, 금리 변화에 민감한 장기채보다는 안정성이 높은 단기채의 수요가 꾸준할 것으로 전망된다.

유동성 측면에서 주로 언급되는 3개의 미국 단기채 ETF는 다음과 같다. 미국 '직투(직접 투자)'용으로는 'iShares 1–3 Year Treasury Bond ETF'SHY와 'iShares 0–3 Month Treasury Bond ETF'SGOV가 있으며, 국내 절세용으로는 'TIGER 미국달러단기채권액티브(329750) ETF'가 있다.

SHY는 그 이름과 달리 부끄럽지 않은 배당률을 보여준다. 이름 그대로 만기가 1~3년 남은 비교적 단기채권 128곳에 투자한다. 세계 최대 자산운용사인 블랙록이 2002년 7월에 출시했다. 매월 달러로 배당을 지급하며, 운용수수료 등 보수율은 0.15%이다. 안정적인 수익을 추가하는 안정 성향 투자자들에게 매달 정기적으로 배당을 지급하며, 연간 기준으로 4.07%의 수익률을 제공한다.

SHY보다 18년 늦게 출시된 SGOV는 선배를 뛰어넘기 위해 더 우량한 지표를 보여준다. SGOV는 만기 3개월 이내의 미국 단기채에 투자하며, 역시 블랙록의 월배당 상품이다. 보수율은 0.09%로 SHY보다 저렴하며 연간 배당률 또한 4.13%로 선배인 SHY보다 우수하다. 더 똘똘한 단기채 ETF가 출시될 가능성이 있지만, 2025년 4월까지는 자금 유입의 꾸준함, 시가총액 규모, 분배율, 배당률 등 4대 핵심 지표에서 SGOV가 더 나은 성과를 보였다.

'TIGER 미국달러단기채권액티브'는 미래에셋자산운용의 미국 단기채 ETF다. 이 펀드는 연금저축펀드와 같은 절세계좌를 통해 매수할 수 있어 미국 직접투자 상품에 비해 유리한 점이 있다. 그러나 문제는 보수율이 0.3%로, SHY의 두 배 수준이라는 것이다. 각종 비용을 포함한 실제 비용 부담률은 0.3225%로 더 높다. 특히 배당률이

1.89%로 미국 상품에 비해 수익률이 낮다. 단순히 절세 효과만을 고려하여 국내 ETF에 투자하기에는 핵심 양대 지표(비용 부담·배당률)에서 미국 ETF에 크게 뒤처지는 상황이다. 이들 ETF에 투자할 때는 주가보다는 분배금(배당)에 집중하는 것이 더 바람직하다. 사실상 월배당을 지급하는 달러 예금 성격을 가지고 있다.

이 조합은 미국 우량주의 주가 상승으로 인한 중장기적인 자산 증가와 미국 채권의 안정적 현금흐름을 동시에 추구할 수 있다. 1억 원을 5,000만 원씩 나눠서 S&P500 ETF와 미국 단기채 ETF에 투자해보자. '샐러리버프'에서 배당재투자 계산기를 사용하면 향후 증가할 자산과 월 예상 분배금이 산출된다.

배당을 지급하는 주식이나 분배금이 있는 ETF를 통해 미래 자산과 월 현금흐름을 계산할 수 있다. 물론 모든 수치는 ETF에서 발생하는 배당금을 전액 재투자했을 때 나오는 결과다. 이 시스템을 활용하려면 보유자산, 시가배당률, 배당성장률, 배당주 시가성장률, 월 추가 투자금액, 투자금액 증가율, 목표 월배당금, 배당소득 발생지역 및 과세 여부를 입력해야 한다.

보유 자산은 기초 자산이다. 여기서는 5,000만 원의 목돈을 모았고, 이를 KODEX 미국S&P500에 넣어놨다고 가정해보자. 그리고 시가배당률은 2025년 4월 말 기준 연간 배당률(ETF체크 기준) 0.31%를 투자했다. 배당성장률은 배당주의 연간 배당금 인상폭이나 ETF의 연간 배당인상률을 의미한다. 미국의 S&P500 추종 ETF인 SPLG의 배당인상률을 대신 사용한다. KODEX 상품은 2021년에 출시되었기 때문에 5년 이상의 기록이 없다. SPLG의 5년 평균 배당인상률은 4.79%이다. 배당주 시가 성장률은 해당 ETF가 연평균 얼마나 상승했는지를 나타낸다.

미국 S&P500 지수의 최근 10년 기준 연평균 상승률은 13%다. 월 추가 투입금은 50만 원으로 설정해보자. 첫해에는 50만 원을 넣고 매년 20%씩 증가시키는 것으로 가정하자. 목표 월배당금은 투자자가 임의로 정할 수 있으므로, 여기서는 월 100만 원으로 설정해보자. S&P500을 추종하는 국내 상장 ETF에서 월배당금 100만 원을 받기까지 걸리는 기간은 38년이다. 이는 중장년층에게는 상당히 긴 시간이다. 반면 2030세대라면 도전해봄직한 과제다.

채권 ETF의 교과서 SGOV

미국 단기채에 투자하기 위한 국내 상장 ETF는 업력이 짧다. 원조 격인 SGOV에 투자하기로 결정했다. S&P500에 비해 이 ETF는 매월 현금흐름을 위한 투자다. 기본 투자금으로 5,000만 원을 설정하고 매월 50만 원씩 SGOV를 매수한다. 연간 배당률은 4.71%다.

SGOV는 2020년에 출시되어 비교적 신생 ETF다. 10년 이상은 경과해야 유의미한 연평균 배당인상률이 나타난다. 출시 이후 배당은 성장했으나, 2024년 이후 1년간은 오히려 감소하기도 했다. 여기서는 배당성장률을 3년 평균 수치인 38%로 설정해보자. 이제 5년차에 접

매월 250만 원 현금흐름 만드는 ETF 포트폴리오

구분	ETF	종잣돈	월투자금 (매년 20%씩 인상)	7년 후 총자산	7년 후 월 현금흐름
주식	SPLG	5,000만 원	50만 원	2억 1,161만 원	2만 원
채권	SGOV	5,000만 원	50만 원	1억 9,933만 원	252만 원
합계				4억 1,094만 원	254만 원

어든 ETF로 출시 이후 배당은 무려 200% 넘게 증가했다. 그러나 이는 상장 초기 비정상적인 수치이므로 고배당주의 평균 성장률을 적용했다. 주가는 거의 오르지 않았으므로 0%로 설정한다. 미국 ETF이기 때문에 배당소득 발생지역은 미국이다. 확실히 대조되는 결과가 나타난다. 7년 후에는 세금을 납부한 후 월 252만 원의 세후 수익이 발생할 것이다.

5,000만 원씩 투자한 두 개의 ETF에 매월 50만 원씩 추가 투자하고, 매년 20%씩 투자금을 증가시키는 시뮬레이션을 해보자. KODEX 미국S&P500 ETF에서는 7년 후 매월 약 2만 원의 배당금을 받을 수 있다. 7년 후 총 자산가치는 2억 1,161만 원까지 증가하지만 배당 측면에서는 고작 매월 2만 원의 현금흐름이 발생한다. 이 ETF는 배당보다는 주가 상승 '원툴'(목적이 한 가지에 집중되어 있는 것)에 중점을 둔 투자 전략이다.

7년 후 SGOV에 대한 총 투자금은 1억 2,750만 원에 달한다. 자산은 2억 원에 가까워졌다. 이처럼 두 ETF에 투자할 경우 매월 발생하는 합산 월배당금은 254만 원이다. 이는 40대와 50대에게 적합한 투자다. 정년이 10년 미만으로 남은 사람에게는 충분히 도달 가능한 목표다. 30년 이상 근무한 사람들이라면 대략 국민연금 매월 150만 원가량을 받을 수 있다. 2025년 기준으로 국민연금 수급 개시 연령은 만 63세다. 미리 두 ETF를 꾸준히 투자하고, 이 나이 이후에 국민연금에서 매월 150만 원, 두 ETF 조합으로 254만 원을 받게 된다면 매월 총 404만 원에 달하게 되어 여유 있는 노후를 계획할 수 있다.

닥치고 슈드와 QQQ로
은퇴하기

배당성장 + 주가성장 = 세상 간단한 부자공식

수많은 투자자들이 다양한 시뮬레이션을 바탕으로 ETF '꿀조합'을 제안하고 있다. ETF 자체가 분산투자이지만 서로 다른 ETF를 조합하는 이유는 어떤 금융상품이든 약점이 존재하기 때문이다. 이러한 약점을 상쇄하는 다른 ETF를 찾는다면 꿈의 조합이 탄생할 수 있다. MZ세대의 관심을 끌고 있는 조합 중 하나는 SCHD(슈드)와 QQQ다. 슈드는 배당성장에 중점을 두고, QQQ는 주가성장에 중점을 둔다. 또 하락장에서는 슈드가 주가 방어와 배당금 지급을 담당하고, 상승장에서는 QQQ의 폭발적인 성장을 기대하는 조합이다.

슈드와 QQQ의 조합이 환상적인 이유 중 하나는 업종의 중복을 최소화할 수 있다는 점이다. 슈드의 1~3위 보유 업종은 4월 말 기준으로 각각 필수소비재(19.75%), 에너지(19.23%), 헬스케어(15.25%)였다. 반면, 나스닥 고성장 종목들을 담고 있는 QQQ의 경우 1~3위 업종은 IT(51.4%) 통신서비스(16.08%) 경기소비재(13.23%)다. 두 ETF를 보유하면 중복되는 업종이 거의 없다. 각종 데이터를 분석해 책을 쓰는 이 순간에도 10년 전에 이 조합으로 투자를 했었더라면 하는 아쉬움이 남는다.

그렇다면 두 ETF에 어떤 비율로 투자해야 할까? 50%씩 분배하는 것이 가장 간편한 비율이다. 그러나 안정성향이고 은퇴가 가까워졌다면 슈드의 비중을 높여야 한다. 월급이 끊기는 순간, 슈드의 배당금이 바로 은퇴 후의 월급이 되기 때문이다.

슈드에 투자해야 하는 또 다른 이유는 주가 방어력이다. 2011년 10월 이후 2025년까지 주가 최대 손실률MDD을 살펴보면 이 기간 동안 연간 QQQ의 최대 손실률은 −33%였다. 슈드의 경우 고작 −5.6%에 그쳤다. 심리적 안정감을 위해서라도 슈드는 필요하다는 결론이다. 물론 연평균 주가상승률과 누적수익률에서는 QQQ가 압도적이다. 슈드 출시일 이후 누적수익률은 슈드가 335%인 반면, QQQ는 690%에 달했다. 전형적인 공격＋수비 조합이다.

7대 3 조합이 최적

배당재투자를 기본으로 하여, 두 개의 ETF에 각각 5,000만 원씩 투자하는 것을 출발선으로 한다. 매월 50만 원씩 추가로 투자한다. 10년 후 QQQ에 대한 투자 원금은 1억 1,000만 원이다. 자산 총액은 3억 4,655만 원에 이른다. 그러나 이 자산으로 받을 수 있는 월배당금은 고작 10만 원에 불과하다. 이제 추가적인 전략, 즉 슈드가 필요하다.

같은 조건으로 슈드에 투자했다. 배당률은 3.99%에 매년 주가는 9%씩(5년 평균 기준) 올랐다. 나오는 배당금을 재투자했을 때, 슈드를 통한 총자산은 3억 원에 달한다. 자산 총액은 수천만 원 차이인데 월배당금은 76만 원이다. 두 ETF에서 발생하는 배당금 차이가 7배 수준이다.

1억 원으로 시작하여 자산은 6억 원으로 증가했고, 월배당금은 86만 원으로 성장했다. 월 현금흐름을 높이려면 매월 투자하는 금액을 점차 늘리면 된다. 매년 20%씩 슈드에 대한 투자금을 늘릴 경우 10년 후에는 월배당금이 107만 원으로 증가한다. 이는 주 4일 오전 근무만 한다는 아르바이트생의 월급 정도에 해당한다. 이 조합이 좋은 이유는 투자를 하면서 마음 고생할 일이 거의 없다는 것이다. 금융위기나 경제 폭망 등의 최악의 상황이 발생하더라도 그때는 투자금을 늘려 더 빠르게 목표에 도달할 수 있다.

이처럼 과거back 데이터를 기반으로 미래 주가 수익이나 목표 현금흐름과 같은 투자전략을 검증test해보는 과정을 '백테스트'backtest라고 한다. 슈드의 비중을 높이면 월배당금이 증가하고 포트폴리오의 안정성을 높일 수 있다. 백테스트 시 두 ETF의 투자 비중을 7대 3 비율로 조정해보자. 앞서 1억 원을 5,000만 원씩 나눠서 투자했다면 이제는 슈드에 7,000만 원을 넣고 시작하는 전략이다. 매년 투자금을 20% 늘렸을 때 초기 자본 5,000만 원에서 10년 후 월배당 100만 원을 달성할 수 있다. 7,000만 원에서 시작할 경우 1년 앞당겨 9년 만에 월 100만 원이 가능해진다.

8대 2 비율은 어떨까? 슈드에 8,000만 원을 투자하고 연 20%씩의 수익률로 자산을 늘렸다고 가정해보면 역시 9년 만에 월 100만 원에 도달할 수 있다. 슈드 자산과 월배당금이 좀 더 늘어난다는 차이는 있지만 7대 3 비율이 최적의 조합으로 보인다.

JEPI와 JEPQ로
월 700만 원 만들기

2030에게 맞는 ETF 조합

JEPI는 'JPMorgan Equity Premium Income'의 약자다. 이름에서 알 수 있듯이, JP모건이 2020년 5월에 출시한 비교적 새로운 상품이다. 젊은 세대들이 선호할 만한 공격적인 배당률과 월배당, 그리고 S&P500 지수 추종이라는 안정성을 모두 갖추고 있다. 실부담비용률은 0.35%다.

배당률이 8.07%에 배당성장률이 최근 1년 7.8%로 인상적이다. 그러나 배당성장률을 최근 3년 평균으로 보면 -1.9%로 나타났다. 이는 배당이 들쭉날쭉했다는 뜻이다. 높은 배당률을 유지하기 위해 커버드콜 전략을 사용하고 있다. 이는 옵션 매도 비중은 10%다. 90%가 지수 상승률을 따르겠다는 뜻이다. 매월 고배당을 지급하기 위해

배당으로 연봉 1억 원에 도전하는 ETF 포트폴리오

구분	ETF	종잣돈	월 추가 투자금	10년 후 총자산	10년 후 월 현금흐름
주식+채권+커버드콜	JEPI	5,000만 원	50만 원	2억 1,562만 원	129만 원
주식+커버드콜	JEPQ	5,000만 원	50만 원	3억 6,529만 원	576만 원
합계				5억 8,091만 원	705만 원

*과세 적용. 기간 내 배당재투자. ETF 보수 등 비용은 불포함.

서 기초지수 상승의 100%를 충족하지 못하고, 90%까지만 추종하고 있다.

이 ETF의 보유종목은 S&P500을 구성하는 종목들로 보면 된다. JEPI는 주가연계채권ELN을 통해 좀 더 높은 안정성을 추구했다. ELN은 특정 기초 자산의 성과에 연동되어 수익을 제공하는 금융 상품을 의미한다. JEPI의 경우에는 S&P500 지수를 기초 자산으로 사용한다.

이를 통해 JEPI는 S&P500의 성과를 모방하면서도 콜옵션 전략을 통해 추가 수익을 확보한다. 또한 ELN의 사용으로 보다 안정적인 운용이 가능하다. 다만 ELN을 발행한 회사가 부도가 날 경우 월배당금이 줄어들 수 있다는 점은 유의할 필요가 있다.

JEPQ는 JEPI와 데칼코마니 격으로 유사한 구조를 가지고 있다. 이름에서 S&P500 대신 나스닥100 지수를 사용하면 JEPI와 완벽한 대칭을 이룬다. 운용사도 JP모건으로 동일하며, 실부담비용률에 커버드콜 전략을 활용한다는 점에서 대동소이하다. JEPQ는 2022년에 출시되었기 때문에 JEPI보다 2년 후배다.

배당률은 11.52%로 JEPI보다 높다. 서학개미들 사이에서는 JP모건의 콘셉트에 따라 두 ETF를 동시에 모아가는 사람들이 많다. 이론적으로 S&P에 속한 500개 우량 기업들과 나스닥 100에 포함된 기업들을 모두 소유할 수 있는 셈이다.

JEPQ 역시 커버드콜 전략을 사용하는데, 옵션 매도 비중은 20~30%다. 나머지 80%는 나스닥100을 추종한다. 옵션 매도 비중이 높기 때문에 배당률이 더 높게 나타난다. 다만 JEPI와 GPIX와 비교했을 때 변동성이 가장 크고, 따라서 위험도가 높다고 볼 수 있다.

2025년 1분기, 트럼프의 관세전쟁으로 미국 주식시장이 한바탕 소란을 겪었고, JEPI의 배당률에 실망한 투자자들이 골드만삭스의 ETF로 교체를 시도했으니, 그 대상이 바로 GPIX다. GPIX는 'Goldman Sachs S&P500 Core Premium Income ETF'다. '프리미엄 인컴'은 이 ETF가 고배당에 중점을 두고 있다는 뜻이다. GPIX는 2023년 10월에 출시되어 세 개의 ETF 중 가장 최근에 등장한 막내다. 비슷한 성격의 ETF들은 최근에 출시될수록 보수율이 낮아지는 경향이 있다. 따라서 GPIX의 실부담비용률은 0.29%로 가장 저렴하다.

GPIX는 ELN과 같은 별도의 금융상품 계약 없이 전통적인 커버드콜 전략을 사용한다. ELN과 결합하여 변동성을 낮춘 JEPI에 비해 GPIX는 단기 변동성이 더 크다. GPIX의 배당률은 8.81%로 JEPI보다는 높지만 JEPQ보다는 낮다. 이러한 이유로 JEPI에서 GPIX로 자금 이동(머니무브)이 발생했다.

요약하자면, 미국 성장주 주식을 보유하여 주가 상승을 노리고, 고배당을 위해 옵션매도 전략을 활용한다. 나스닥100 종목을 보유하면서 최대 30%의 옵션매도 전략으로 연 두 자릿수 배당률을 추구하는 ETF는 JEPQ다. GPIX는 전통적인 커버드콜 전략을 사용하며 S&P500을 추종하여 낮은 비용 부담으로 가성비가 뛰어나다. JEPI는 세 개의 ETF 중에서 가장 안정적인 주가 흐름을 위해 채권 성격의 신종금융상품 ELN을 결합한 것이 특징이다. 성격이 모두 다르기 때문에, 이들 세 ETF를 동시에 보유하여 월 현금흐름을 극대화하려는 투자자들이 늘고 있다.

JEPI + JEPQ = 연봉 1억 원

JEPI와 JEPQ에 각각 5,000만 원씩 투자하고, 매월 50만 원을 추가로 투자하면 어떤 결과가 나올까? 먼저 가장 유명한 JEPI의 배당률은 8.01%에, 배당성장률 4.35%, 그리고 주가상승률은 5년 평균 2.1%로 설정해봤다. 배당성장률은 S&P500을 추종하는 또 다른 ETF인 SPY의 5년 평균 상승률을 기준으로 했다.

배당률은 높을수록 주가 상승은 제한된다는 사실이 JEPI의 최근 5년간 주가 흐름에서 확인할 수 있다. 중장기적으로 주가가 하락한다면 이는 고배당을 지급하면서 원금이 녹아내리고 있다는 뜻이다. JEPI는 적어도 원금은 지키면서 고배당을 지급하므로 ETF가 지향하는 철학을 어느 정도 유지하고 있다고 평가할 수 있다. JEPI에 10년간 매월 50만 원씩 투자하면 월배당금으로 129만 원을 받을 수 있다.

같은 방식으로 JEPQ를 백테스트해보자. 배당성장률은 QQQ(나스닥 추종)의 5년 평균값을 적용했다. 주가상승률은 연평균 0.9%에 불과했다. 다만 주가상승률이 높아질 경우 투자금으로 매수할 수 있는 주식 수가 줄어들므로 월 현금흐름 측면에서는 오히려 불리할 수 있다. 10년 후 JEPQ에서 발생하는 월배당금은 588만 원에 이를 것으로 예상된다. 투자 원금은 1억 1,000만 원에 달할 것이다. 이는 JEPI와 JEPQ를 함께 투자할 경우 10년 후에 월 합산 배당금은 717만 원이다. 세후 기준이므로 연봉 1억 원의 실수령액과 비슷하다. 이 두 ETF에 장기투자할 경우 연봉 1억 원의 효과를 누릴 수 있는 셈이다.

노후를 위한 최강조합으로
월 300만 원

배당커버드콜 + 채권혼합 + 금현물 ETF

어느 날, 가슴이 덜컥 내려앉는다. 지금 가지고 있는 자산으로는 편안한 노후를 꿈꿀 수 없다는 사실을 깨닫게 된다. 그래서 빨리 돈을 벌고자 한다. 이런 냄새는 금융 사기꾼이 곧잘 맡는다. 그나마 모아둔 돈도 연기처럼 사라질 수 있다. 미리미리 돈을 모아둔 사람들은 금융 사기에 넘어갈 만큼 어리석지 않다. 자산을 불리는 동안 지혜도 함께 쌓이기 때문이다. 돈을 모으라고 하는 것은 무조건 절약하여 자산의 숫자를 늘리라는 뜻이 아니다. 돈을 모으면서 세상을 바라보는 혜안을 키우라는 것이다.

지혜로운 사람들에게 지금과 같은 금융환경은 가치 있는 도구들을 제공한다. 대표적인 것이 ETF다. 주식뿐만 아니라 다양한 자산을

ETF화할 수 있어 분산투자가 쉬워졌다. 과거에는 채권이나 금과 같은 원자재에 투자하고 싶다면 값비싼 수수료를 지불하고 다른 사람에게 위탁해야 했다. 이제는 직접 투자할 수 있다. 물론 충분한 공부를 통해 자신에게 맞는 조합을 구성해야 한다.

세 개의 자산에 나누어 투자하여 자산과 현금흐름을 동시에 확보해보자. 그러나 너무 많은 자산에 분산투자하면 효과가 떨어질 수 있다. 이도저도 되지 않는다. 가격 방향이 서로 다르며 분산투자 효과가 극대화되는 자산으로 주식, 채권, 금과 같은 원자재를 고려해보자. 주식은 기축통화 국가이자 여전히 성장세가 두드러진 미국 주식으로, 채권은 대표적인 안전 자산인 미국 국채로, 원자재는 통화의 역할도 하면서 희소가치가 뛰어난 금으로 대표된다고 할 수 있다.

KODEX 미국배당커버드콜액티브는 앞서 살펴본 바와 같이 미국 주식시장의 상승분을 최대한 따라가면서 월배당을 제공하는 상품이다. 이 상품은 국내에 상장된 미국 ETF로 당연히 절세계좌를 통해 투자 가능하다. 채권에 간접투자하고 절세계좌를 활용하기 위해 'ACE 미국나스닥100채권혼합액티브 ETF(438100)'를 고려해보자. 성장주로 구성된 나스닥100 지수와 미국 단기국채에 각각 3대 7 비율로 분산투자하는 구조다. 미국 단기국채는 사실상 달러 예금의 성격을 가지므로, 달러가 기축통화로서의 지위를 굳건히 유지하는 한 자산 포트폴리오에 담아야 할 필수 자산이다. 단기국채는 나스닥 상장사 100곳의 주가 변동성을 완화시키는 촉매제다.

단순히 지수를 추종하는 것이 아니라 시장 상황에 맞춰 초과 수익을 목표로 하는 적극적인 운용 전략을 활용하는 매력이 있다. 특히 ACE 미국나스닥100채권혼합액티브 ETF는 부자들 사이에서 개인퇴직연금IRP 계좌에 담기에 최적의 상품으로 입소문이 나 있다. 절세계좌 중 IRP의 가장 큰 특징은 '30%룰'이다. 연금저축펀드보다 더 다양한 상품에 투자하도록 되어 있지만, 30% 이상의 안전자산을 보유하도록 의무화되어 있다. 안전자산은 예금이나 채권 등 변동성이 낮은 자산을 포함한다.

수익률을 높이기 위해 대부분의 연금계좌 투자자들은 70%를 주식 관련 상품에 투자하고 30%는 채권 등 안전자산으로 구성한다. 이때 안전자산으로 나스닥100채권혼합액티브를 매수하는 전략을 취한다. 채권이 70% 포함되어 있다고 하더라도 30%는 미국 성장주에 투자하는 셈이다.

ACE 미국나스닥100채권혼합액티브 ETF는 배당이 없기 때문에 다른 배당 상품과 함께 투자해야 한다. 2025년 5월 말 기준 최근 5년간의 주가수익률은 31%에 달한다. 변동성 또한 다른 주식 관련 ETF보다 훨씬 낮다. 서학개미들이 많이 투자한 장기채권 묶음인 TLT가 최근 5년 동안 47% 하락한 것과 비교할 때, 주식과 채권 혼합형 투자가 현명한 선택이었음을 알 수 있다. 이러한 차이는 채권 ETF이지만 미국 성장주를 담고 있고, 채권 자체도 단기채권이기 때문에 장기채권보다 변동성이 덜 했기 때문이다. 실부담비용률도 0.29%로 부담스러운 수준은 아니다.

경제위기 때마다 뜨는 금

금에 대한 간접투자와 함께 절세계좌 투자가 가능한 ACE KRX금현물 ETF도 인기를 끌고 있다. 이 ETF의 주가 그래프를 보면 '왜 좀 더 일찍 매수하지 않았을까?' 하고 후회할 수 있다. 2021년 말 출시 이후 주가는 2배 상승했다. 미국을 중심으로 전 세계가 통화량을 늘려 유권자들의 불만과 부채 문제를 완화하려는 시도가 지속될 경우, 금의 상대적 가치는 상승할 것이다. 이렇게 많은 돈을 찍어내는 데도 통화의 가치가 유지되기를 바라는 것은 무리다. 따라서 투자자들은 더 가치 있어 보이는 자산으로 계속해서 돈을 옮기고 있다.

금을 실물로 보관하는 경우 비용 부담과 분실 위험이 존재하므로, ETF를 통해 자신의 자산 가치를 방어하는 것이 바람직하다. 그러나 ACE 미국나스닥100채권혼합액티브 ETF에 비해 운용 보수 등 비용 부담이 상대적으로 크다는 점은 유의해야 한다. 원자재에 투자할 때는 이러한 비용 부담은 어느 정도 감수해야 한다. 실부담비용률은 0.888%에 달하며, 이 비용은 역시 매년 복리효과로 증가하므로 주의가 필요하다.

1억 원을 3,300만 원씩 나누어 세 개의 ETF에 투자한다. KODEX 미국배당커버드콜액티브 ETF에 매월 100만 원씩 투자하며 매년 20%씩 증액하여 11년 동안 투자하면 매월 307만 원의 현금흐름이 발생한다. 이는 은퇴 후 월급 역할을 할 수 있다. 이 ETF의 예상 자산은 5억 9,000만 원이 된다. 같은 방식으로 ACE 미국나스닥100채권혼합액티브 ETF에 투자할 경우, 11년 후 이 ETF의 자산은 4억 4,572만 원이 된다. 배당이 없으므로 주가가 연 15%씩 상승한다고 가정했다.

금 ETF에 매월 100만 원씩 투자하면 10년 후 자산이 3억 원에 도달한다. 결국 세 가지 ETF에 11년 동안 꾸준히 투자할 경우, 13억 원 이상의 자산과 매달 300만 원의 현금흐름을 얻을 수 있다. 자산보다 월 현금흐름이 더 중요하다면, 배당이 발생하지 않는 채권혼합형과 금 ETF에 대한 투자 금액을 줄이는 것이 좋다.

4개국에 분산투자해
월 200만 원 받기

코스피 이제 기지개 켠다

전 세계에서 가장 전도유망한 네 나라에 분산투자해보자. 한국, 미국, 이탈리아, 독일이 그 4개국이다. 1억 원을 각각 2,500만 원씩 국가 지수 ETF에 투자하고, 매달 50만 원씩 분할매수도 진행한다. 먼저, 코스피 지수에 대해서는 KODEX 코스피의 배당률 2.16%, 배당성장률 8.18%, 5년 평균 주가상승률 5.9%를 적용한다. 매달 50만 원씩만 투자하므로 월배당 100만 원에 도달하기까지는 22년이 걸린다. 이를 단축하기 위해 투자금을 매년 20%씩 늘린다고 가정해보자. 15년간 장기투자한 결과 코스피 ETF의 총자산은 6억 9,000만 원에 이르게 되고, 월배당금은 114만 원으로 성장한다.

미국 S&P500을 추종하는 SPY에 동일한 조건으로 투자할 경우,

월 100만 원을 달성하는 데 약 30년이 소요된다. 이는 미국 ETF가 이미 정점에 도달했음을 의미하며, 배당인상률이 낮은 반면 주가는 크게 상승하여 현금흐름 측면에서는 불리한 상황이다. 15년 후 예상되는 월배당금은 24만 원이다.

주가 상승은 독일·이탈리아에 기대

이탈리아 ETF인 EWI_{iShares MSCI Italy ETF}의 연간 주가상승률은 거의 17%에 달할 정도로 강력하다. 이처럼 주가상승률이 높을 때는 투자금으로 매수할 수 있는 주식 수가 줄어들어 향후 현금흐름을 높이는 데 다소 불리한 상황이다. 15년 후 EWI로 예상되는 월배당금은 64만 원이 될 수 있다. 독일 ETF인 EWG_{iShares MSCI Germany ETF}의 경우 15년 이후

4개국 ETF에 분산투자해 월 200만 원씩 챙기기

국가	ETF	종잣돈	월 투자금 (매년 20% 인상)	15년 후 월 현금흐름
한국	KODEX 코스피	2,500만 원	50만 원	114만 원
미국	SPY	2,500만 원	50만 원	24만 원
독일	EWG	2,500만 원	50만 원	25만 원
이탈리아	EWI	2,500만 원	50만 원	64만 원
합계				227만 원

과세 적용. 기간 내 배당재투자. ETF보수 등 비용은 불포함.

월 25만 원의 현금흐름이 예상된다.

1억 원을 4개국 ETF에 분산투자하고, 매월 200만 원씩 매수해가면서 얻을 수 있는 세후 배당금을 표로 정리했다. 15년 후에는 4곳의 ETF에서 매월 227만 원이 발생할 것으로 보인다. 국가별로 분산투자하기 때문에 투자 리스크는 매우 낮다고 판단된다. 만약 월 현금흐름이 중요하다면, 코스피 쪽으로 투자금을 집중시키는 전략이 효과적일 것이다.

월 현금흐름 측면에서 미국 SPY에 투자하는 것은 가성비가 떨어진다. 이는 지속적으로 주가가 우상향했기 때문이다. 반면, 한국 주식시장의 지리한 주가 흐름은 오히려 노후에 안정적으로 배당금을 받기를 바라는 투자자들에게는 좋은 조건이 될 수 있다. 주가 상승은 미국 등 해외에서 기대하고, 배당은 국내 기업들의 주주환원 강화에 베팅하는 것이 마음 편하고 효과적인 포트폴리오를 짜는 방법이다.

주가 변동성 최소화하며
월 700만 원

SPHD + DGRW = 낮은 변동성에 낮은 비용

지인 중에 롤러코스터를 못 타는 사람이 있다. 그는 주식투자에서도 마찬가지로 변동성을 극도로 싫어한다. 이러한 사람을 위해 탄생한 ETF도 있다. 바로 SPHD다. 이 ETF는 1935년에 설립된 미국의 독립 운용사 인베스코Invesco의 작품이다. 따라서 정식 명칭은 'Invesco S&P500 High Dividend Low Volatility ETF'다. 이름대로 S&P500을 추종하면서 높은 배당과 낮은 변동성을 추구하는 ETF다.

인베스코는 이 ETF의 종목 구성 및 리밸런싱(재조정) 기준으로 S&P500 지수에서 지난 1년 동안 배당률이 높은 주식 75개를 선정한다. 그중 변동성이 적은 50여 개 기업을 추린다. 각 종목의 비중은 0.05%에서 3% 사이로 제한되어 있다. 종목 선정 및 구성 비율 모두

ETF 안정적 배당재투자로 5억 원 만들기

ETF	종목 구성 철학	종잣돈	월 추가 투자금	10년 후 총자산	10년 후 월 현금흐름
SPHD	낮은 변동성, 높은 배당	5,000만 원	50만 원	1억 7,015만 원	30만 원
DGRW	IT 주식 위주의 배당성장	5,000만 원	50만 원	2억 8,896만 원	13만 원
합계				4억 5,911만 원	43만 원

과세 적용. 기간 내 배당재투자. ETF 보수 등 비용은 불포함.

투자 위험을 줄이는 데 중점을 두고 있다. 또한 실부담비용률은 0.3%로 낮은 편이다.

배당률 중심으로 분석하니 2025년 4월 말 현재 크라운캐슬(비중 3.5%)과 같은 부동산 관련 리츠REITs회사가 비중 1위에 올라와 있다. 이 상장사는 미국의 무선통신 네트워크 부동산을 제공하는 기업이다. 대부분의 이익을 주주에게 배당으로 지급하는 리츠이기 때문에 배당률이 높을 수밖에 없다.

이에 따라 전체 ETF에서 부동산 비중이 20%로 가장 높은 업종이 되었다. 부동산은 금리에 민감하게 반응하며, 금리가 낮아질수록 살아나는 구조다. 미국은 2025년 5월까지 기준금리를 3번 연속 동결할 정도로 현재 금리를 유지하고 있다. 이러한 기조가 지속되는 동안에는 SPHD에서 부동산이 높은 비중을 차지하게 된다. 이와 같은 업종 구성 비율은 IT 기업이 높은 비중을 차지하는 ETF와 좋은 조합을 이룬다.

2020년 초까지만 해도 DGRW와 SPHD를 함께 매수하는 전략이

유행이었다. 두 ETF 모두 월배당 상품으로 꾸준한 현금흐름을 제공한다. DGRW는 성장주 비중이 높아 주가 상승률이 뛰어난 편이다. 반면 SPHD는 배당과 함께 낮은 주가 변동성으로 투자자들에게 안정감을 준다. 이러한 심리적 요인으로 인해 SPHD는 특별한 매력을 지닌다고 할 수 있다.

10년 후 5억 원에 월 700만 원 받는다

그렇다면 1억 원의 종잣돈으로 두 개의 ETF에 투자할 경우 10년 후에는 얼마나 불어날까? 5,000만 원으로 SPHD를 매수한 후에 매달 50만 원씩 적립식으로 투자한다고 가정해보자. 배당률은 3.38%이며, 배당성장률은 1.16%로 설정했다. 배당금의 연평균 인상률은 1년과 5년 동안 각각 마이너스를 기록하여, 수십 년을 투자해도 의미 있는 배당 수치가 나오지 않았다. 결국 배당주의 핵심은 '현재 배당금이 얼마나 주어지느냐'보다 '앞으로 배당금이 삭감 없이 얼마나 유지되거나 인상될까?'가 될 것이다. 3년 평균으로 보면 1.16% 인상된 것으로 나타나 이 수치를 적용했다. 또박또박 투자한 결과 10년 후 SPHD로 이루게 된 전체 자산은 1억 7,015만 원에 달하며, 매달 30만 원의 배당금을 받게 된다.

SPHD와 함께 5,000만 원을 투자원금으로 하여 매달 50만 원씩 DGRW에도 투자해보자. 배당률 1.58%와 배당성장률은 3.6%로 가정했다. 주가상승률은 지난 5년간의 평균인 13.5%로 설정해보자. 이 경우 자산은 최초 5,000만 원에서 10년 후 2억 8,896만 원으로 증가하게 된다. 매달 받는 배당금은 약 13만 원에 이를 것이다. SPHD를 포함하면 총배당금은 약 43만 원 수준이 된다. 만약 1억 원을 두 ETF에 나누어 10년간 매달 100만 원씩 투자한다면, 자산은 4.6배 증가하게 된다. 4억 6,000만 원은 결코 적은 금액이 아니다. 이는 10년 동안 분산투자 원칙을 철저히 지켰을 때 얻어지는 결과물이다.

물론 경제적 자유나 주변에 자랑할 만한 정도의 자산은 아니다. 그러나 노후에 계속 일은 해야 하더라도 친구들에게 아쉬운 소리를 할 필요가 없는 자산 규모는 된다. 4억 6,000만 원은 노후를 대비하는 데 필요한 최소한의 비용이다. 이 돈을 현재 기준의 시중은행 예금(금리 3%)에 맡기면 연간 1,380만 원의 이자가 발생하며 이는 매달 100만 원이 조금 넘는 금액이다. 이 정도의 돈은 만일의 사태에 대비해 은행에 맡기고, 나머지 자산으로 적극적인 투자에 나선다면 보다 풍요로운 노후를 기대할 수 있을 것이다.

원조맛집 SCHD의 짝꿍 찾았다

SCHD의 약점을 채우자

2025년 4월까지 슈드SCHD ETF는 '주가 방어력이 뛰어나다'는 평가와는 달리 하락세를 보였다. 슈드는 글로벌 ETF 시장에서 배당 관련 ETF 중 규모와 자금 유입 면에서 타의 추종을 불허하는 존재다. 배당 ETF를 이야기할 때 슈드를 배놓을 수 없을 정도다. 그러나 이 슈드는 2025년 들어 유달리 힘을 발휘하지 못했다. 모든 일에는 원인이 있으며, 슈드의 부진에는 리밸런싱이라는 요인이 작용했다.

ETF에서 리밸런싱이란 정기적으로 구성종목을 교체하는 작업을 의미한다. 슈드는 매년 3월 말, 벤치마크(기초지수)인 '다우존스 미국 배당 100 인덱스'에 따라 포트폴리오를 조정한다. 2025년에는 상당한 변화가 있었는데, 20개 종목이 새롭게 추가되었고, 17개의 종목이 제

SCHD 개요표

ETF명	SCHD(슈드)
자산운용사	찰스슈왑
상장일	2011년 10월 20일
구성철학	10년 연속 배당
구성종목 수	102개
총비용	0.06%
순자산(백만 달러)	67,270
연 배당수익률	4.02%
배당주기	분기배당

외되었다. 100대 배당기업에 투자한다는 점을 고려할 때, 이는 이례적인 종목 교체로 볼 수 있다.

슈드의 리밸런싱은 10년 이상 배당지급, 재무건전성, 배당성장률, 시가총액 등 주요 기준에 따라 이루어지므로 주관적인 요소가 개입되지 않는다. 따라서 미국의 대형 우량주들조차 이러한 요건을 충족하지 못하면 탈락할 수 있다는 점을 인식해야 한다. 그러나 그 빈자리는 신규 회사들이 채우고 있으며, 이들이 노력할 경우 배당 인상이 기대될 여지도 있다.

이번 변화로 인해 슈드 내에서 에너지 업종의 비중이 기존 12.3%에서 20.9%로 급증하게 된다. 에너지 업종은 주로 석유 및 천연가스 관련 회사들로 구성되어 있다. 이번 리밸런싱에 포함된 종목 중 코노코필립스가 대표적인 예다. 이 회사는 세계적인 석유와 가스 개발 및 생산업체로 경기 상황에 따라 주가가 급등락하며 배당 정책도 순식간에 바뀌는 경우가 많다.

에너지 업종이 급등하면서 상대적으로 비중이 크게 줄어든 분야는 금융이다. 금융은 슈드의 리밸런싱 이전에 17.2%였으나, 현재는 8.4%로 반토막이 났다. 일부 투자자들은 슈드 내에서 금융 비중이 줄어든 것에 대해 안타까워했다. 금융업은 특정한 상품을 개발하여 높은 부가가치를 창출하는 성장 업종은 아니지만 정부로부터 은행, 증권업 등의 인허가를 받아 안정적인 수익을 창출한다는 점에서 독보적인 위치에 있다. 특히 여러 차례 금융위기를 겪으면서 강도 높은 재정건전성 요구를 받기 때문에 일반인에게 투자하기 좋은 업종으로 평가받고 있다.

재정건전성이 좋다는 것은 꾸준한 현금흐름이 있다는 의미이며, 주주들에게 배당할 여력이 많다는 뜻이기도 하다. 경기에 따라 배당 정책이 변동할 수 있는 에너지 업종과는 사뭇 다르다. 슈드 내에서 금융 비중이 줄어든 것은 포트폴리오 차원에서 분명한 약점으로 작용한다. 이러한 약점을 보완하기 위해 투자자들은 금융업 비중이 높은 ETF를 추가로 매수하여 자신의 포트폴리오를 강화할 필요가 있다.

고위험 고수익 ETF KBWD

슈드가 다소 안정적인 배당 성장 구조를 갖추기 때문에 공격적인 성향을 가진 투자자들에게는 고위험 고수익 구조의 금융 ETF가 더 적합할 것이다. 이때 KBWD가 좋은 대안이 된다. KBWD는 금융 업종의 기업들로 구성되어 있으며, 고배당 주식에 집중 투자하여 뛰어난 현금흐름을 창출한다. 게다가 연 10%가 넘는 고배당률은 일반적으로 파생상품 거래가 동반되는 커버드콜 전략에서 주로 나타나지만 KBWD는 주식만으로도 이 정도의 배당률을 달성할 수 있다는 점에서 독보적이다.

KBWD는 'Invesco KBW High Dividend Yield Financial ETF'의 약자다. 강남의 고액 자산가들 사이에서는 "웬만한 건물 한 채보다 낫다"는 이야기가 돌고 있다. 미국 운용사 인베스코가 2010년에 출시한 이 ETF는 15년의 역사를 가지고 있다. ETF체크에 따르면, 최근 1년 기준 배당수익률은 12.89%에 달한다. 이 ETF는 매달 배당을 지급하는 월배당 ETF로, 한 종목에 대한 최대 보유 비중은 8%로 설정되어 있다. 2025년 4월 말 기준으로 보유종목 비중 1위인 인베스코 모기지 캐피털의 비중은 4.26%에 불과하다. 이 ETF는 미국 금융업체 중에서 고수익을 추구하는 종목에 투자하는 대신, 한 종목에 8% 이상 보유하지 않으면서, 43개 종목에 분산투자하는 구조를 가진다.

KBWD에는 중소기업이나 신생기업에 투자하는 회사와 모기지 리츠 상장사들이 많다. 이제 막 시작하는 기업들은 파산 위험(부도 리스크)이 크지만, 성공할 경우 얻는 수익도 상당히 크다. 따라서 이러한 회사에 투자하여 고수익을 추구하는 금융사들이 대거 KBWD에 포함되어 있다.

모기지 리츠 회사들은 낮은 금리로 자금을 조달하여 주택담보대출 등 고위험 상품에 투자한다. 저금리와 고수익 사이에서 수익이 발생할 경우, 이 수익의 90%를 주주에게 배당한다. 이러한 위험이 큰 회사들만이 높은 수익을 주주에게 제공할 수 있는 것이다. 다만, 미국은 이러한 금융사들의 시장이 오랜 기간 동안 형성되어 있으며, 정부의 엄격한 감독 아래 운영되고 있다.

향후 금리가 급등할 경우 이들은 현재와 같은 고수익을 기대하기 어려울 것이다. 금리가 상승하면 자금조달 비용이 증가하게 된다. 또 고금리 상황에서는 적극적인 투자도 어려워지므로 이 금융사들의 수익은 급감할 수 있다. 리츠사들은 법적으로 이익의 90%를 배당하도록 되어 있기는 하지만, 적자 상황에서는 배당을 하기 어려운 것이 사실이다. 결국 금리 상승에 따라 KBWD는 배당을 삭감할 가능성이 있다. 이러한 투자 위험을 감수하면서 고수익을 추구하는 투자자들에게 이 ETF는 만족스러운 투자 대안이 될 수 있다.

10년 후 SCHD와 함께 월 500만 원 가능

슈드와의 조합은 어떨까? 슈드에서 금융업의 비중은 이제 8%대다. 소속 금융사들은 10년 이상의 배당금 이력이 있어야 하므로, 대부분 유명하고 건전한 회사들이다. 이러한 전통 금융사들은 안전한 사업만 운영하기 때문에 고수익을 기대하기 어렵고, 배당금도 많이 지급하기 힘들다. 한편 KBWD 소속 기업들처럼 위험한 회사는 없다. 고수익에 대한 갈증은 KBWD 소속 기업들이 해소해야 할 부분이다.

1억 원을 기초자산으로 하고, 5,000만 원씩 슈드와 KBWD에 넣는다고 가정해보겠다. 배당률은 12.89%다. 배당성장률은 최근 5년 기준으로 5%를 적용한다. 주가는 최근 5년 동안 연 2.4% 상승하는 데 그쳤다. 높은 배당률은 낮은 주가성장률을 뜻한다. 매월 100만 원씩 10년 동안 투자하면 총자산은 4억 3,003만 원이 된다. 이 경우 매월 403만 원이 나온다. 이론적으로는 KBWD를 통해 노후 준비를 끝낼 수 있다는 것이다.

미국에 금융위기가 발생할 경우, 고수익을 추구하는 모기지 리츠 회사들이 대거 도산할 수 있다. 이들이 시장에서 빠져 나가면 KBWD는 사상 유례없는 배당 삭감을 단행할 것이고, 10년 장기투자의 꿈은 사라질 수도 있다. 그러나 모든 투자에는 위험 부담이 따르는 법이다. 미국이 또 다른 금융위기를 막기 위해 결사 항전할 것이라고 믿어보는 수밖에 없다.

슈드에 5,000만 원을 투자하고 10년 동안 보유해보자. 슈드는 최근 5년간 연평균 9.5% 상승했다. 이 기간 동안의 연평균 배당성장률은 11.44%에 달한다. 두 수치 모두 사실상 두 자릿수 성장률을 기록한 보기 드문 ETF다. 절세 효과를 노려 '한국판 슈드'에 투자하는 사람들도 있지만, 비교적 신생 ETF이기 때문에 대규모 투자가 어려울 것이라는 시각도 있다.

슈드의 10년간 배당재투자 결과는 매우 간단하다. 매월 100만 원의 현금흐름이 발생한다. 5,000만 원으로 시작하여 매월 100만 원을 추가한 자산은 10년 후 3억 7,854만 원으로 증가한다. 1억 7,000만 원의 투자 원금이 2배 이상으로 불어나는 것이다. 그러나 슈드는 다소 아쉬운 월 현금흐름을 제공한다. 슈드는 분기 배당을 지급하는 방식이다. 여기서 월 현금흐름은 분기 배당금을 매월로 나누었을 때 받을 수 있는 금액을 의미한다.

KBWD의 경우 매달 받을 수 있는 배당금이 슈드의 4배인 400만 원이다. 게다가 월배당으로 지급되므로, 미국의 부동산 금융(모기지 대출) 회사들로부터 매달 월급을 받는 기분을 느낄 수 있다.

두 개의 ETF를 통해 총자산이 8억 원에 달하게 된다. 이로 인해 발생하는 월 현금흐름은 500만 원이다. 계획대로 진행된다면 최상의 노후 준비가 될 것이다. 이러한 ETF에 대규모 자금을 투자하는 것과 자신이 직접 건물을 세우고 레스토랑을 운영하는 투자 중 어떤 것이 더 위험한지 곰곰이 따져보면, 자신이 ETF 투자에 맞는 사람인지 여부를 판단할 수 있다.

이러한 은퇴 계획을 세울 때 유의해야 할 점이 있다. 슈드는 총비용부담률이 0.06%로 큰 부담이 되지 않지만, KBWD는 2%가 넘는다. 비용 차이가 무려 33배에 이른다. 이를 감안할 때, 월 500만 원 그대로 받는다고 가정하는 것은 곤란하다. 월 500만 원은 연간 배당 소득이 6,000만 원이라는 의미다. 이는 자동으로 금융소득종합과세 대상자가 된다는 말이다.

세무당국은 주식이나 ETF로부터 받는 배당과 분배금 등 금융소득의 연간 합계금액이 2,000만 원을 초과하는 경우에, 해당 소득을 다른 소득과 합산하여 종합소득세를 부과한다. 2,000만 원을 초과하지 않는 경우에는 증권사 등 금융기관이 미리 떼 가는 원천징수로 세무 처리가 끝난다.

투자비용 아끼며 XLF와 SCHD 조합하기

KBWD의 연 2%대 비용부담률이 실제로 부담이 되어 투자가 어려운 사람도 있을 것이다. 이에 대한 대안으로 미국의 주요 금융사들이 포함된 XLF가 떠오른다.

XLF는 'Financial Select Sector SPDR Fund ETF'의 약자다. 1998년 12월에 출시되어 검증을 끝냈고, 미국 금융주들의 흐름을 대표한다. 구성종목은 74개로 비교적 적은 편이며, 우량 금융사에 집중 투자하고 있다. ETF 시가총액 중 82.3%는 대형주가 차지하고 있다.

2025년 4월 말 현재 비중이 10% 이상인 종목은 두 곳이다. 버크셔 해서웨이 B주(의결권이 없는 주식)와 JP모건이다. 비자, 마스터카드 등도 5% 이상 보유하고 있다. 이들 모두는 유명하고 안정적이며 주주친화적인 기업이다.

실부담비용률은 연 0.08%로 낮은 편이다. 배당률은 1.38%이며, 5년 평균 배당성장률은 3.54%로 안정적이다. 특히, 10년간 받은 배당금을 재투자했을 때 ETF체크 기준으로 연평균 총수익률은 9.68%에

금융비중 감소한 SCHD와 최적의 짝꿍

ETF	종목 구성 철학	종잣돈	월 추가 투자금	10년 후 총자산	10년 후 월 현금흐름
SCHD	원조 배당성장 ETF	5,000만 원	100만 원	3억 7,854만 원	100만 원
KBWD	고위험 고수익 금융사	5,000만 원	100만 원	4억 3,003만 원	403만 원
XLF	미국의 대표 금융주	5,000만 원	100만 원	5억 5,125만 원	15만 원

과세 적용. 기간 내 배당재투자. ETF 보수 등 비용은 불포함.

달한다. 이 ETF에 투자하면 연 5% 수준의 인플레이션을 꾸준히 초과하며, 지속적으로 자산이 증가하는 복리효과를 누릴 수 있다.

레버리지 ETF는 운용사 자체가 돈을 빌려서 고수익을 추구하는 구조이기 때문에 투자 위험이 있다고 본다. 예를 들어, XLF에 투자하기 위해 4~5%의 금리로 은행에서 돈을 빌린다면 매년 대출금리만큼의 초과 수익이 발생하게 된다. 만약 금리가 급격히 상승하여 대출금리가 8~9%까지 치솟지 않는다면 투자자는 일정 수준의 대출을 활용하여 투자수익률을 극대화하는 방법도 고려할 수 있다. 이때 XLF는 출시된 지 27년이 되었고 배당성장률도 꾸준했기 때문에 감당할 수 있는 수준의 대출을 활용하여 투자할 만한 수단이 될 수 있다.

XLF는 최근 5년 동안 2배 이상의 주가 상승률을 기록했다. 게다가 주당 가격이 10만 원도 안 되어 소액 투자자들에게도 적합하다. 과거에는 미국 금융사가 글로벌 금융위기를 주도했더라도 앞으로는 그런 위험이 없을 것이라고 믿는 투자자들에게는 안성맞춤이다.

안정적으로 월 100만 원 만들 수 있어

최근 5년 기준 연평균 주가 상승률 18.7%에 배당성장률 3.54%를 적용해본다. 매월 100만 원씩 투자할 경우 10년 후에는 약 5억 5,125만 원이 된다. 이 ETF는 3월, 6월, 9월, 12월에 배당이 지급되는 분기배당 ETF다. 월 기준으로 계산했을 때는 10년 후에는 약 15만 원의 현금흐름이 가능할 것이다.

10년 후 슈드의 총자산이 3억 7,854만 원이 되므로, XLF는 확실히 주가상승, 즉 자본차익에서 그 능력을 발휘할 것이다. 두 ETF의 합산 자산은 약 9억 3,000만 원에 달한다. 두 ETF에서 나오는 매월 현금흐름은 115만 원이다. 높은 자산상승률과 다소 아쉬운 현금흐름이지만, 이는 가장 현실적인 노후 대비방법이 될 수 있다. 연간 배당소득은 1,380만 원으로, 2,000만 원을 넘지 않기 때문에 금융소득 종합과세에 대한 걱정은 하지 않아도 된다.

슈드와 KBWD의 조합은 이런 세금 걱정보다는 초고배당 월배당에 초점을 맞춘 공격적인 '파이어족'에게 적합하다. 실제로는 머릿속으로 계산했던 것보다 적은 금액이 배당으로 들어올 것이다. 이는 KBWD가 매년 2%의 운용 수수료를 부과하기 때문이다. 수익뿐만 아니라 이러한 비용에도 복리 효과가 적용된다는 점을 미리 알고 있어야 한다.

슈드와 XLF의 조합은 노후에도 계속해서 일을 하면서 보너스를 받는 기분을 느끼려는 사람에게 어울린다. 두 ETF 모두 연 비용부담률이 0.1% 이하로 장기투자 시에도 비용 부담이 크지 않다.

미국·중국·한국의 장점만으로
월 100만 원

미국 소비 + 중국 빅테크 + 한국 고배당

　한국과 미국, 중국의 장점을 모아 나만의 ETF를 만들어보자. 미국은 소비 대국이다. 전설적인 인기를 끌었던 미국 시트콤 드라마 〈프렌즈〉는 1990년대 미국의 전성기를 상징한다. 시트콤에는 여주인공이 눈물을 흘리려 할 때면 화장지를 거의 수십 장씩 뽑아내어 눈물을 닦는 장면이 자주 등장한다. 휴지 한 장 아껴야 하는 우리나라 상황을 돌아보면 이는 정말로 풍요의 상징이었다. 그런 미국은 달러를 찍어내고 그만큼 달러를 소비하며, 안전자산이라는 이름으로 채권을 발행하여 부채를 수출한다. 이러한 미국의 자본주의는 인플레이션의 파고를 넘으며 지속적으로 발전해왔다. 앞으로도 이러한 미국식 자본주의가 계속될 것이라 가정할 때, 미국 필수소비재 ETF를 구매하는

한미중 대표 업종 ETF로 자산 6억 원에 월 100만 원 만들기

국가	ETF	주력 업종	종잣돈	월 투자금	10년 후 총자산	10년 후 월 현금흐름
한국	PLUS 고배당	금융	3,300만 원	50만 원	2억 8,664만 원	74만 원
미국	VDC	소비재	3,300만 원	50만 원	1억 8,097만 원	23만 원
중국	차이나항셍테크	IT	3,300만 원	50만 원	1억 3,045만 원	-
합계					5억 9,806만 원	97만 원

과세 적용. 기간 내 배당재투자. ETF 보수 등 비용은 불포함.

것이 좋다. 따라서 미국의 대표 ETF인 'Vanguard Consumer Staples ETF$_{VDC}$'를 확보하는 것도 염두에 두자.

그 다음으로 'TIGER 차이나항셍테크 ETF'를 추가하면 최근 중국의 부상을 투자 수익으로 연결할 수 있다. 이러한 성장주에 대한 전폭적인 투자$_{All-in}$는 월별 현금흐름에 약점을 초래할 수 있으므로, 국내 배당 관련 ETF 중에서 가장 인기가 높고 검증이 된 'PLUS 고배당주 ETF'로 보완해보는 것이 좋다. 이 세 개의 가장 핫한 ETF를 조합하며 글로벌 분산투자도 가능해 최상의 더할 나위 없는 조합이다.

향후 10년 동안 어떤 나라의 어떤 업종이 두각을 나타낼지는 예측하기 어렵다. 세 개의 ETF에 3,300만 원씩, 총 1억 원을 최초 투자금으로 설정해보자. VDC는 코스트코, 월마트, P&G, 코카콜라 등 미국인이 매일 찾는 필수소비재 기업들로 구성되어 있다. 이들 기업은 매우 안정적이어서 배당금도 상당히 많이 지급하는 편이지만 주가는 이미 많이 상승한 상태다. 따라서 VDC의 배당률은 2.35%에 이른다.

고배당주 중에는 투자하기에 위험한 종목들도 많다. VDC의 구성 기업은 미국인들에게 큰 사랑을 듬뿍 받는 기업이면서 재정적으로도 탄탄해야 한다. VDC는 분기배당주로, 총비용부담률 0.09%는 무시해도 될 수준이다. 최근 5년간의 평균 배당성장률인 6.56%를 10년 장기투자에 적용해보자.

매달 50만 원씩 추가 투자할 경우, 10년 후 VDC의 총자산가치는 1억 8,097만 원에 이를 것이다. 투자 원금은 9,300만 원이었으므로 10년 동안의 복리효과로 자산이 2배로 증가한 것이다. 다만 분기 배당을 월 단위로 환산한 월 현금흐름은 약 23만 원 수준이다. 이는 주가가 향후 10년간 약 8.7% 상승할 것으로 가정했을 때의 수치다. VDC가 최근 5년간 이 정도 상승세를 보였다.

미국 부진할 때는 중국 테크 기업에 기대를

좀 더 투자 리스크가 있지만, 중국에서 대박이 날 가능성도 있다. 차이나항셍테크는 2020년 출시 이후 20% 이상 하락했다. 그러나 2025년 5월 19일까지는 15%가량 상승했다. 차이나항셍테크가 향후 10년간 매년 5%씩만 상승한다고 가정해보자. 이를 적립식 복리계산기를 활용해 계산해보면, 매월 50만 원씩 적립식으로 투자할 경우 10년 후 누적 투자원금은 9,250만 원이지만, 차이나항셍테크의 총자산가치는 1억 3,045만 원에 이를 것이다. 2025년 기준으로 중국 빅테크